현 대 인 의 삶 이 투 영 된
삼국유사 인문학 즐기기

현대인의 삶이 투영된
삼국유사 인문학 즐기기

발 행 일 2017년 1월 23일(초판 1쇄)
저　　자 김문태
그림출처 국립중앙박물관
발 행 인 문정구
발 행 처 페르소나(종합출판 | EnG)
출판등록 1988. 6. 17 제 9-175호
주　　소 우: 04002 서울시 마포구 월드컵북로 5길 65 주원빌딩 4층
홈페이지 www.jonghapbooks.com
전자메일 jonghap@jonghapbooks.com
대표전화 02-365-1246
팩　　스 02-365-1248

정가 15,500원

ISBN 978-89-8099-626-1　　03300

이 도서의 국립중앙도서관 출판예정도서목록(CIP)은 서지정보유통지원시스템 홈페이지(http://seoji.nl.go.kr)와 국가자료공동목록시스템(http://www.nl.go.kr/kolisnet)에서 이용하실 수 있습니다. (CIP제어번호 : CIP2017001009)

※낙장 및 파본은 바꾸어 드립니다.

현대인의 삶이 투영된
삼국유사 인문학 즐기기

김문태 지음

페르소나

머리글

인물로 본 삼국유사

역사는 발전한다. 지금 이 땅에서의 삶은 어느 날 갑자기 하늘에서 떨어진 것도 아니고, 땅에서 솟아난 것도 아니다. 오늘 우리의 삶은 앞서 살다 간 수많은 선인(先人)들이 시행착오를 거쳐 터득하고 전승해온 지혜로써 윤택해졌다. 이처럼 우리는 수천 년에 걸쳐 발전해온 역사 속에서 오늘을 누리고 있다. 그러나 다른 한편으로는 내일의 발전을 위하여 실패와 좌절을 감수하며 새로운 역사를 쓰고 있다. 지금 이 자리에서 지나간 역사를 되돌아보는 까닭이 바로 여기에 있다.

고려 말에 일연이 편찬한 『삼국유사』는 최고 고전 중의 하나다. 그 이전에 김부식 등이 편찬한 『삼국사기』와 달리, 일연은 설화로써 민중의 삶을 재구하고자 했고, 고대부터 전해오는 개성적인 인물들의 다양한 삶을 풍부하게 수록하였다. 이러한 선인들의 삶을 통해 오늘을 살아가는 방도를 배울 수 있다는 점에 고전의 현재적 가치와 중요성이 있다 보겠다. 선조들의 독특하고도 인간미 넘치는 삶을 통해 오늘을 성찰하고, 내일을 조망할 수 있는 것이다.

일연은 무신란과 몽고침입 등으로 나라가 흔들리는 위태로운 시기를 살았다. 그처럼 혼란한 시기에 『삼국유사』를 편찬한 것은 정신세계가 국가의 운명과 떼어놓을 수 없다는 점을 말하기 위해서였다. 일연은 가락국, 백제, 고구려, 신라 등이 흥망성쇠 하였던 이야기들을 통해 고려가 위기를 헤쳐 나갈 방도를 우의(寓意)적으로 제시하였다. 이러한 일연의 편찬 의도는 정신적 가치를 등한시하는 오늘의 현실에도 시사하는 바가 크다. 즉 『삼국유사』를 통하여 물질적 가치가 팽배해 있는 오늘을 되돌아보고, 또한 더 나은 내일로 나아가는 단서를 마련할 수 있을 것이다.

  『삼국유사』 속 인물들의 삶을 주제별로 나누어 읽어보는 재미가 쏠쏠하다. 맑고 투명한 눈과 순수하고 담박한 마음을 지녔던 어린 시절로 돌아가 다양한 인물들의 삶을 곱씹어보는 시간을 갖기 바란다. 이를 통해 나 자신은 물론, 가족과 이웃을 되돌아보는 계기가 되었으면 한다.

김 문 태

차례

01 현미경으로 망원경으로 ▶ 세상 바라보기
세상을 보는 눈, 관점 ·· 10
삼국유사의 가치 ·· 19
나의 세계관, 인생관, 인간관 ·· 32

02 민들레 홀씨 되어 ▶ 위기의 나라 구하기
문무왕과 강력한 호국용 ·· 40
원성왕과 의자왕의 쇠약한 용 ·· 50
나의 수호신과 수호보물 ·· 56

03 이 몸이 죽고 죽어 ▶ 대의에 투신한다
박제상과 인질 왕자 ·· 64
원광의 세속오계와 거타지의 해적토벌 ·· 77
나의 충직한 노래 ·· 86

04 사랑밖엔 난 몰라 ▶ 열정적인 사랑
수로부인의 지고지순한 사랑 ·· 94
선화공주와 요석공주의 은밀한 사랑 ·· 102
나의 뜨거운 노래 ·· 106

05 꾀돌이의 하루 ▶ 지혜로 기회잡기
김유신과 문희의 혼인작전 ·· 118
경문왕과 원성왕의 등극작전 ·· 124
나의 성공작전 ·· 130

06 하늘이 열렸네 ▶ 지성이면 감천
욱면의 뚫린 손바닥 ·· 138
환생한 선율과 벌거벗은 정수 ·· 143
나의 간절함 ·· 150

07 그분이 오셨어요 ▶ 성인(聖人)을 만나 깨우친다
경흥과 효소왕의 놀라운 체험 ·· 162
범일과 생의가 본 돌부처 ·· 168
나의 멘토와 멘티 ·· 174

08 가까이 하기엔 너무 먼 당신 ▶ 같지만 다른 길
노힐부득과 달달박박을 찾아온 여인 ·· 182
광덕과 엄장의 여인 ·· 193
나의 꿈과 이상 ·· 198

09 죽기 아니면 까무러치기 ▶ 물러서지 않기
혜통의 불타는 항아리 ·· 210
조신의 하룻밤 꿈 ·· 220
나의 의지와 투지 ·· 225

10 햇님과 내님만 보신다면야 ▶ 모함 이겨내기
추남의 앙심과 김유신 ·· 232
진성여왕의 전횡과 왕거인 ·· 239
나의 억울함과 해소 ·· 246

11 아! 아버지 어머니 ▶ 가없는 은혜
손순의 자식 묻기 ·· 254
지은의 몸 팔기와 진정의 출가 ·· 261
나의 근원과 뿌리 ·· 268

12 곡간의 제비처럼 ▶ 비우고 내려놓기
영재, 혜숙, 혜공의 은거 ··· 274
신충, 관기, 도성의 은둔 ··· 282
나의 안분지족과 행복 ·· 288

천마총 자루솥 天馬塚鐎斗 한국(韓國)-신라(新羅) <5-6세기>

천마총 자루솥[鐎斗]은 술, 음식, 약 등을 끓이거나 데우는 데 사용하던 그릇으로, 대부분 왕릉을 비롯한 큰 무덤에서만 출토된다. 양머리 모양의 주구(注口)가 달린 솥으로 짐승다리 모양의 다리가 3개 있고 손잡이가 달려있다.

01

현미경으로 망원경으로
▶ 세상 바라보기

01

현미경으로 망원경으로
▶ 세상 바라보기

세상을 보는 눈, 관점

보일듯이 보일듯이 보이지 않는 따옥따옥 따옥소리 처량한 소리
떠나가면 가는 곳이 어디메이뇨 내 어머니 가신 나라 해돋는 나라
(한정동 작사, 윤극영 작곡 〈따오기〉)

보일 듯이 보이지 않는 세상을 어떤 눈으로 어떻게 볼 것인가. 누구나 경험한 어린 시절의 청정함으로 돌아가 세상과 사람을 볼 수는 없을까. 그것이 어렵다면 적어도 초심으로 돌아가 굳은 의지와 뜨거운 열정으로 세상과 사람을 볼 수는 없을까. 담박함이야말로 '지금, 여기'에서 벌어지고 있는 부조리와 모순을 제 자리로 돌려 사람답게 사는 세상으로 만드는 원동력이기 때문이다. 어린이의 맑고 투명한 눈과 경직되지 않은 순수한 마음이 요구되는 까닭이다.

어떤 눈으로 어떻게 세상과 사람을 볼 것인가 하는 화두는 오늘 당면한

갈등과 문제를 해결하는 단서가 된다. 또한 희망찬 내일로 가는 디딤돌이 된다. 세상을 보는 눈을 관점이라고 한다. 현실은 하나다. 그리고 상황도 하나다. 그러나 어떤 눈으로 어떻게 보느냐에 따라 해석은 천차만별일 수밖에 없다. 그것이 바로 역사의 진실이 되고 만다. 사관이 얼마나 중요한지를 잘 드러내는 예가 있다.

 백제 제30대 무왕(武王)의 이름은 장(璋)이다. 그 어머니가 과부가 되어 백제의 도읍 남지(南池)가에 집을 짓고 살던 중 연못의 용과 정을 통해 장을 낳았다. 어릴 적 이름을 서동(薯童)이라고 하였는데, 그 도량이 커서 헤아리기 어려웠다. 항상 마를 캐서 팔아 생활하였으므로 사람들이 그렇게 이름하였다.
 신라 진평왕(眞平王)의 셋째 공주인 선화(善花)가 아름답다는 말을 듣고, 머리를 깎고 신라의 도읍으로 갔다. 마를 동네 아이들에게 나누어 주자 친하게 따르게 되었다. 이에 동요를 지어 여러 아이들을 꾀어 부르게 하였다. 그 노래는 다음과 같았다.
 '선화공주님은 남 몰래 시집가서 밤마다 서동 방에 알을 안고 간다네.'
 동요가 신라의 도읍에 퍼져 대궐에까지 알려졌다. 그러자 모든 신하들이 왕에게 간하여 공주를 먼 곳으로 귀양 보내게 하였다. 공주가 떠나려 할 때, 왕후가 순금 한 말을 주어 보냈다. 공주가 귀양처로 갈 때, 서동이 도중에 나와 맞이하며 수행하고자 하였다. 공주는 그가 어디서 온지는 몰랐지만, 믿고 기뻐하여 따라가 은밀히 정을 통하였다. 그 후에야 서동의 이름을 알고 동요가 맞았다는 것을 알았다.
 함께 백제로 와서 왕후가 준 금을 꺼내 생계를 꾸려나가려고 하였다. 그러자 서동이 크게 웃으며 말하였다.
 "이것이 무엇이오?" 공주가 대답하였다.

현미경으로 망원경으로

"이것은 황금인데, 백년의 부를 이룰 수 있습니다."

서동이 말하였다.

"내가 어려서부터 마를 캐던 곳에 이것을 진흙처럼 쌓아 놓았소."

공주가 듣고 크게 놀라 말하였다.

"그것은 천하에 없는 보물입니다. 지금 그것이 있는 곳을 알면, 그 보물을 가져다 부모님 궁전에 보내는 것이 어떻겠습니까?"

서동이 좋다고 하였다. 금을 모아 구릉처럼 쌓아놓고, 용화산 사자사의 지명법사(知命法師)에게 가서 금을 보낼 방도를 물었다.

법사가 말하였다.

"내가 신력으로 보낼 수 있으니 금을 가져오시오."

공주가 편지를 써서 금과 함께 사자사 앞에 갖다 놓았다. 그러자 법사가 신력으로 하룻밤 사이에 신라 궁중으로 보냈다. 진평왕이 신의 조화를 이상하게 여겨 더욱 존경하며 항상 편지를 보내 안부를 물었다. 서동이 이로부터 인심을 얻어 왕위에 올랐다.

하루는 왕이 부인과 함께 사자사에 가다가 용화산 아래의 큰 연못가에 이르렀다. 연못 가운데서 미륵삼존이 나타나므로 수레를 멈추고 예를 올렸다.

부인이 왕에게 말하였다.

"이 곳에 큰 절을 짓는 것이 제 소원입니다."

왕이 허락하고 지명에게 가서 못을 메울 방도를 물었다. 법사가 신력으로 하룻밤에 산을 무너뜨려 못을 메워 평지로 만들었다. 이에 미륵삼존상을 모실 전각과 탑과 행랑을 각각 세 곳에 세우고, 절 이름을 미륵사라 하였다. 진평왕이 공인들을 보내 도와주었는데, 지금까지 그 절이 남아 있다.

(『삼국유사』 권2 기이2 무왕)

당시의 백제와 신라는 골 깊은 갈등 관계에 있었다. 전쟁도 잦아서 두 나라가 이렇게 화평하게 지낸다는 것은 어불성설이었다. 치열한 통일전쟁을 치르고 나서 신라가 백제를 멸망시키고, 삼국을 통일하게 되었던 것이다. 그러므로 백제 멸망 직전의 이 무왕설화는 글자 그대로 설화, 즉 옛날 이야기이기에 가능한 것으로 보아야 한다.

　역사는 승자의 기록이라고 말한다. 『삼국유사』는 고구려·백제·신라의 이야기를 다루고 있지만, 전체 내용의 9할 이상이 승자인 신라 위주로 편찬되었다. 『삼국유사』의 고구려와 백제 관련 기록은 전적으로 국가와 불교의 흥망성쇠만을 그 내용으로 삼고 있을 뿐이다. 눈에 띄는 것은 그럼에도 불구하고 신라와 직접적인 대립관계에 있던 백제의 왕인 무왕을 높이 평가하고 있다는 사실이다. 서동을 용의 아들이라고 지칭하는 데서 단적으로 드러난다.

　이러한 면은 『삼국유사』뿐만 아니라 옛 백제 지역에서 들을 수 있는 구비전승에서도 동일하게 나타난다. 입으로 전해오는 서동설화에 따르면, 어떤 처녀의 집에 정체를 알 수 없는 남자가 밤마다 찾아왔다. 그 사실을 안 처녀의 아버지는 남자와 헤어질 때, 옷에 실을 꿴 바늘을 꽂으라고 시켰다. 날이 밝은 뒤, 풀려나간 실을 따라갔더니 바늘이 용의 옆구리에 꽂혀 있었다. 그 후 처녀가 임신을 하여 낳은 아기가 바로 서동이었다는 것이다. 이렇게 보면 무왕은 문헌전승이든 구비전승이든 간에 하나같이 신성한 용의 아들로 묘사되고 있음을 알 수 있다.

　무왕은 백제의 마지막 왕이었던 의자왕의 선왕이었다. 그렇지만 그가 용의 아들로 긍정적으로 묘사된 데에는 그럴 만한 이유가 있었다. 이 설화 안에는 불교 포교와 관련하여 미륵삼존의 출현과 미륵사 창건이라는 불교적 내용이 포함되어 있다는 데에 그 단서가 있다. 용의 아들인 무왕이 연못을 메워 사찰을 짓는 것은 죽음을 자초하는 일이었다. 용은 수신으로서 물 없이는 살 수 없는 존재기 때문이다. 그러한 속성에도 불구하고 무왕이 연못을 메우는 것은 불교 포교의 목적을 달성하기 위함이었다는 데에 문제의 핵심이 있다. 즉 무왕은 불교가 이 땅에 뿌리를 내리는 과정에서 불교 수호를 자청하였던 것이다. 용으로부터 태어난 존재는 대부분 건국 시기의 신화주인공 내지 시조로서의 성격을 지니고 있었다. 그러나 무왕은 신라가 아닌 백제의 왕일 뿐만 아니라, 더욱이 백제가 패망해가고 있던 시기의 왕이었음에도 불구하고 용의 아들로 묘사되고 있는 이유가 여기에 있었다.

무왕과 대비적인 평가를 받고 있는 인물이 있어 흥미롭다. 후백제의 왕인 견훤이 그러하다.

『삼국사기』 본기에 이른다. 견훤(甄萱)은 상주 가은현 사람이다. 함통 8년 정해에 태어났다. 본성은 이씨였는데, 후에 견을 성씨로 삼았다. 그의 아버지 아자개(阿慈个)는 농사를 생업으로 하다가 광계년 중에 사불성에 기거하며 장군이라 자칭하였다. 그에게는 네 아들이 있어 모두 세상에 이름이 알려졌다. 그중 훤이 걸출하여 지략이 많았다.

『이비가기(李碑家記)』에 따르면, 진흥대왕(眞興大王)의 왕비인 사도의 시호는 백융부인이다. 그의 셋째 아들 구륜공의 아들인 파진간 선품의 아들 각간 작진이 왕교파리를 아내로 맞아 각간 원선을 낳았다. 이 사람이 아자개였다. 자개의 첫째 부인은 상원부인, 둘째 부인은 남원부인으로 5남 1녀를 낳았다. 맏아들은 바로 상부 훤이요, 둘째아들은 장군 능애, 셋째아들은 장군 용개, 넷째아들은 보개, 다섯째아들은 장군 소개요, 딸은 대주도금이었다.

또 옛 기록에 이른다. 옛날에 광주(光州) 북촌에 한 부자가 살았다. 딸 하나가 있었는데, 용모가 단정하였다. 그녀가 아버지에게 말하였다.

"매일 붉은색 옷을 입은 남자가 제 침실에 와서 정을 통하고 돌아갑니다."

그의 아버지가 일렀다.

"너는 긴 실을 바늘에 꿰어 그 남자의 옷에 찔러두어라."

그 딸이 그렇게 하였다. 날이 밝아 실을 찾아갔더니 바늘이 북쪽 담 아래의 큰 지렁이 허리에 꽂혀 있었다. 그 뒤에 임신하여 한 사내아이를 낳았다. 나이 15살에 견훤이라고 자칭하였다. 경복 원년 임자에 왕이라 일컫고, 도읍을 완산군에 정하였다. 견훤은 재위 43년인 청태 원년 갑오에 그의 세 아들이 반역하자 태조에게 투항하였다.

(『삼국유사』 권2 기이2 후백제 견훤)

견훤은 후백제를 재건하기 위해 왕건과 맞섰던 당대의 영웅호걸 중 한 사람이었다. 그러나 서동이 용의 아들이라고 묘사된 것과 달리, 견훤은 지렁이의 아들로 그려지고 있다. 『본초강목』에 따르면 지렁이는 용보다 한 단계 아래이며, 『후한서』 외효전 에는 용이 세력을 잃으면 지렁이가 된다고 하였다.

또한 『문헌비고』 용어이 에 의하면 고려 태조 8년에 궁궐 동쪽에 지렁이가 나타났는데, 이는 발해가 고려에 와서 투항할 조짐이라고 해석하기도 하였다. 입으로 전해오는 구비전승에서 지렁이 장수는 비극적인 결말을 맞는다고 한 것도 이와 흡사하다. 지렁이에 관한 이러한 이야기들을 고려하면, 견훤은 용으로부터 탄생한 왕보다는 한 단계 아래의 존재다.

따라서 그는 세력을 잡지 못한 왕으로서 비극적인 결말을 맞고 있는 것이다. 이렇게 볼 때, 지렁이의 자식이라는 견훤의 탄생담은 신라의 입장에서는 그가 반란자라는 부정적 관점에서 생성하였을 가능성이 크다.

현미경으로 망원경으로

견훤이 신라를 침범하여 고울부에 이르자 경애왕은 우리 태조에게 구원을 청하였다. 태조가 장수에게 명하여 강병 1만으로 구원하게 하였다. 그러나 미처 구원병이 이르기 전인 11월에 견훤이 신라 경주에 쳐들어갔다.

이때 왕은 비빈과 종척들과 더불어 포석정에서 즐겁게 놀이하고 있어 적병의 습격을 알지 못하고 있었다. 별안간 어찌할 바를 몰라 왕과 왕비는 함께 후궁으로 달아나고, 종척과 공경대부와 사녀들은 사방으로 흩어져 달아났다. 적병에게 잡혀서는 귀천을 불문하고 모두 무서워 엉금엉금 기며 노비가 되기를 애걸하였다.

견훤이 군사를 놓아 재물을 마구 약탈하고, 왕궁에 들어가 거처하고, 좌우를 시켜 왕을 수색하게 하였다. 왕은 비첩 여러 명과 함께 후궁에 숨어 있었는데, 밖으로 끌어내 자진을 명하고 왕비를 욕보였다. 또 그 부하를 놓아 왕의 빈첩을 욕보이고, 왕의 아우인 부(傅)를 세워 왕을 삼으니 그가 경순(敬順)이었다.

(『삼국유사』 권2 기이2 김부대왕)

『삼국사기』 경애왕 조목을 그대로 인용한 대목이다. 이에 따르면 견훤은 신라 진성왕 때의 비장으로 신라가 혼란한 틈을 타 스스로 왕이라 칭하고, 신라를 공격하여 왕실을 능욕하였던 인물이었다. 뿐만 아니라 고려 태조에 대항하여 흉포한 행동을 서슴지 않아 천하의 원흉으로 평가된 존재였다. 따라서 신라와 고려의 입장에서 볼 때, 그의 탄생담에 부정적인 시각이 투영되는 것은 당연하였다.

반면 백제의 입장에서는 견훤이 백제 재건을 이루지 못하였다는 아쉬움에서 그러한 탄생담이 만들어졌을 가능성이 높다. 실제로 옛 백제 지역에 거주하는 이들은 견훤을 비범하게 보고 있다. 그 지역의 구비전승에 따르면, 견훤은 원래 신선이었다. 그런데 그가 하늘에서 죄를 지어 인간세상으로 쫓겨 내려왔다. 인간 세상에서 좋은 일을 하면 다시 신선이 되어 하늘에 올라갈 수 있다는 일명 적강설화가 전해오고 있다. 견훤을 유배 온 신선으로 묘사하고 있는 이야기를 통해 그에 대한 인식을 엿볼 수 있다. 이러한 면모의 일단이 『삼국사기』에도 표출되고 있다.

> 처음에 견훤이 태어나서 아직 포대기에 싸여 있을 때였다. 아버지는 들에 나가 밭을 갈고, 어머니는 식사를 가져다주려 하였다. 어린아이를 숲 아래에 두자 범이 와서 젖을 먹였다. 그러므로 마을에서 그 말을 듣는 이들이 신이하게 생각하였다. 견훤이 장성하여서는 몸이 웅대하고 기이하였으며, 기운이 활달하고 비범하였다. 종군하여 도읍에 들어왔다가 서남해에 부임하여 창을 베개로 삼고 적을 기다리고 있었는데, 그 용기가 항상 병사들보다 앞섰다. 공로로 해서 비장(裨將)이 되었다.
>
> (『삼국사기』 권50 열전10 궁예)

견훤은 어린 시절에 기이하고도 빼어난 면모를 보인 비범한 인물이었다. 그러나 영웅의 모습을 지닌 견훤은 신라와 고려에 맞섰다는 이유로 종국에는 무자비하고 흉악한 인물로 묘사되었던 것이다.

이러한 인식은 백제의 마지막 왕이었던 의자왕에 대해서도 흡사하게 나타나고 있어 흥미롭다. 『삼국사기』 의자왕 조목에 따르면 그는 무왕의 아들로서 어릴 적에 용감하고 담력이 있었고, 결단성이 있었다. 그래서 무왕 재위 33년에 태자로 책봉되었다. 어려서 워낙 효도를 하고 우애가 있어서 해동의 증자라고까지 지칭되었다. 오늘날 대부분의 사람들이 의자왕은 나라를 거들떠보지 않고 주지육림에 빠져 있다가 결국 나라를 망하게 한 장본인이라고 여기고 있지만 말이다.

『삼국사기』에서 언급한 해동증자는 동쪽의 증자라는 뜻이다. 유학에서 효자 내지 효심으로 제일 먼저 손꼽히는 이가 바로 증자다. 공자의 제자이자 『효경』을 지었다고 전해지는 증자의 이름은 증삼이었다. 그런데 그 아버지인 증석이 대추를 무척 좋아하였다고 한다. 대추를 손에서 떼지 않았다고 하니 얼마나 즐겨 먹었는지 가히 짐작하고도 남음이 있다. 그러던 아버지가 세상을 뜨자 증삼은 죽는 날까지 대추를 한 톨도 먹지 않았다고 한다. 아버지가 생전에 즐기던 음식을 차마 먹을 수 없었던 것이다. 물론 증삼은 고기나 회는 즐겨 먹었을 것이다. 하지만 그런 음식들은 누구나 즐기는 보편적인 것이었기에 아버지가 생시에 즐겨 먹었다 하더라도 문제가 되지 않았다. 하지만 대추는 달랐다. 모든 이들이 좋아하는 보편적인 음식이 아니라, 증석이 특별히 좋아하였던 특수한 기호식품이었던 것이다.

누군가는 이 이야기를 들으며 고개를 갸우뚱할지도 모른다. 아버지가 좋아하던 대추를 먹지 않았다고 효자 내지 효심의 화신이 된다는 말을 이해할 수 없을지도 모른다. 그러나 조금만 곰곰이 생각해보면 그 이유를 금세 깨달을 수 있다. 아버지가 그처럼 좋아하던 음식이었다면 증삼 역시 어렸을 때부터 맛보며 자랐을 것이기 때문이다. 이가 없던 어린 시절에는 아버지가 씹어서 아들의 입에 넣어주었을 것이고, 자라면서는 눈에 뜨일 때마다 아버지가 대추를 손에 쥐어 주었을 것이다. 증삼도 맛을 알게 되어 어느 순간부터는 대추 없이는 살 수 없게 되었을지도 모른다. 음식에 인이 박힌다고 하지 않았던가. 여러 번 되풀이하여 몸에 붙은 습관 말이다. 증삼 역시 아버지와 마찬가지로 대추라면 자다가도 벌떡 일어날 정도로 좋아하였을 가능성이 크다. 그런 그가 아버지가 세상을 뜨자 죽는 날까지 대추를 한 톨도 먹지 않았다는 것은 그 사모하는 마음이 어느 정도였는지를 가히 짐작하게 해준다. 단순히 대추라는 기호식품의 문제가 아니었던 것이다.

『삼국사기』에서는 의자왕이 바로 『맹자』 진심 하 에 전해오는 이 이야기의 주인공과 같다고 기록하였던 것이다. 그런데 그처럼 효심이 깊었던 젊은이가 어떻게 하루아침에 파렴치한으로 몰락하였을까. 이해하기 힘든 측면이 있다. 여기서 역사는 승자의 기록이라는 사실을 다시 한 번 상기하게 된다. 승자 쪽에서 볼 때, 의자왕은 삼천궁녀와 더불어 유흥에 빠져 지낸 방탕한 임금이었다. 견훤은 더욱 심하게 평가되었다. 그는 신라에 쳐들어가서 비빈종첩들을 마구 욕보였다고 기록되었다. 비범하고 신이한 인물이자 한 시대의 걸출한 영웅이었던 견훤이 하루아침에 파렴치한으로 전락하고 만 것이다. 반면에 의자왕의 선왕인 무왕은 신라와 원수 관계에 있던 백제의 왕이었지만, 불교 포교에 지대한 영향을 미쳤다는 측면에서 지렁이가 아닌 용의 아들로 묘사되었던 것이다.

어떤 관점에 서서 어떻게 보느냐에 따라서 세상과 사람은 달리 평가될 수 있다는 사실을 일깨워주는 대목이다. 우리는 지금 어떤 자리에 서서 어떤 눈으로 세상을 바라보고 있는가.

삼국유사의 가치

일연(1206-1289년)은 고려 말에 살았던 학승이었다. 그가 살았던 시기는 안으로는 1170년 정중부의 난으로 시작하여 1270년까지 정권을 장악하였던 무신의 난, 밖으로는 1231년부터 1259년까지 6차례에 걸쳐 침입하였던 몽고의 난이 일어난 때였다. 그야말로 고려의 운명이 풍전등화의

현미경으로 망원경으로

위기에 처해있던 일대 혼란기였다. 그러한 내우외환의 시기에 그는 『삼국유사』를 편찬하였던 것이다.

수많은 서적을 인용하고, 그것도 모자라 현지답사를 하면서까지 그처럼 방대한 서적을 편찬하였는지 하는 의문이 들지 않을 수 없다. 이미 백여 년 전에 김부식이 『삼국사기』를 편찬하였음에도 불구하고 또 다른 삼국의 역사서를 만들게 된 연유는 무엇인가. 문제는 정사인 『삼국사기』가 유구한 민족의 삶을 기록한다고 표방하면서도 많은 부분을 제외시켰다는 점에 있었다. 다시 말해 정사로서 다룰 수 없는 내용들은 싣지 못하였다는 데에 한계가 있었던 것이다. 반면에 일연은 황당무계하게 보이는 설화들을 통해 우리의 삶을 있는 그대로 기록하였다.

『삼국유사』는 다섯 권, 아홉 편목으로 이루어져 있다. 오늘날로 따지면 다섯 책 안에 아홉 개의 장으로 나눠져 있는 책이다. 맨 앞에는 왕력편이 실려 있다. 중국의 연호와 더불어 신라의 혁거세왕, 고구려의 동명왕, 백제의 온조왕, 그리고 가락국의 수로왕부터 시작하여 후고구려의 궁예, 후백제의 견훤, 고려의 태조까지 이어지는 왕의 연표다. 신라, 고구려, 백제, 가락국 순으로 나라 별로 칸마다 역대 왕들이 거론되고 있다. 많은 내용이 담겨있지는 않다. 왕이 누구의 자손이고, 언제 어떻게 왕위에 오르게 되었으며, 누구와 혼인하였는지, 또한 몇 년을 다스리다 언제 사망하여 어디에 묻혔는지 정도만 기록되어 있다.

본격적인 내용은 기이편부터 시작된다. 기이편은 두 부분으로 나눠져 있다. 기이1에서는 단군부터 삼국통일까지의 일을 설화를 통해서 시대 순으로 서술하고 있다. 기이2에서는 삼국통일부터 고려건국 직전까지의 일을 역시 설화를 통해 시대 순으로 기술하고 있다. 즉 기이편은 단군부터 고려건국 직전까지의 일을 시대 순으로 엮고 있는데, 불교적인 내용이 거의 없다는 특징이 있다.

　기이편 이후로는 흥법편, 탑상편, 의해편, 신주편, 감통편, 피은편, 효선편이 이어지는데, 대부분 불교와 직접적인 관련을 지닌 내용이다. 흥법편은 삼국에 불교가 어떻게 전래되었는지에 관한 이야기를 담고 있다. 탑상편은 탑과 불상에 얽힌 이야기이고, 의해편은 고승대덕들의 불교 포교에 대한 이야기를 싣고 있다. 신주편은 밀교 내지 기이한 승려에 대한 이야기며, 감통편은 기이한 행적과 부처의 영험함에 대한 이야기다. 피은편은 세상을 등지고 숨어 사는 승려나 기인들에 관한 이야기고, 마지막 효선편은 효행에 얽힌 이야기를 담고 있다. 이렇게 아홉 편목으로 구성된 전반부의 기이편과 후반부의 나머지 편들은 상당히 다른 면모를 보이고 있다. 과연 『삼국유사』는 일관성이 있는 온전한 책인가 하는 의문까지 갖게 되는 까닭이 여기에 있다.

　왕력편을 제외한 각 편에 수록된 조목 수를 살펴보면 기이1이 36조목, 기이2가 23조목, 흥법이 6조목, 탑상이 31조목, 의해가 14조목, 신주가 3조목, 감통이 10조목, 피은이 10조목, 효선이 5조목이다. 기이편은 59개 조목이고, 나머지 편은 79개 조목이다. 기이편과 나머지 편들이 분량에서 크게 다르지 않게 편찬되었음을 알 수 있다. 분량이 대등하다는 것은 편찬자의 관심 역시 기이편과 나머지 편에서 대등하다고 볼 수 있는 근거가 된다.

　기이편은 시대 순으로 수록되어 있다. 서두에서 건국신화로 시작하여 말미에는 가락국, 백제, 고구려, 신라가 어떻게 멸망하는지를 보여준다. 이에 비해 기이편 이외의 편들은 시대와 무관하게 주제별로 편찬되었다는 차이가 있다. 또한 기이편은 역사서의 본기와 흡사하게 구성되어 있다. 본기는 시대순으로 수록한 왕실의 역사인데, 기이편이 바로 그러한 모습을 보이고 있다. 그러나 신이한 일로써 역사를 서술하고 있다는 점에서 일반적인 역사서와는 그 성격이 다르다. 이에 비해 나머지 편들은 고승전과 유사하다. 고승대덕들의 기록을 담아놓았을 뿐만 아니라, 불교가 어떻게 이 땅에 전래되어 포교되었으며, 불교적 삶을 살아간 사람들의 모습은 어떠하였는가를 주로 실어 놓았다. 이에 따라 고승전에 등장하는 편목 이름과 『삼국유사』의 편목 이름이 거의 비슷하기까지 하다. 고려 각훈의 『해동고승전』과 중국의 삼대고승전인 혜교의 『양고승전』, 도선의 『당고승전』, 찬녕의 『송고승전』 등이 그러하다.

아울러 기이편은 불교적 색채가 거의 없는 토속설화로만 쓰였다는 특징이 있다. 이에 반해 나머지 편들은 대부분 불교적 설화들로 이루어져 있다. 이러한 면은 불교적인 감흥이나 찬양을 읊은 짧은 시인 찬(讚)에서 잘 드러난다. 일연은 기이편에 찬을 단 1수만을 수록한 반면, 나머지 편에는 47수나 싣고 있다. 즉 전반부의 기이편은 불교와 거의 상관없는 내용이며, 이어지는 나머지 편들은 불교와 직접적인 연관을 갖고 있는 내용이라는 것을 쉽게 알 수 있다. 그렇다면 일연이 이처럼 해괴망측하면서도 통일성 없어 보이는 책을 편찬한 까닭은 무엇인가. 도대체 노선승이 내우외환에 시달리는 혼란한 시기에 이러한 서적을 편찬한 의도는 어디에 있는가.

이 의문을 풀기 위해서는 우선 일연의 정신세계 관점에 주목해야 한다. 기이편의 토속적인 설화는 불교가 이 땅에 들어오기 전부터 있었던 이야기, 또는 불교가 들어왔지만 불교의 영향을 받지 않은 이야기다. 일연이 이러한 토속적인 설화를 가지고 기이편을 엮은 까닭은 그 안에 집단무의식세계가 내재되어 있다는 사실을 간파하였기 때문이다. 다시 말해 토속적인 설화 안에 녹아있는 세계, 즉 우리 민족 구성원이라면 누구나 무의식적으로 알고 있는 세계를 보았던 것이다.

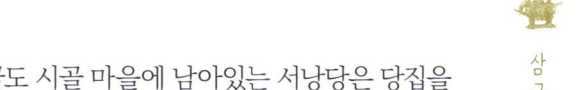

서낭당이 그 좋은 예다. 지금도 시골 마을에 남아있는 서낭당은 당집을 말하기도 하지만, 대부분은 마을의 중심이 되는 큰 나무인 당목(堂木)을 지칭하였다. 나무에 실타래를 두르고 헝겊을 매달았으며, 그 앞에 돌무더기를 쌓아 놓은 형태다. 정월대보름날 올리는 마을의 동제도 그곳에서 이루어졌고, 개인적인 치성 역시 그 앞에서 드렸다. 그곳은 허튼짓을 하면 안 되는 신성한 지역이라는 사실을 삼척동자도 알고 있었다. 한민족 구성원이라면 남녀노소를 불문하고 누구나 그러한 서낭당의 의미를 집단적으로, 무의식적으로 알고 있었던 것이다.

솟대 역시 마찬가지다. 솟대는 큰 장대 끝에 새 한 마리가 앉은 형상으로 오래 전부터 신성시되었다. 『삼국지』 위서 동이전 에 따르면, 고조선 때에는 이 솟대가 서 있는 지역으로 죄인이 피신하면 끌어낼 수 없다고 하였다. 천군이 천신에게 제사를 드리는 솟대가 서있는 지역, 즉 소도(蘇塗)는 신성한 지역이기 때문이었다. 우리 민족 구성원은 누구나 그 신성한 의미를 집단적으로, 무의식적으로 공유하고 있었던 것이다.

장승도 이와 다르지 않다. 지역에 따라 벅수나 수살목, 또는 하르방 등으로 다양하게 불리는 장승은 마을 입구에 세워져 있었다. 마을에 잡귀가 들어오지 못하게 하는 마을 수호신이었다. 후에 마을과 사찰의 경계표지 내지 이정표의 역할도 하였지만, 장승의 근원적인 의미는 당목이나 솟대와 마찬가지로 마을수호신의 거처였다. 이 땅에 사는 사람들이라면 누구나 그러한 의미를 집단적으로, 무의식적으로 간파하고 있었던 것이다. 따라서 이러한 집단무의식세계는 민족의 특수성을 결정하는 핵심적 요인이 된다.

당목·솟대·장승처럼 나무가 신령을 상징하는 신성한 신체로 여겨지는 수목신앙의 원류는 신화주인공의 탄생까지 소급된다. 한민족 건국신화에 있어서 강림신화 주인공들은 대부분 하늘에서 산으로 내려오고 있다. 환웅이 태백산 신단수로, 해모수가 웅심산으로, 수로가 구지봉으로, 혁거세가 양산으로, 또한 혁거세 탄강 이전에 하늘로부터 내려왔다는 육촌장들이 하나같이 산으로 내려오고 있는 것이다. 신화주인공들이 산으로 강림한다고 여기는 것은 산을 숭앙의 대상으로 삼은 데에서 비롯된다. 산이 천상과 지상을 잇는 가교 역할을 하고 있다는 인식이 이러한 신화적 특성을 만들어 낸 것이다.

여기서 주목되는 것은 단군신화에 보이듯이 환웅이 산 중에서도 신단수라는 특정한 나무로 내려왔다는 점이다. 이 나무는 우주의 중심으로 신의 하강처다. 산이 신화주인공의 탄강처로서 신성시되는 것처럼, 나무 역시 산·숲·나무의 등식 하에서 신화주인공의 하강처로서 우주의 중심이 되었던 것이다. 나무는 원초적으로 신의 하강처인 동시에 신의 거처가 되었으며, 시간이 흐름에 따라 신의 제사처가 되었다. 나무에 대한 숭앙의식은 훗날 마을공동체의 중심으로 마을수호신의 거처이자 제사처인 서낭당·솟대·장승 등으로 계승되었다. 오늘날 마을공동체 단위로 특정한 날 솟대나 장승을 새로 만들어 세우거나 당목에 제사지내는 축제는 한민족 신화주인공들의 강림으로부터 비롯된 것이다.

일연은 바로 이러한 집단무의식세계를 간파하고 있었다. 그는 그 안에서 신성함을 바탕으로 한 종교심성의 원천을 보았던 것이다. 이에 따라 일연은 토속설화로 기이편을 엮음으로써 종교심성의 원천인 집단무의식세계의 역사를 재구하고자 하였다. 아울러 불교가 들어오기 이전, 그리고 불교가 들어온 이후에 병행해 온 우리 민족의 정신세계를 살피고자 하였다.

이러한 면은 일연의 망국관에서 극명하게 드러난다. 일반적으로 한 국가가 멸망하는 주된 요인으로 정치적 혼란이라든지, 경제적 파탄이라든지,

아니면 사회적 불안정을 들 수 있다. 그런데 일연은 『삼국유사』를 편찬하면서 신라, 고구려, 백제의 멸망 원인을 다른 데에서 찾고 있어 흥미롭다.
우선 신라의 망국설화를 들어본다.

> 당나라에서 도덕경 등을 보내자 신라의 경덕왕이 예를 갖추어 받았다. … 왕은 옥경이 여덟 치나 되었는데, 자식이 없으므로 왕비를 폐하고 사량부인을 책봉하였다. 후비 만월부인의 시호는 경수태후니 의충각간의 딸이다.
> 경덕왕이 하루는 표훈대덕을 불러 일렀다.
> "내가 복이 없어 아들이 없으니 대덕은 상제께 청하여 아들을 낳게 해주시오."
> 표훈이 천제께 올라가 고하고 돌아와서 아뢰었다.
> "상제께서 말씀하시길, 딸은 되지만 아들은 부당하다고 하십니다."
> 왕이 말하였다.
> "딸을 바꿔 아들로 해주길 원하오."
> 표훈이 다시 올라가 청하자 천제께서 일렀다.
> "그렇게 할 수는 있지만, 그러면 나라가 위태로우리라."
> 표훈이 내려오려 할 때, 천제께서 다시 불러 일렀다.
> "하늘과 사람 사이를 문란케 못하는 것인데, 지금 대사가 이웃과 같이 왕래하여 천기를 누설하였다. 그러니 지금 이후로는 다시 다니지 말라."
> 표훈이 돌아와서 하늘의 말로써 아뢰었다. 그러자 왕이 말하였다.
> "나라는 비록 위태하더라도 아들을 얻어 뒤를 이으면 족하오."
> 그 후 만월왕후가 태자를 낳자 왕이 매우 기뻐하였다. 태자가 8살 때에 왕이 서거하였다. 태자가 즉위하니 혜공왕(惠恭王)이었다. 왕이 어린 까닭에 태후가 섭정하였는데, 정사가 다스려지지 못하였다. 또한 도적이 벌떼와 같이 일

어나 막을 수 없었다. 표훈의 말이 맞았다.

여자로 태어날 왕이 남자가 되었으므로 돌 때부터 왕위에 오를 때까지 항상 부녀자의 짓을 하여 비단주머니 차기를 좋아하였다. 또한 도사와 함께 희롱 하므로 나라가 크게 어지러워졌다. 마침내 혜공왕은 선덕과 김양상에게 죽임 을 당하였고, 표훈 이후에는 신라에 성인이 나지 않았다.

(『삼국유사』 권2 기이2 경덕왕 충담사 표훈대덕)

경덕왕은 신라 35대 임금으로 국가의 멸망과는 거리가 있었다. 경덕왕이 다스리던 시기는 종교적으로 불국사와 석굴암 건립, 그리고 봉덕사종 제작 등과 같은 불사를 일으키던 신라 문화의 절정기였다. 동시에 정치적으로 비록 안정되지는 않았지만 관서명과 관직명, 그리고 지명과 행정구역을 정비하여 강력한 중앙집권적 전제주의 체제를 꾀하던 신라 정치의 전성기였다. 그럼에도 불구하고 이 기록의 끝 대목에서는 왕이 피살당할 뿐만 아니라, 다시는 성인이 나오지 않았다고 결론짓고 있다.

일연이 이 조목을 망국과 다름없이 끝맺음한 까닭은 어디에 있는지 의아하다. 우선 이 조목의 서두가 눈길을 끈다. 경덕왕이 예를 갖추어 당나라에서 보낸 도덕경을 받았다는 대목이 바로 그러하다. 이 조목의 내용과 전혀 상관없이 보이는 기사라 더욱 주목된다. 이는 불교가 융성하였던 경덕왕 때에 도교의 경전인 도덕경을 들여왔다는 것으로 정신세계의 혼란을 의미한다. 이러한 면은 말미에서 그의 아들인 혜공왕이 도사들과 희롱하였다는 사실로 재차 강조되고 있다. 더욱이 표훈대덕은 경덕왕의 후사를 위해 천상과 지상을 오가며 천기를 누설하여 하늘과 땅의 질서를 어지럽혔다. 이 사건은 굳건해야 할 정신세계가 흔들리고 깨지고 있음을 암시하고 있다. 결국 일연은 불교가 융성하였던 경덕왕 대에 도교가 유입됨으로써 정신세계가 혼란·파괴되어 망국의 경지에 이르게 되었다고 표명한 것이다.

이러한 면은 고구려 멸망 기사에서 다시 한 번 재현된다.

고구려 사람들이 도교를 다투어 신봉하였다. 당고조(唐高祖)가 이를 듣고 도사를 시켜 천존상을 보내고, 도덕경을 강연케 하였다. 왕이 나라 사람들과 함께 청강하였다. … 보장왕(寶藏王)이 즉위하여 3교를 함께 일으키려 하였다. 그때 총애를 받던 신하 개소문(蓋蘇文)이 왕에게 청하였다.

"유교와 불교는 다 성하지만, 도교는 성하지 못합니다. 특별히 당나라에 사신을 보내 도교를 구하는 게 좋겠습니다."

이때 보덕화상(普德和尙)이 반룡사에 있었다. 좌도(左道)가 정도(正道)에 대치하여 국운을 위태롭게 할 것을 딱하게 여겨 여러 번 왕에게 간하였지만 듣지 않았다. 그리하여 보덕화상은 신통력으로 방장을 날려 남쪽에 있는 완산주 고대산으로 옮겨갔다. 얼마 지나지 않아 나라가 망하였다.

… 당서에 의하면, 이보다 먼저 수나라 양제가 고구려를 정벌할 때, 장수 가운데 양명(羊皿)이란 자가 있었다. 전쟁에 패하여 바야흐로 죽으려 할 때 맹세하였다.

"내가 죽어 기필코 고구려의 총신이 되어 그 나라를 멸망시키겠다."

개씨가 정권을 쥐게 되자 개(盖)로써 씨를 삼았으므로 곧 양명(羊皿)이 이에 부합된다.

또 고구려 고기를 보면 수양제(隋煬帝)가 대업 8년 임신에 30만 병사를 거느리고 바다를 건너 쳐들어왔고, 국서를 보내 항복을 청하였다. 이때 한 사람이 몰래 품속에 활을 지니고 사신을 따라갔다. 수양제가 탄 배에 이르러 국서를 들고 읽을 때, 활로 쏘아 가슴을 맞혔다. 양제가 회군하며 좌우에게 일렀다.

현미경으로 망원경으로

"내가 천하의 맹주가 되어 소국을 친히 정벌하다가 이득을 보지 못하였으니 만대의 웃음거리다."

이때 우상 양명이 아뢰었다.

"신이 죽어 고구려의 대신이 되어 그 나라를 꼭 망하게 하여 왕의 원수를 갚겠습니다."

양제가 죽은 뒤에 양명이 과연 고구려에 태어났다. 15살이 되어 총명하고 용맹하였다. 그때 왕은 그가 어질다는 말을 듣고 불러들여 신하를 삼았다. 자칭 성을 개(盖), 이름을 금(金)이라 하였다. 지위가 소문에까지 이르니 곧 시중이었다. 개금이 아뢰었다.

"솥에는 세 발이 있고, 나라에는 삼교가 있습니다. 그런데 신이 보니 우리나라에는 유교와 불교만 있고, 도교가 없으므로 나라가 위태합니다."

왕이 옳게 여겨 당에 도교를 청하였다. 당태종이 도사 숙달 등 8명을 보냈다. 보장왕이 기뻐하여 사찰을 도관으로 삼았다. 또한 도사를 높여 유교의 선비 위에 거하게 하였다.

… 우상 유인궤와 대장군 이적과 신라 김인문 등이 침공하여 고구려를 멸망시키고, 보장왕을 사로잡아 당으로 돌아갔다. 이에 보장왕의 서자가 신라에 투항하였다. 대안 8년 신미에 승통 우세(祐世)가 고대산 경복사 비래방장에 와서 보덕성사의 진영에 예하고 시를 지어 가로되 '안타깝다. … 방장을 날려온 후 동명왕의 옛 나라가 위태하였도다.'라 하고, 그 발문에는 '고구려 보장왕이 도교에 혹해 불법을 믿지 아니하므로 우리 스님께서 방장을 날리어 남쪽으로 이 산에 왔다. 그러자 신인(神人)이 고구려 마령에 나타나 사람들에게 이르되 너희 나라가 머지않아 패망하리라 하였다.'고 하는 것이 쓰여 있다.

(『삼국유사』 권3 흥법3 보장봉노 보덕이암)

고구려의 마지막 왕인 보장왕 때 도교가 성행하였으며, 연개소문이 도교를 적극적으로 도입하자고 왕에게 진언하였다는 내용이다. 이에 보장왕은 당에 도교를 청하는 한편, 사찰을 도관으로 삼고, 도사를 높이 받들었다. 그러자 불교 지도자였던 보덕화상은 좌도, 즉 사악한 도리가 정도, 즉 올바른 도리를 흔들어 나라가 위태로워질 것을 염려하여 이를 저지하고자 하였다. 그러나 그는 뜻을 이루지 못하고 결국 고구려를 떠나고 말았다. 일연은 당시 고구려의 정신적 지주였던 보덕화상이 이주한 이후에 마침내 고구려가 멸망하였다고 이 조목을 마무리하고 있다. 이러한 망국에 대한 인식은 승통인 우세, 다시 말해 고려 문종의 아들로 천태종을 세운 대각국사 의천(義天)의 글에서도 선명하게 드러나고 있다.

문제는 연개소문의 정체였다. 이 기록에 따르면 연개소문은 수양제의 장수로서 고구려에 원수를 갚고자 다시 태어난 인물이었다. '양명(羊皿)'이라는 수나라 장수가 두 글자를 합친 형태인 '개(盖)'라는 고구려의 대신으로 환생하였다는 것이다. 놀랍게도 그가 고구려를 멸망시키기 위해 동원한 방법은 종교였다. 고구려에 이미 정교인 불교와 유교가 있음에도 불구하고 사교인 도교를 들여오는 일이었다. 당시 불교의 지도자이자 고구려의 정신적 지주라 할 수 있는 보덕화상은 그러한 의도를 적극 저지하고자 하였다. 사악한 종교가 올바른 불교에 맞설 수는 없는 일이라고 보았던 것이다. 결국 뜻을 이루지 못한 보덕화상이 방장을 날려 백제의 완산주로 이주하자 곧 고구려가 멸망하였다는 것이다.

이렇게 본다면 고구려의 멸망 원인은 정치적 혼란이나 경제적 파탄, 사회적 불안정이 아니었다. 바로 정신세계의 혼란과 파괴였던 것이다. 다시 말해 불교의 사찰을 도관으로 바꾸고, 도사를 높이 받듦으로써 기존의 종교 질서를 흔들어 정신세계의 혼란과 파괴를 야기하였던 것이다. 일연은 신인

현미경으로 망원경으로

이 나타나 고구려의 멸망을 예고한 근거로 보덕화상의 이주를 들었던 대각국사 의천의 글을 인용함으로써 그의 견해를 더욱 강화하고 있다.

이러한 망국에 대한 관점은 전적으로 일연의 망국에 대한 관점에서 비롯되었다고 해도 과언이 아니다. 양명설화가 이미 전하여오고 있었다 하더라도 이 조목을 편찬한 일연의 의도가 깊이 개입되어 있기 때문이다. 일연은 전승되어오던 설화를 가지고 자신의 의도에 따라 고구려 멸망 기사를 편집하였던 것이다. 결국 일연은 집단무의식세계의 변질 내지 정신세계의 혼란과 파괴가 망국에 이르는 직접적인 원인이 되었다는 점을 강조하였던 것이다.

이러한 일연의 망국관은 왕건의 고려 건국기사에서 보다 선명하게 드러난다.

> 무인년 유월에 궁예(弓裔)가 세상을 떴다. 태조가 철원의 수도에서 즉위하였다. 기묘년에 송악군으로 수도를 옮겼다. 이 해에 법왕사, 자운사, 왕륜사, 내제석사, 사나사를 창건하였다. 또 대선원사, 신흥사, 문수사, 원통사, 지장사 등 전반의 십대 사찰을 창건하였는데, 모두 이해에 창건한 것이다.
>
> 경진년에 유암 아래에 유시를 세웠다. 이 때문에 오늘날 이시를 유하라고 부른다. 시월에 대흥사를 창건하였는데, 혹은 임오년에 하였다고도 한다. 임오년에 또한 일월사를 창건하였는데, 혹은 신사년에 하였다고도 한다. 갑신년에 외제석사, 신중원, 흥국사를 창건하였다. 정해년에는 지묘사를, 기축년에는 구산사를, 경인년에는 안화선원을 창건하였다.
>
> (『삼국유사』 권1 왕력 태조)

왕력편에는 통일신라 이후 후백제의 기록이 모두 끝나고, 후고구려의 말미에 바로 이 고려 태조 기사가 실려 있다. 왕력편은 왕의 성명, 계보, 등극과 치세 기간, 장지 등에 관한 기록이다. 그중 맨 마지막에 등장하는 이 조목은 18개의 사찰을 창건한 기록만으로 점철되어 있다. 다른 왕들의 기록과는 판이하게 다르다. 이러한 기이한 현상은 가락국, 백제, 고구려, 신라가 멸망한 이후, 통일 고려를 건국하는 데 있어서 새로운 정신세계가 필요하다는 인식에서 비롯되었다. 즉 국가의 멸망 동인이 되었던 변질된 집단무의식세계와 혼란·파괴된 정신세계를 대체할 새로운 정신세계가 필요하였던 것이다. 이에 일연은 그 공백을 채울 정신세계로 불교를 내세웠던 것이다.

일연은 기이편을 통해 하늘에서 강림한 신화주인공들이 신성하게 세운 나라가 어떻게 멸망에 이르게 되었는가를 추적하였다. 그가 기이편에서 불교설화가 아닌 토속설화를 통해 태초부터 고려 이전까지의 역사를 서술한 것은 한 국가의 존립과 쇠망이 어디에 달려있는지를 설파하기 위해서였다. 그러나 기이편과 이어지는 나머지 편은 별개의 것이 아니라 서로 긴밀한 유대관계를 지니고 있다. 일연은 『삼국유사』에 내재되어 있는 기이함을 괴이함이 아닌 신이함으로 인식하여 기이편과 나머지 편을 대등하게 보았다. 뿐만 아니라 기이편을 나머지 편으로 나아가기 위한 디딤돌로 마련하였다. 따라서 일연이 기이편을 편찬한 의도는 불교전래 이전부터 불교전래와 더불어 병존해 오던 시기, 즉 건국시조들로부터 고려건국 이전까지 국가를 지탱해 온 집단무의식세계 내지는 정신세계의 추이를 파악하고자 함이었다. 나아가 이러한 세계가 국가의 존립·멸망과 불가분의 관계에 놓여 있다는 것을 말하고자 함이었다.

일연이 토속설화로써 역사를 서술하려 한 의도 역시 여기에 있고, 이러한 설화 속에 용해되어 있는 기이함이 불교의 기이함과는 다르지만 다 같이 신이하다고 본 의도 역시 여기에 있었다. 설화는 집단무의식세계를 핵심으로 하고 있으며, 그 집단무의식세계는 종교심성의 원천으로서 언제든 타 종교로 이행될 수 있다는 것을 일연은 간파하고 있었다. 즉 일연은 불합리하고 비논리적인 면모를 지닌 집단무의식세계를 교도함으로써 불교의 신앙심으로 승화시킬 수 있다는 점을 알고 있었던 것이다. 통일점이 없는 집단무의식세계에 하나의 조명을 비추어줌으로써 불교의 삼매경에 접어들 수 있게 하였던 것이다.

일연이 왕력편 말미에 고려가 불교를 정신적 지주로 삼아 건국되었다는 사실로 마무리하였던 까닭이 바로 여기에 있다. 그가 살고 있던 혼란스러운 고려가 어떻게 건국되었는지를 환기시키고자 하였던 것이다. 결국 일연이 『삼국유사』를 편찬한 의도는 불교 확립을 통해 고려 말의 난국을 타개하고자 함이었다. 일연은 삼국의 이야기를 통해 내우외환에 처한 고려의 혼란 내지 위기를 타개해 나갈 방도를 우의적으로 제시하였던 것이다.

이 대목에서 오늘날 우리의 정신세계는 무엇인지 되묻게 된다. 물질적 가치에 지나치게 기울어져 있는 오늘날, 우리는 어떠한 정신적 가치에 주목하고 있는지 반문하게 된다.

나의 세계관, 인생관, 인간관

『삼국유사』와 『삼국사기』는 상당한 차이점을 지니고 있다. 『삼국사기』는 국가에서 주관해서 김부식 등이 편찬한 관찬서로서 정사다. 이에 비해 『삼국유사』는 일연이라는 개인이 엮은 사찬서로 정통적인 사서라기보다는 야사에 가깝다.

이 두 서적의 차이는 괴력난신(怪力亂神)에 대한 관점에서 확연히 드러난다. 『논어』의 〈술이〉에서는 공자가 괴력난신을 말하지 않았다고 기록하고 있다. 그 주에 사씨가 말하길 '성인은 떳떳한 일을 말하고 괴이한 일을 말하지 않고, 덕을 말하고 힘을 말하지 않으며, 다스려짐을 말하고 패란의 일을 말하지 않으며, 인간의 일을 말하고 귀신의 일을 말하지 않는다.'고 하였다. 즉 공자는 괴이한 일, 용렬하게 힘쓰는 일, 난을 일으키는 일, 귀신의 일처럼 올바른 이치가 아니거나 또는 이치를 쉽사리 밝힐 수 없는 일을 언급하지 않았던 것이다.

이에 따라 관찬이자 정사를 다루고 있는 『삼국사기』에서는 괴력난신과 관련된 기사는 가차 없이 삭제하였다. 그러나 일연은 이와 다른 태도를 취하고 있어 흥미롭다.

> 무릇 옛날의 성인이 예악으로 나라를 일으키고, 인의로 가르침에 있어서 괴력난신을 말하지 않았다. 그러나 제왕이 일어날 때에는 상서로운 징조와 증표를 받아 평범한 사람들과 다름이 있는 것이다. 그런 뒤에 능히 큰 변화를 타고 큰 지위를 잡아 대업을 이룰 수 있는 것이다.
>
> 그러므로 하수(河水)에서 그림이 나왔고, 낙수(洛水)에서 글이 나와 성인이 일어났다. 무지개가 신모를 둘러 복희(伏羲)를 낳고, 용이 여등(女登)과 교감하여 염제(炎帝)를 낳고, 황아(皇娥)가 궁상 들에서 놀 때 신동이 있어 자칭 백제(白帝)의 아들이라 하고 서로 정을 통하여 소호(少昊)를 낳고, 간적(簡狄)이 알을 삼키고 설(契)을 낳고, 강원(姜嫄)이 거인의 발자취를 밟고 기(弃)를 낳았다.
>
> 또한 요(堯)는 그 어머니가 잉태한 지 14개월 만에 태어났고, 패공(沛公)은 용이 큰 연못에서 그 어머니와 상통하여 태어났다. 그 뒤의 일을 어찌 다 적으랴.

현미경으로 망원경으로

> 그러므로 삼국의 시조가 모두 신이한 데에서 나왔다는 것이 어찌 괴이할 것이 있으랴. 이 기이편이 여러 편의 첫머리에 실린 것은 그 뜻이 여기에 있다.
>
> (『삼국유사』 서문)

일연 역시 괴력난신을 입에 올리지 않는 것이 마땅하다고 인정하였다. 그러나 한 나라가 일어서고, 성인이 나타나는 데 있어서 기이한 일이 벌어지는 것은 괴이하지 않다고 단언하였다. 황당무계하게 보이는 신화적 요소들조차 신성하게 보았던 것이다. 실제로 『삼국유사』에는 건국신화들이 다양하고 풍부하게 수록되어 전해오지만, 『삼국사기』에는 신화들의 내용이 소략하게 수록되었다는 데에서도 괴력난신에 대한 태도의 차이를 엿볼 수 있다. 김부식은 신화를 황당무계한 괴력난신이라 보았을 가능성이 크고, 일연은 한 국가를 세우는 시조에 대한 신성한 이야기라 보았던 것이다.

여기서 『삼국유사』의 가치를 역으로 생각해 볼 수 있다. 『삼국사기』는 왕실 중심의 역사인 반면, 『삼국유사』는 민간에 떠돌던 설화로써 역사를 재구하려고 하였다는 점에서 민중 중심의 역사다. 설화는 원천적으로 사실을 바탕으로 하여 허구적으로 재생산되어 민중의 입을 통해 전승되므로 역사의 설화화 과정을 거친다. 그러나 일연은 이러한 설화를 통해 삼국의 역사를 재구하고자 하였다. 즉 설화의 역사화 과정을 거치고 있는 것이다. 이러한 점에서 『삼국유사』를 민중 중심의 역사로 규정할 수 있는 것이다. 백여 년의 시차를 두고 세상에 나온 『삼국사기』와 『삼국유사』가 지니고 있는 관찬과 사찬의 차이, 정사와 야사의 차이에서 비롯된 결과다. 다시 말해 관점의 차이인 것이다.

이 대목에서 우리는 어느 자리에 서서 세상을 바라볼 것인가, 또한 어떠한 눈으로 사람을 판단하고 평가할 것인가를 선택해야 한다. 우선 가까이 볼 것인가, 멀리 볼 것인가. 가까이 본다면 나무를 자세히 살펴볼 수 있다. 하지만 개개의 나무가 모여 만든 숲을 볼 수는 없다. 반대로 멀리서 바라보면 숲의 전체적인 모양을 환히 살필 수 있다. 그러나 그 가운데 숨겨져 있는 한 그루 한 그루의 나무가 지니고 있는 가치를 따져볼 수는 없다. 다만 현미경으로 볼 대상은 현미경으로 보고, 망원경으로 볼 대상은 망원경으로 보아야 한다는 유연한 태도가 필요할 것이다.

다음으로 오른쪽을 볼 것인가, 왼쪽을 볼 것인가. 오른쪽을 보거나 그 쪽에 서면 흔히 우익이라고 칭한다. 반대로 왼쪽을 보거나 그 쪽에 서면 좌익이라고 부른다. 보수냐 진보냐 하는 문제도 여기서 시작된다. 가운데 서서 오른쪽과 왼쪽을 동시에 보고자 하는 균형 감각이 중요하지만, 대부분은 어느 한 쪽에 서서 한 쪽만을 보려고 고집한다. 그로 인해 흔히 어느 한 쪽만이 옳다고 판단하는 잘못을 범하고는 한다.

또한 위를 볼 것인가, 아래를 볼 것인가. 어떤 이들은 못 올라갈 나무는 아예 쳐다보지도 말라고 충고한다. 반면 어떤 이들은 아래를 보고 살라고 타이르기도 한다. 과연 하향 지향적 시선과 태도를 갖는다면 행복할 수 있을지 의아하다. 오히려 발전을 기대할 수 없는 좌절에 빠지지 않을까 우려되는 대목이다. 실현 불가능한 상향 지향적 시선과 태도도 문제지만, 현실 안주의 하향 지향적 시선과 태도 역시 심각한 문제를 안고 있는 것이다.

마지막으로 한 눈으로 볼까, 두 눈으로 볼까. 무엇인가 집중해서 보고자 한다면 한 눈을 감고 다른 한 눈으로만 들여다본다. 집중하기 위해 일부러 두 눈을 뜨지 않고 한 눈을 감는 것이다. 이와 달리 두 눈을 뜨고 사물을 보면 균형 감각은 있을지 모르나, 어느 한 지점에 대한 집중력은 그만큼 떨어진다. 한 눈으로 편향적으로 보는 것이 옳은지, 아니면 두 눈으로 균형을 잡고 보는 것이 옳은지에 대한 판단이 쉽지만은 않다.

결국 우리는 어느 자리에 서서 무엇을 어떻게 바라봐야 하는지를 끊임없이 고민하는 존재라 해도 과언이 아니다. 인간은 가치 선택적 존재기 때문이다. 어떠한 가치를 선택하느냐에 따라 삶이 달라질 수 있다. 또한 인간은 선후본말을 판단하는 존재다. 사람은 누구나 무엇이 먼저여야 하고, 무엇이 나중이어야 하는가를 결정하며 살아간다. 또한 무엇이 근본적인 것이고, 무엇이 지엽적인 것인가를 부단히 판단하며 지낸다. 이러한 능력을 온전히 발휘하는 것을 흔히 지혜라고 말한다. 살아가면서 정말 중요한 것을 판단하는 기준은 사람마다 다를 수 있다. 하지만 그 가치와 선후본말의 핵심을 올바로 선택했을 때, 그의 삶은 가치 있고 의미 있게 될 것이다. 무가치한 일, 나중에 해도 될 일, 말엽적인 일에 현혹되어 지낸다면, 그의 삶은 주변적이고도 지엽적인 인생으로 끝날 공산이 크다.

『맹자』 공손추 상 의 구절이 오늘도 생생하다. '옳고 그름을 가려내는 마음이 없다면 사람이 아니다. 시비지심이라고 하는 것은 지혜의 단초가 된다.(無是非之心 非人也 是非之心 智之端也)' 지혜롭다는 말은 지식과는 다른 차원이다. 가치 있는 것과 가치 없는 것을 선별할 수 있는 눈이다. 무엇을 우선해야 하고, 무엇을 나중에 해도 되는가를 판단할 수 있는 능력이다. 무엇이 중심적인 일이고, 무엇이 지엽적인 일인지를 판단할 수 있는 힘이다. 그 옳고 그름을 가려내는 마음이 바로 지혜인 것이다.

사실 우리는 누구나 옳고 그른 것이 무엇인지를 알고 있다. 양심, 즉 내면의 소리를 통해 이미 그것을 알고 있다. 단지 환경의 차이나 기질에 따라, 입장이나 처지에 따라, 또는 이득과 욕심에 따라 양심을 외면하거나 내면의 소리에 귀를 막아버릴 뿐이다. 어린아이와 같은 순수함으로 돌아가야 하는 까닭이 여기에 있다. 옳은 것을 옳다고 하지 못하고, 그른 것을 그르다고 하지 못하는 오류에서 벗어날 수 있는 유일한 길인 것이다.

재미있는 이야기가 전해온다.

> 옛날에 계빈국(罽賓國)의 삼장법사(三藏法師)가 아란야법(阿蘭若法)을 행하여 일왕사(一王寺)에 이르렀다. 절에서는 큰 모임이 열렸는데, 문지기가 그의 옷이 누추한 것을 보고 문을 막고 들어가지 못하게 하였다. 이렇게 여러 번 들어가려 하였지만, 옷이 누추했기 때문에 번번이 들어가지 못하였다. 그래서 삼장법사는 하나의 방편으로 좋은 옷을 빌려 입고 갔다. 문지기는 그것을 보고는 더 이상 막지 않고 들어가도록 허락하였다.
>
> 자리에 참례하자 여러 가지 좋은 음식이 나왔다. 삼장법사는 그 음식을 옷에게 먼저 주었다. 여러 사람이 물었다.
>
> "어째서 그렇게 합니까?"
>
> 그러자 그가 대답하였다.
>
> "내가 여러 번 왔으나 번번이 들어오지 못했소. 그런데 지금 이 옷 때문에 들어와 이 자리에 앉게 되고 여러 가지 음식을 얻었소. 그러니 마땅히 이 옷에게 음식을 주어야 할 것이오."
>
> (『삼국유사』 권5 감통7 진신수공)

삼장법사는 법회가 끝나고 음식이 나오자 옷을 벗어 바닥에 깔고 그 위에 쏟아 부었다. 자신이 아닌 반드르르한 옷 때문에 그 자리에 들어왔으니 그러는 것이 당연하다고 여겼던 것이다.

사람들은 흔히 겉치레를 중시한다. 그의 용모와 옷과 장식품을 눈여겨 본다. 그의 재산과 지위와 명성을 보고 그를 판단한다. 과연 우리가 주안점을 두고 있는 것들은 어느 정도의 가치를 지니고 있는 것일까. 망설임

없이 선택하여 삶의 중심에 두고 평생 추구할 만한 가치가 있는 것인가. 삼장법사의 일화는 성형·다이어트·명품, 그리고 집·자동차·인기 등에 몰입하고 있는 오늘날의 세태에 시사하는 바가 크다. 물질만능 시대에 먹고 사는 일뿐만 아니라 정신적 가치 내지 내면의 가치를 중시하고자 하는 인문학적 관심이 필요한 까닭이다.

  우리는 어떤 관점을 가지고 있는가. 낙관적으로 세상을 보고 사람을 대한다면 세상은 그리 될 것이다. 반면에 비관적으로 세상을 보고 사람을 대한다면 세상 역시 그렇게 되어갈 것이다. 예쁘고 고운 눈으로 세상을 바라본다면 아름답고 살 만한 세상이 될 것이다. 이에 반해 밉고 거친 눈으로 세상을 바라본다면 추하고 혐오스럽기 그지없는 세상이 될 것이다. 세상은 나로부터 변화한다는 점을 되새기게 된다.

02

민들레 홀씨 되어
▶ 위기의 나라 구하기

02

민들레 홀씨 되어
▶ 위기의 나라 구하기

문무왕과 강력한 호국용

나무야 나무야 겨울나무야 눈 쌓이는 날에 외로이 서서
아무도 찾지 않는 추운 겨울을 바람 따라 휘파람만 불고 있느냐
(이원수 작사, 정세문 작곡 〈겨울나무〉)

눈보라 몰아치는 겨울날, 외롭게 서서 자신의 자리를 고수할 의지가 있는가. 남이 알아주지 않는 일을 꿋꿋이 할 의향이 있는가. 흔히 남의 눈을 의식하며 일을 하기에 그러한 결의가 쉽지만은 않다. 칭찬받고, 보상받고 싶어 하는 마음이 있기 때문에 더욱 그러하다. 나 아니면 그토록 힘들고 귀찮은 일을 할 사람이 없을 것이라는 사명감을 지니기 어려운 까닭이 여기에 있다.

『논어』의 첫대목인 〈학이편〉이 딱 들어맞는다. '사람들이 알아주지 않아도 성내지 않는다면 그 역시 군자 아니겠는가.(人不知而不慍 不亦君子乎)'

자신만의 길을 간다는 것, 누가 알아주지 않아도 자신이 해야 할 일을 하고 있다는 것이 얼마나 어려운 일인지를 잘 보여주는 대목이다. 이처럼 어려운 길을 걸었던 인물로 문무왕을 들 수 있다.

> 신라의 문무대왕(文武大王)은 나라를 다스린 지 21년 만인 영륭 2년 신사에 세상을 떠났다. 유언에 따라 동해의 큰 바위 위에 장사지냈다. 왕은 평시에 항상 지의법사(智義法師)에게 말하였다.
> "나는 죽은 후에 나라를 수호하는 큰 용이 되어 불법을 받들어서 나라를 지키려 하오."
> 법사가 물었다.
> "용은 미물인 짐승인데, 무엇을 보답하겠습니까?"
> 왕이 말하였다.
> "나는 세간의 영화를 싫어한 지 오래되었소. 만약 짐승이 되어 거칠게라도 갚을 수 있다면 나의 뜻에 맞을 것이오."
>
> (『삼국유사』 권2 기이2 문호왕 법민)

제31대 신문대왕(神文大王)의 이름은 정명이요, 성은 김씨다. 개요 원년 신사 7월 7일에 왕위에 올랐다. 아버지 문무대왕을 위하여 동해가에 감은사(感恩寺)를 세웠다.

> 절의 기록에 이런 말이 있다. 문무왕이 왜병을 진압하려고 이 절을 처음으로 지었으나, 일을 마치지 못하고 죽어 바다의 용이 되었다. 그 아들 신문왕이 왕위에 올라 개요 2년에 일을 마쳤는데, 금당의 계단 아래에 동쪽을 향해 구멍 하나를 뚫어두었다. 이것은 용이 절에 들어와서 쉬게 하기 위한 것이다. 유언

으로 유골을 간직한 곳은 대왕암이라 하고, 절은 감은사라 이름하였다. 후에 용이 나타난 곳을 이견대(利見臺)라 하였다.

(『삼국유사』 권2 기이2 만파식적)

경주에 산재해 있는 역대 왕들의 무덤은 규모면에서 실로 대단하다. 흡사 작은 산과도 같다. 삼국통일의 주역이었던 문무왕이라면 어느 왕의 무덤보다도 크고 화려하게 만들 수 있었을 것이다. 당시에 그렇게 왕릉을 만든다고 해서 손가락질하거나 비난할 사람은 없었을 것이다. 그럼에도 불구하고 문무왕은 왜병을 진압하기 위해 감은사라는 절을 건립하는 한편, 자신의 시신을 바다 한가운데에 수장하라고 유언하였다. 명당자리는 고사하고 차가운 바다에 묻히기를 원하였던 것이다. 더욱이 불교의 윤회설에 따라 최소한 사람으로 다시 태어나지는 못할망정 축생으로 태어나는 일은 누구에게나 달갑지 않았을 것이다. 그러나 문무왕은 축생인 용이 되어서라도 왜병의 침입을 막겠다고 자처하였다.

오직 국가의 안위를 위해 살아있을 때처럼 죽어서도 그렇게 하겠다는 일념이었다. 개인의 영달에 앞서 위기에 처한 국가를 구하기 위한 애국심의 발로였다. 죽어서까지 영화를 누리고자 하였던 여느 왕들과 차별되는 숭고함이다.

문무왕 이야기는 그 아들인 신문왕 대까지 이어진다.

명년 임오 5월 1일에 해관인 파진찬 박숙청이 아뢰었다.
"동해에 작은 산이 떠서 감은사로 향해 오는데, 물결을 따라 오갑니다."
신문왕(神文王)이 이상히 여겨 일관인 김춘질에게 점을 치게 하자 아뢰었다.
"부왕께서 지금 해룡이 되시어 삼한을 진호하시고, 또 김유신(金庾信) 공은

문무왕과 강력한 호국용

삼십삼천의 아들로서 지금 하강하여 큰 신하가 되셨습니다. 두 성인께서 덕을 같이하여 나라를 지킬 보배를 주시려고 합니다. 만약 폐하께서 해변에 가시면 반드시 값으로 따질 수 없는 보물을 얻으실 겁니다."

왕이 기뻐하여 그달 7일에 이견대에 행차하였다. 떠오는 산을 바라보고, 사람을 보내 살펴보게 하였다. 산세가 거북이 머리와 같았다. 위에는 한 줄기 대나무가 있었는데, 낮에는 둘이 되고 밤에는 합하여 하나가 되었다. 신하가 돌아와 그대로 아뢰었다. 왕이 감은사에서 묵었다. 이튿날 정오에 대나무가 합하여 하나가 되자 천지가 진동하고 비바람이 일어나 7일간 어두웠다. 그 달 16일에 이르러서야 비로소 바람이 자고 물결이 평온해졌다.

왕이 배를 타고 그 산에 들어가자 용이 검은 옥대를 받들고 와서 바쳤다. 왕이 맞이하여 같이 앉아 물었다.

"이 산과 대나무가 나누어지기도 하고 합해지기도 하는 것은 무슨 까닭이오?"

용이 대답하였다.

"비유컨대 한 손으로 치면 소리가 없고, 두 손으로 치면 소리가 나는 것과 같소. 대나무라는 물건은 합한 후에야 소리가 나는 법이오. 왕께서 소리로써 천하를 다스릴 상서로운 징조니 이 대나무를 취하여 피리를 만들어 불면 천하가 화평할 것이오. 지금 왕의 선왕께서 바다의 큰 용이 되셨고, 김유신 공이 다시 천신이 되셨소. 이 두 성인께서 마음을 합해 값으로 따질 수 없는 보물을 내어 나에게 갖다 바치게 한 것이오."

왕이 놀라고 기뻐하여 오색비단과 금과 옥을 바쳤다. 신하를 시켜 대나무를 베어가지고 바다에서 나왔다. 산과 용이 갑자기 보이지 않았다.

왕이 감은사에서 자고 17일에 지림사 서쪽 시냇가에 와서 수레를 멈추고 점심을 먹었다. 태자 이공(理恭)이 대궐에 머물러 있다가 이 소식을 듣고 말을 타고 달려와서 축하인사를 드렸다. 서서히 살펴보고 아뢰었다.

"이 옥대의 여러 쪽이 다 진짜 용입니다."

왕이 물었다.

"네가 어찌 아느냐?"

태자가 대답하였다.

"한 쪽을 떼서 물에 넣어 보십시오."

이에 왼편 둘째 쪽을 떼서 시냇물에 넣자 곧 용이 되어 하늘로 올라갔다. 그 땅은 연못이 되었다. 이로 인하여 그 못을 용연(龍淵)이라고 하였다.

왕이 돌아와서 그 대나무로 피리를 만들어 월성 천존고에 두었다. 그 피리를 불면 적병이 물러가고, 병이 낫고, 가뭄에는 비가 오고, 비올 때는 개이며, 바람과 물결이 가라앉았다. 그래서 그 피리를 만파식적(萬波息笛)이라 칭하고 국보로 지정하였다. 효소대왕(孝昭大王) 때에 이르러 천수 4년 계사에 실례랑(失禮郞)이 살아 돌아온 기이한 일로 인해 다시 만만파파식적(萬萬波波息笛)이라 칭하였다.

(『삼국유사』 권2 기이2 만파식적)

문무왕은 자청하여 동해에 수장되어 해룡이 되었다. 또한 삼십삼천의 아들인 김유신은 사후에 천신이 되었다. 이들은 힘을 합해 값으로 따질 수 없는 보물인 만파식적을 신문왕에게 내려주었다. 세상을 뜬 뒤에 신라의 호국신이 되어 세상의 온갖 풍파를 다스릴 수 있는 보물을 전하였던 것이다. 사후에도 나라를 지키겠다는 애국심이 만들어낸 신라의 수호보물이었다.

이처럼 국가를 수호하는 보물은 자장법사를 통해서도 전해지고 있다.

문무왕과 강력한 호국용

　신라 제27대 선덕여왕(善德女王) 즉위 5년인 당나라 태종 정관 10년 병신에 자장법사(慈藏法師)가 중국으로 유학 가서 오대산에서 문수보살의 법을 받았다. … 법사가 중국의 태화(太和) 연못 옆을 지나가는데, 갑자기 신인(神人)이 나와서 물었다.

　"어떻게 이곳에 왔소?"

　자장법사가 대답하였다.

　"보리를 구하려고 왔습니다."

　신인은 그에게 절하고 또 물었다.

　"그대 나라에 어떤 어려운 일이 있소?"

　자장이 대답하였다.

　"우리나라는 북쪽으로 말갈에 이어졌고, 남쪽으로는 왜국과 인접해 있으며, 고구려와 백제 두 나라가 번갈아 변경을 침범하여 이웃의 적들이 설칩니다. 이것을 백성들이 걱정하고 있습니다."

　신인이 말하였다.

　"지금 그대 나라는 여자를 임금으로 삼았으므로 덕은 있으나 위엄이 없소. 그 때문에 이웃 나라가 침략을 도모하니 그대는 빨리 본국으로 돌아가야 하오."

　자장법사가 물었다.

　"고향에 돌아가서 무슨 이익이 되는 일을 해야 합니까?"

　신인은 말하였다.

　"황룡사(皇龍寺)의 호법용은 나의 맏아들이오. 범왕의 명령을 받고 그 절에 와서 보호하고 있소. 그대가 본국에 돌아가 절 안에 구층탑을 이룩하면 이웃 나라는 항복해오고, 구한(九韓)이 조공을 바칠 것이니 나라가 길이 태평할 것이오. 탑을 세운 뒤에는 팔관회를 베풀고 죄인을 놓아주면, 외적이 침범하지 못할 것이오. 또 우리를 위하여 경기 남쪽에 절을 한 채 지어 복을 빌어주오.

나도 또한 그 은덕을 갚겠소."
  말을 마치자 드디어 옥을 바치더니 갑자기 형체를 숨기고 나타나지 않았다.
  … 탑을 세운 뒤에 천지가 형통하고 삼한이 통일되었다. 이것이 어찌 탑의 영험함이 아니겠는가.

(『삼국유사』 권3 탑상4 황룡사 구층탑)

자장이 신과 같은 존재인 신인으로부터 계시를 받아 황룡사 구층탑을 세웠다는 이야기다. 그 목탑은 지금 소실되고 없지만, 주변 아홉 외적으로부터 나라를 수호할 수 있는 보물이었다. 즉 황룡사 구층탑의 제1층은 일본(日本), 제2층은 중화(中華), 제3층은 오월(吳越), 제4층은 탁라(托羅), 제5층은 응유(鷹遊), 제6층은 말갈(靺鞨), 제7층은 단국(丹國), 제8층은 여적(女狄), 제9층은 예맥(穢貊)을 제압하는 역할을 하였던 것이다. 아울러 이 구층탑은 삼국통일의 위업을 달성하는 영험함도 보였다.

신라를 지키고자 하였던 이상의 세 설화는 공통점을 지니고 있다. 문무왕 이야기 · 신문왕 이야기 · 자장법사 이야기에는 공히 용이 등장하고 있다. 문무왕은 죽어서 동해의 용이 되었고, 신문왕은 섬에 들어가 용으로부터 만파식적을 받았으며, 자장법사 역시 황룡사 호법용의 도움으로 구층탑을 건립하였다. 그렇다면 용은 어떤 존재인가. 『삼국유사』뿐만 아니라 우리의 고전에 빈번하게 등장하는 용은 크게 세 가지 의미를 지니고 있다.

첫 번째는 수신으로서의 용이다. 용은 농경 문화권에 있어서 기후 혹은 천체의 운행을 주관하는 정령에 대한 관념으로부터 유래되었다. 따라서 그 의미 역시 물과 매우 밀접한 관련을 지니고 있다. 용은 물에서 생성되어 물에 기거하므로 물과 유리된 용은 개미나 땅강아지보다도 못한 존재로 전락할 수밖에 없다. 이에 따라 용은 비와 관련된 의례의 대상으로 기우제의 대상신이 되었다.

가뭄은 양(陽)이 극성하여 음(陰)이 없어진 결과로 인식되었다. 그러므로 양과 음이 조화를 이룰 수 있도록 한다면 가뭄은 자연히 해결될 것이라 믿었다. 가뭄이 들면 양을 억제하고, 음을 유도하는 데 주력한 까닭이 여기 있었다. 가뭄 때 음을 상징하는 여자 무당이 기우제를 주관한다거나, 양을 상징하는 불을 지피지 않는다거나, 음을 상징하는 검은 옷을 입는다거나, 양을 상징하는 남쪽의 문을 닫고 음을 상징하는 북쪽의 문을 연다거나 하는 풍습이 모두 음양의 조화에 그 뜻을 두고 있었던 것이다.

그러나 가뭄을 해소하는 직접적인 방식은 역시 기우제였다. 천체의 운행을 관장하는 신에게 이변을 없애줄 것을 기원하는 것이 가뭄으로부터 벗어나는 가장 확실한 방법이었다. 이에 따라 산신, 지신, 해신, 조상신 등 여러 신에게 기우제를 올렸다. 『증보문헌비고』_{예고}에 따르면, 가뭄이 극심할 경우에는 12차에 걸쳐 순차를 정해 연속적으로 기우제를 올렸다. 기우제는 단 한 번에 종료되는 것이 아니라, 비가 올 때까지 연속적으로 거행되었다. 여기서 눈에 띄는 것은 가뭄이 지속되어 11차례의 기우제를 연속적으로 드려도 효험이 없을 때, 최후의 기우제로 오방토룡제를 올렸다는 점이다. 동, 서, 남, 북, 중앙에 흙으로 용을 만들어놓고 기우제를 지냈다. 용은 물을 관장하는 신이므로 최후로 드리는 기우제의 대상신이 되었던 것이다.

두 번째는 호법신으로서의 용이다. 사찰에 가면 흔히 볼 수 있는 용으로 불교의 법을 수호하는 용이다. 용이라는 말은 불교가 중국에 전래되어 불경을 번역하는 과정에서 탄생하였다. 즉 인도의 뱀신인 나가(那伽)를 용이라 칭하였던 것이다. 따라서 용이라는 말의 전파는 불교전래 경로와 밀접한 관련을 지니고 있다. 인도의 나가는 뱀의 일종인데, 이를 숭앙하던 종족이 불교에 귀의하게 되면서 불법을 수호하는 신으로 변모하였다. 불전에 등장하는 대부분의 나가는 처음에는 포악하고 난폭해서 사람들에게 공포와 불안을 안겨주었다. 그러나 석가세존의 계법을 듣고 불교에 귀의함으로써 그러한 면이 없어졌다고 전해온다. 나가가 포악하고 간교할수록 불교의 위용과 불법의 가치는 더욱 고양되기에 나가의 부정적인 측면이 보다 강조되었을 것이다.

나가는 지고지존한 석가세존에 굴복하면 선한 용으로, 반면 이에 반발하고 저항하면 퇴치의 대상인 악독한 용으로 규정되었다. 이러한 불교화 과정 속에서 대부분의 나가는 불법을 수호하는 권속신으로 변모되었다. 즉 호법용이 되었던 것이다. 경외의 대상인 나가가 석가세존에 귀의한다는 것은 불교정신을 구현하는 데 좋은 계기가 되었다. 또한 대중의 불교 귀의에 일대 전기가 되었기에 초기 불교에서 나가가 크게 부각되었던 것이다.

세 번째는 호국신으로서의 용이다. 용은 흔히 군왕과 동일시되었다. 복희는 우레신의 아들로서 사람 얼굴에 뱀이나 용의 몸을 한 인면사신·인면용신으로 형상화되었다. 또한 순임금은 번뜩이는 은빛 비늘을 두른 용으로 형상화되었다. 한편 우왕은 곤의 갈라진 뱃속에서 튀어나온 두 개의 날카로운 뿔을 가진 용으로 형상화되었다. 이처럼 군왕과 용의 관련성은 그의 신변에 변화가 예상될 때, 그것이 길조든 흉조든 용이 나타나 조짐을 보이는 것에서도 잘 드러난다. 군왕의 신체나 의복 등 군왕과 관련한 사물에 '용(龍)'자를 붙이는 것도 이와 마찬가지다. 예를 들어 임금의 얼굴을 용안이라고 하고, 임금이 입는 정복을 곤룡포라 하며, 임금이 앉는 평상을 용상 내지 용평상이라 칭하였다.

중앙 오스트레일리아의 제 부족, 멜라네시아 토착민, 뉴우브리튼인, 동부 아프리카의 왐부구족·와타투루인, 중앙 아프리카의 렌두부족, 남부

아프리카의 제 부족, 나일강 상류의 제 부족 등 대부분의 민족에 있어서 군왕 내지 족장은 곧 사제였다. 그들의 주요한 임무는 비를 만드는 일이었다. 따라서 이들에게 강우의 실패는 곧 죽음을 의미하였다. 가뭄이나 기근은 군왕이자 주술사인 최고 권력자의 무책임한 태만이나 고의적인 계략에서 비롯된 것으로 여겨졌기 때문이다. 따라서 가뭄이 들면 그들을 모욕하거나 구타하거나 지위를 박탈하거나 추방하거나, 심지어 죽이기까지 하였던 것이다.

이러한 양상은 우리의 경우도 마찬가지였다. 비가 많이 오거나 지나치게 적게 옴으로써 흉작이 되면 그 책임은 왕에게 돌아갔다. 왕은 가뭄이 예상되면 그것이 자신의 부덕과 실책에서 비롯되어 하늘로부터 가해지는 벌로 여겼다. 따라서 가뭄이 들면 왕들은 의식주에서 호화로움을 피하고, 검소한 생활을 실천에 옮김으로써 스스로 근신하였다. 예를 들자면 궁궐을 피해 초막에 기거하는 피정전(避正殿), 식사를 줄이는 감상선(減常膳), 일산을 쓰지 않는 단산선(斷繖扇), 백성들의 노역을 금하는 금역(禁役), 죄인의 원통함을 심사하는 심원옥(審寃獄), 죄인을 풀어주는 여수(慮囚), 죄를 사해주는 유죄(宥罪), 불도를 닦는 도량을 설치하는 설도량(設道場) 등을 단행하였던 것이다.

군왕은 기후 내지 천체운행을 관장하는 힘을 지니고 있으며, 이러한 군왕의 주술력으로 인해 풍요로운 결실이 기약되는 것이라고 인식되었던 것이다. 따라서 군왕, 특히 농경 문화권에 있어서의 군왕은 곧바로 호국용으로 인식되기에 충분하였다. 군왕의 문양으로 쓰였던 용의 발톱 수가 그 위세를 상징하였던 것도 바로 이러한 인식에서 비롯된 것이었다. 발톱이 다섯 개인 용은 중국의 황제만 쓸 수 있었다. 이에 비해 주변국의 왕들은 발톱이 네 개인 용을 사용하였고, 공경대부 이하는 발톱이 세 개인 용만 쓸 수 있었다. 구한말에 고종이 황제에 즉위한 이후에야 비로소 우리도 발톱이 다섯 개인 용을 공식적으로 쓸 수 있었던 것이다.

이처럼 용은 민간신앙의 수신으로, 불교의 호법용으로, 국가의 호국용으로 자리매김하였다. 특히 용은 국가를 대표하고 수호하는 존재인 국왕을 상징하였다. 왕들이 용과 밀접한 관련을 지니고 있거나, 또는 국가 수호에 용이 긴밀하게 관련되고 있는 까닭이 여기에 있었다. 그러므로 국가가 막강한 위세를 떨치고 있을 때에는 그 나라의 용도 강력한 힘을 지니고 있었다. 삼국통일 무렵의 문무왕이나 신문왕 때에 등장하는 용들이 그러하였던 것처럼 말이다. 오늘날 강력한 힘을 지닌 용과 같은 존재가 우리나라에 있는지 돌아보게 된다.

원성왕과 의자왕의 쇠약한 용

호국용과 국가의 운명은 밀접한 관계를 지니고 있다. 원성왕과 의자왕 때의 힘없는 용 이야기가 의미심장하다. 삼국통일을 전후하여 강력한 힘을 지니고 있던 신라의 문무왕, 신문왕, 자장법사 때의 용과는 판이한 양상을 띠고 있다.

신라 원성왕(元聖王)이 즉위한 11년 을해에 당나라 사자가 도읍에 와서 한 달 동안 머물다가 돌아갔다. 그 후 하루 만에 두 여인이 궁궐에 와서 아뢰었다.

"저희들은 동지(東池), 청지(靑池)에 있는 두 용의 아내입니다. 당나라의 사자가 하서국(河西國) 사람 둘을 데리고 와서 우리 남편인 두 용과 분황사 우물에 있는 용을 모두 저주하여 작은 고기로 바꾸어서 통 속에 넣어가지고 돌아갔습니다. 부디 폐하께서는 그 하서국의 두 사람에게 명령하여 우리 남편들인 호국용을 여기에 머물도록 해주십시오."

왕은 하양관(河陽館)까지 쫓아가서 친히 연회를 베풀고, 하서국 사람들에게 명령하였다.

"너희들은 어찌하여 우리나라의 세 용을 잡아서 이곳까지 왔느냐? 만약 사실대로 아뢰지 않으면 정녕코 사형에 처하겠다."

하서국 사람들이 그제야 세 용을 꺼내 왕에게 바쳤다. 그것을 세 곳에 놓아주자 각각 물에서 한 길이나 솟구치고 즐거이 뛰놀면서 달아났다. 이에 당나라 사자는 왕의 명철함에 감복하였다.

(『삼국유사』 권2 기이2 원성대왕)

이 이야기를 보면 무엇인가 석연치 않은 면이 있다. 신라의 도읍에 있던 동지와 청지의 호국용, 또한 분황사 구층탑 건립에 기여하였다고 전해지는 호법용이 외국 사신에게 붙잡혀 갔으니 말이다. 호국용은 말 그대로 나라를 지키는 존재였으며, 호법용은 그 나라의 정신적 지주와 다름없었다. 그런데 외국 사신에 의해 세 마리씩이나 힘없이 끌려갔다는 것은 납득하기 어렵다. 다행히 붙잡혀가던 용들이 다시 왕의 명령으로 풀려나고 있어 아직까지는 국가의 위세가 유지되고 있음을 보여주고 있다.

또 다른 예로 의자왕 때의 용을 들 수 있다.

백제 사비하(泗沘河) 가에 바위 하나가 있다. 당나라의 소정방(蘇定方)이 여기에 앉아서 어룡을 낚아냈다. 그런 까닭에 바위 위에 용이 꿇어앉은 자취가 있다 하여 용암(龍嵒)이라 하였다. 또 군 안에는 일산(日山)·오산(吳山)·부산(浮

山)이라고 하는 삼산이 있다. 백제 전성시대에 그 산 위에 신인(神人)이 각각 있어 서로 아침저녁으로 늘 날아다녔다 한다.

(『삼국유사』 권2 기이2 남부여 전백제 북부여)

의자왕은 백제의 마지막 왕이었다. 나당 연합군에 의해 패망하여 망국의 주역이 되고 말았다. 여기서 주목되는 것은 외국의 장수인 소정방에게 백제의 용이 붙잡혔다는 대목이다. 사비하는 지금의 백마강이다. 사비산성 안에 있는 충청남도 문화재자료 제110호로 삼천궁녀가 뛰어내렸다는 낙화암 바로 아래에 흐르는 강이다. 이 강 이름 유래로 전해오는 구비전승이 눈길을 끈다.

나당 연합군의 물밀 듯한 침공에 7백년 백제 사직이 무너지고, 망국의 치욕에 떨던 의자왕도 포로의 몸이 되어 멀리 불귀의 땅 당경에 끌려가자 돌연 고요하던 백마강에는 이변이 일어나기 시작하였다.

당나라 군선들이 부소산 근처에 접근하기만 하면 맑았던 하늘이 갑자기 컴컴해지고, 뇌성벽력이 천지를 진동시키며 돌풍을 몰아오고, 호수와 같던 강물은 마치 바다의 노도와 같이 거세게 소용돌이치는 것이었다. 순식간에 당의 군선과 군병들은 물속에 삼켜졌다. 이런 당병들의 아비규환의 참변이 하루 이틀 계속되기를 거의 한 달에 이르렀다.

사비성을 초토화시켜 버렸으니 공주의 웅진성에 머물고 있던 소정방은 이 계속되는 참변의 소식을 듣자, 일이 심상치 않음을 깨닫고 일관을 불러 그 원인을 알아보게 하였다. 일관은 소정방에게 알렸다.

"아무래도 백마강의 용신이 된 무왕의 혼이 하는 것이 틀림없습니다."
"뭣이, 무왕의 혼이라니?"

원성왕과 의자왕의 쇠약한 용

"네, 의자왕의 부왕인 무왕은 원래 소부리의 궁남지에 살던 용이 그곳 궁녀와 상통하여 낳은 자이므로 죽어서 용으로 다시 환생한 것으로 생각되옵니다."

"음, 그 말이 틀림이 없으렷다."

"그렇지 않고서야 그런 괴변이 강에서 일어날리 만무하옵니다."

"그렇다면 무슨 묘책이 없겠는가?"

"그 용을 낚아채는 방법이 있사옵니다만."

"아니 용을 어떻게 낚는단 말인가?"

소정방의 귀가 번쩍 들리었다.

"전하는 말에 의하면 용은 백마의 고기를 가장 즐긴다 하오니, 그것을 미끼로 하면 틀림없이 용이 걸릴 것입니다."

소정방은 곧바로 소부리로 내려갔다. 그리고는 일관이 일러준 대로 부소산 북쪽 강물 속에 솟아난 바위에 올라타고, 부하를 시켜서 만들게 한 철사 낚시줄에다 백마의 고기를 끼워 강물 속에 던졌다.

한편 용은 백제 사직의 원수인 당에 대한 앙갚음으로 매일 백마강 위의 하늘에 구름과 비바람을 몰고 오랴, 또 강물에 파도를 일으키랴, 소용돌이를 발생시키랴 몸이 닳도록 분주히 움직이고 있다 보니 피곤도 하고 몹시 시장기도 돌았다. 이때 마침 눈앞에 그렇게도 좋아하는 백마의 날고기가 물속에 떠내려 왔으니 '이게 웬 떡이냐.' 싶어 용은 얼른 그 백마고기를 꿀꺽 삼켰다.

바위 위에서 낚싯줄을 잡고 있던 소정방은 '옳지 걸렸구나!' 하고 낚싯줄을 당겼다. 놀란 것은 용이었다. 용은 아픔과 괴로움에 몸부림을 쳤다. 소정방은 하마터면 물속에 이끌려 빠질 뻔했으나, 발에 있는 힘을 다 주고 버티었다. 이렇게 기를 쓰며 당기는 소정방과 이끌리지 않으려는 용 사이에 옥신각신 필사의 싸움이 계속되었다. 그동안 소정방이 올라타고 있던 수중 바위에는 발자국과 낚싯줄이 마찰되어 홈이 생길 정도였다.

그러나 낚시에 걸린 용의 기력은 시간이 갈수록 떨어져 가기만 하는데, 소정 방에게는 힘이 센 부하 장병 수 명이 달려들어 가세하는지라 대세는 일변하였다. 용은 물 아래위로 출몰하며 발버둥을 쳤다. 마지막 기력을 다해 저항하는 소리를 높이며 낚싯줄을 낚아챘다. 그러나 끝내, 황금 비늘을 공중에 번쩍 빛내며 백마강 동쪽 마을에 떨어져 폭양에 썩기 시작하더니 그 지독한 썩은 내는 멀리 80리 떨어진 공주의 한 마을까지 진동하였다. 이때부터 그 마을 이름이 '구린내'가 되었고, 소정방이 올라탔던 수중 바위도 '조룡대(釣龍臺)'라 이름 지어졌으며, 또한 용이 낚인 부근의 강 이름도 이때부터 '백마강(白馬江)'이라 불리게 되었다고 한다.

(부여군청, <백마의 전설 조룡대>)

조룡대는 낙화암 바로 아래쪽에 있다. 그곳에서 당나라 장수인 소정방이 호국용의 위상을 지닌 백제의 어룡을 낚았다는 것이다. 그 바위에는 소정방이 무릎 꿇고 낚싯줄을 당기며 힘을 써서 깨졌다는 흔적이 아직까지 남아 있다고 전한다. 문제는 그런 일이 있은 지 얼마 후에 백제가 멸망하였다는 사실이다. 외국 장수에 의해 호국용이 붙잡힌 이 이야기는 앞서 원성왕 때에 외국 사신에게 붙잡혀간 세 용의 이야기와 흡사하다. 그러나 신라 원성왕 때의 용은 다시 되찾았지만, 백제 의자왕 때의 용은 그렇지 못하였다. 소정방에게 낚여 죽은 백마강의 용 이야기는 한 나라의 국운이 끝났음을 상징하는 설화인 것이다.

이러한 양상은 백제의 전성기 때에 일산, 오산, 부산이라는 세 산에 신인이 머물러 서로 왕래하였다는 대목과도 상통한다. 이 말은 곧 백제가 멸망한 뒤로는 그 세 산의 신인들도 사라졌다는 말로 해석할 수 있기 때문이다. 즉 세 산의 신인 역시 백제의 호국신이었던 것이다. 결국 호국신은

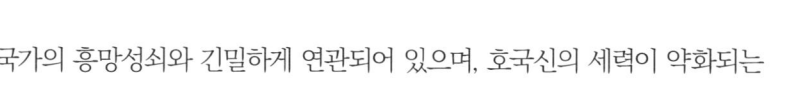

국가의 흥망성쇠와 긴밀하게 연관되어 있으며, 호국신의 세력이 약화되는 것은 그 국가의 쇠망과 직결되는 일이었다.

오늘날 우리나라가 위기에 맞닥뜨려 있다고 말한다. 대내적으로는 남남분열과 남북 분단의 혼란한 상황에 처해 있다. 또한 대외적으로는 중국의 동국공정 문제, 일본의 독도 영유권 분쟁 등으로 바람 잘 날 없는 형국이다.

특히 중국의 동북공정은 한반도가 통일된 후에 일어날 수 있는 영유권 분쟁을 예방하기 위한 사전조치로 진행되고 있다. 지금은 중국 영토로 편입되어 있는 옛날의 고조선, 부여, 고구려, 발해가 자리 잡고 있던 지역이 바로 그러하다. 또한 한반도 통일 이후에 중국의 55개 이민족 중의 하나인 조선족, 즉 중국동포들의 지위를 어떻게 할 것인가 하는 문제도 첨예하게 일어날 것이다. 실제로 중국의 동북삼성 지역인 지린성(吉林省), 랴오닝성(遼寧省), 헤이룽장성(黑龍江省)은 조선족이 없었다면 개척될 수 없었을 것이기 때문이다.

중국 내 소수민족의 권익을 옹호하면서 연변 조선족 자치주를 만든 저우언라이(周恩來) 전 총리는 이러한 견해를 이미 오래 전에 밝힌 바 있다. 그는 이에서 한 걸음 더 나아가 고조선과 고구려뿐만 아니라 발해도 조선의 역사였으며, 중국의 동북지역이 조선 민족의 터전이라고까지 하였다. 1963년 6월 28일 북한의 조선과학원 대표단 20여 명을 만난 자리에서였다. 동북공정을 진행하고 있는 오늘의 중국 당국은 이런 저우언라이 총리의 언급을 감춰두고 싶겠지만 말이다.

일본이 영유권을 주장하는 독도 문제는 더욱 급박하다. 일본은 교과서와 지도를 비롯한 공공문서에 독도를 자국의 영토로 기재하고 있다. 게다가 시마네 현 의원들은 2005년에 2월 22일을 다케시마의 날로 정하는 조례안을 제정하여 가결하였다. 현민과 현이 일체가 돼 다케시마의 영토

권 조기 확립을 목표로 하는 운동을 추진하는 한편, 다케시마 문제에 대한 국민 여론을 계발하기 위해 다케시마의 날을 정하였다는 것이다. 일본 제국주의가 한반도를 36년간 식민지 통치한 것의 연장선상에서 벌어지고 있는, 또 다른 침략 야욕이라 아니 할 수 없다. 일본 정부는 이에서 한 걸음 더 나아가 2015년에 집단적 자위권 발동을 법제화하는 안전보장관련 법안을 통과시켰다. 일본 군국주의의 부활을 현실화함으로써 동양평화에 직접적인 위협을 가하고 있는 것이다. 이에 따라 일본은 전쟁과 무력에 의한 위협이나 행사를 영구히 포기한다는 제2차 세계대전 패망 후에 만들어진 평화헌법 개정에 박차를 가하고 있는 상황이다.

대내외적으로 이처럼 심각한 국가 위기 속에서 살아가고 있는 우리는 이러한 사실을 정확하면서도 진지하게 인식하고 있는지 돌아보게 된다. 오늘날 우리나라를 지키는 호국보물과 호국신은 존재하는가. 만파식적과 황룡사 구층탑과 옥대처럼 대한민국을 수호하는 그런 보물이 없다면, 또한 호국용과 같은 존재가 없다면 적어도 우리를 하나로 묶어주는 근간은 있어야 하지 않을까. 남남 분열의 갈등을 극복하고, 남북 분단의 대립을 종식시키는 한편, 외세의 압박으로부터 우리를 지킬 수 있는 그런 구심점은 있어야 하지 않을까.

나의 수호신과 수호보물

국가를 수호하는 보물에 대한 또 다른 이야기를 들어본다.

신라 제26대 백정왕(白淨王)의 시호는 진평대왕(眞平大王)이니 김씨다. 대건 11년 기해 8월에 즉위하니 신장이 11척이었다. 내제석궁에 행차할 때에 돌계단을 밟자 돌 셋이 한꺼번에 부러졌다. 왕이 좌우에게 일렀다.

"이 돌을 옮기지 말고 뒤에 오는 자에게 보여라."

이것이 성 안에 있는 오부동석(五不動石) 중의 하나이다.

즉위한 원년에 천사가 궁전의 뜰에 내려와서 왕에게 말하였다.

"상제께서 나에게 명하여 옥대(玉帶)를 전해주라고 합니다."

왕은 친히 꿇어앉아서 받으니 그 후에 천사는 하늘로 올라갔다. 교사(郊社)와 종묘(宗廟)의 큰 제사 때에는 으레 이 옥대를 맸다.

후에 고구려왕이 신라를 치려고 하면서 말하였다.

"신라에 세 가지 보물이 있으므로 침범할 수 없다 하였는데, 그것이 무엇인가?"

"황룡사에 있는 장륙존상(丈六尊像)이 첫째요, 그 절에 있는 구층탑이 둘째요, 하늘이 진평왕에게 준 옥대가 그 셋째입니다."

이에 왕은 신라를 칠 계획을 그만두었다.

찬하여 기린다.

'하늘이 주신 긴 옥대는 임금의 곤룡포에 알맞았네. 우리 님 이로부터 몸 더욱 무거우니 다음에는 쇠로써 섬돌을 만들까 하네.'

(『삼국유사』 권1 기이1 천사옥대)

진평왕이 하늘에서 보낸 사신으로부터 옥대를 선사받았다는 이야기다. 신문왕이 바다에 떠서 오가는 섬에 들어가 용으로부터 검은 옥대를 전해 받았다는 이야기와 흡사하다. 그 옥대에 새겨진 용이 모두 진짜여서 한쪽을 떼서 물에 넣었더니 승천하였다는 데에서 옥대의 신성함이 입증되었다. 진평왕 때에도 그와 같은 일이 벌어졌던 것이다. 왕이 교외에서 드리던 제사인 교제, 지신과 곡신에게 올리던 제사인 사직제, 그리고 역대 왕에게 드리던 제사인 종묘제에서 옥대를 맸다고 한다. 이 옥대는 황룡사에 있던 일장 육척의 부처상인 장륙존상과 아홉 외적을 진압하고자 세웠던 구층탑과 아울러 신라의 보물로서 나라를 지키는 데 큰 역할을 하였다. 인근의 나라에서 두려워할 정도로 신라를 수호하는 보물이었던 것이다.

 예로부터 국가 못지않게 가정을 수호하는 보물이나 존재도 있었다. 농경 문화권에서는 전통적으로 곡신을 숭배하였다. 곡식을 관장하는 곡신을 잘 모셔야 풍년이 든다고 여겼다. 우리의 경우는 대표적으로 신주단지, 성주단지, 조상단지라 불리는 신체에 곡신을 모셨다. 이 단지는 안에 쌀을 가득 채워 흰 종이로 덮은 다음, 무명실로 묶은 형태였다. 주로 안방 윗목 구석이나 대청마루 안쪽 구석 위에 선반을 맨 뒤 그 위에 올려놓았다. 이 단지의 쌀은 추수가 끝난 시월상달에 햅쌀로 새로 채웠다. 오늘날 '신주단지 모시듯 한다.'는 말은 바로 이러한 연유에서 나온 말이다. 예전에 곡신을 모시듯이 몹시 귀하게 여겨 조심스럽고 정성스럽게 다루거나 간직하는 모양을 비유적으로 일컫는 말인 것이다.

 또 다른 곡신으로는 올개심니가 있다. 지역에 따라 올계심리, 올게심리, 올기심니, 올이심리, 오리심리, 올베심리, 올비신미라고도 칭한다. 일반적으로는 농사를 지어 일찍 수확한 벼를 찧어 조상에게 제사지내는 풍속을 이른다. 그러나 구체적으로는 가장 먼저 추수한 벼, 수수, 조 등의 이삭을 실로 한줌 묶어 기둥이나 벽에 걸어두는 일을 말한다. 그러한 곡식단이 바로 곡신으로 간주되었던 것이다. 곡신을 잘 모시면 집안의 풍년을 보장해 줄 것이라는 믿음 속에서 행해지는 의례였다. 이러한 곡신들은 한 집안의 수호신 역할을 하였다. 그러므로 예전에는 이사 갈 때 제일 먼저 들고 나가는 것이 바로 신주단지였던 것이다.

　집안의 수호신으로 곡신과 아울러 가신이 있었다. 구렁이를 대표적으로 들 수 있다. 지금도 그런 집이 있는지 모르겠지만, 예전에는 구렁이가 대들보 위에 있는 경우를 종종 볼 수 있었다. 집안의 재산을 늘려준다는 구렁이로 업이나 업신, 또는 업구렁이라 불렀다. 그런 까닭에 사람들은 그 구렁이를 잘 대접하려고 하였다. 만약 그 구렁이가 담장을 넘어 집밖으로 나가면 그 집안은 곧 망한다고 여겼다. 가택의 수호신이라 여겼기 때문이다.

　이에 비해 개인을 수호해주는 보물도 있었다. 이에 관한 재미있는 이야기가 전해온다.

　신라 원성왕이 어느 날 황룡사의 중 지해(智海)를 대궐로 청해 들여 『화엄경』을 50일 동안 강의하게 하였다. 사미 묘정(妙正)이 매번 금광정(金光井) 가에서 바리때를 씻었다. 그때 자라 한 마리가 우물 속에서 떠올랐다가 잠기곤 하였다. 묘정은 매번 밥찌꺼기를 자라에게 먹이면서 장난을 쳤다. 법회가 바야흐로 끝날 무렵, 묘정이 자라에게 말하였다.

　"내가 너에게 은덕을 베푼 지가 오래되었는데, 너는 무엇으로 그 은덕을 갚으려느냐?"

　며칠 후에 자라는 한 개의 작은 구슬을 토해 묘정에게 주려는 듯하였다. 묘정은 그 구슬을 얻어서 허리띠 끝에 달았다. 이후로부터 대왕은 묘정을 보면 사랑하고 귀중히 여겨 내전에 맞아들여 자기 곁을 떠나지 못하게 하였다.

　그때에 한 잡간이 당나라에 사신으로 가게 되었는데, 또한 묘정을 사랑하여 함께 가기를 청하니 왕이 허락하였다. 잡간과 묘정이 함께 당나라에 들어가자 당나라의 황제도 또한 묘정을 보고 사랑하게 되었다. 승상과 근신들까지도 그를 존경하고 믿지 않는 이가 없게 되었다. 관상을 보는 어떤 사람이 황제에게 아뢰었다.

"이 중을 자세히 보았으나 하나도 길한 상이 없습니다. 그런데도 남에게 신뢰와 존경을 받으니 틀림없이 이상한 물건을 가졌을 것입니다."

황제는 사람을 시켜 뒤져보고는 허리띠 끝에서 작은 구슬을 찾아냈다. 황제가 말하였다.

"나에게 여의주 네 개가 있었는데, 지난해 한 개를 잃어버렸다. 이제 이 구슬을 보니 바로 내가 잃었던 것이다."

황제가 연유를 물으니 묘정은 그 사실을 자세히 말하였다. 황제가 생각해보니 구슬을 잃었던 날짜가 묘정이 구슬을 얻었던 날짜와 같았다. 황제는 그 구슬을 빼앗고, 묘정을 신라로 돌려보냈다. 그 후에는 묘정을 귀여워하고 신뢰하는 이가 없었다.

(『삼국유사』권2 기이2 원성대왕)

묘정이라는 사미, 즉 불문에 든 지 얼마 안 된 수행이 미숙한 어린 남자 중을 수호한 보물은 다름 아닌 구슬이었다. 그런데 그 구슬을 잃자 다시 모든 매력도, 모든 호감도 사라지게 되었다는 일화다.

우리의 신화에 등장하는 큰 뱀도 이처럼 개인을 수호하는 기능을 지니고 있었다. 『삼국유사』 신라시조 혁거세왕 에 등장하는 혁거세왕은 나라를 다스린 지 62년 만에 하늘로 올라가더니 그 후 칠일 만에 유체가 흩어져 땅에 떨어졌다. 이에 나라 사람들이 합장하고자 하자 큰 뱀이 쫓아와 방해하였다. 그래서 오체를 각각 장사지내 오릉(五陵)이라 하고, 또한 사릉(蛇陵)이라고도 하였다. 여기서 유체를 지켰다는 큰 뱀이 바로 개인의 수호자로서의 역할을 하였던 것이다. 또한 『삼국유사』 제4탈해왕 조목의 경우 탈해는 용성국에서 알로 태어나 상서롭지 못하다 하여 배에 실려 물에 띄워졌다. 그때 문득 붉은 용이 나타나 배를 호위하여 신라에 도착하였다. 여기서 탈해가 탄 배를 지킨 용 역시 개인의 수호신으로서 뱀과 같은 기능을 하였던 것이다.

오늘날 나와 가정과 국가를 수호하는 보물은 무엇이며, 그런 존재는 누구인가. 나 자신을 매력적이고 호감이 가게 하는 것은 무엇인가 묻게 된다. 또한 우리의 가정을 풍요롭게 해주는 신주단지와 올개심니는 무엇이며, 우리 집안을 수호하는 업신은 무엇인가 되새기게 된다. 아울러 우리나라를 업신여기지 못하도록 만드는 수호보물과 수호신은 존재하는지 돌아보게 된다.

이 시점에서 우리가 상기하여야 할 긴요한 사실이 있다. 나와 가정과 국가의 수호보물 내지 수호신이 누구인가보다 더 중요한 것은 나는 누구의 수호인물이 되고자 하는가다. 누구나 나의 수호신이 있으면 좋겠다고 기원하지만, 내가 누구의 수호천사가 되고자 다짐하는 경우는 흔치 않다. 나는 어떤 밥을 먹을 것인가를 염려하는 사람은 많다. 그러나 내가 누구의 밥이 되어줄 것인가를 고민하는 사람은 그리 많지 않은 듯하다. 수호천사를 바라기보다, 배를 불려줄 밥을 바라기보다 내가 먼저 남의 수호천사가 되고, 남의 배를 불려줄 밥이 되고자 하는 마음을 갖는 것이 우선이다. 그때 비로소 나와 가정과 국가가 온전해질 것이고, 분열과 분단으로 인한 갈등과 대립이 해소될 것이며, 외세의 압박으로부터 벗어나 평화를 누릴 수 있을 것이다. 그날이 바로 막강한 힘을 지닌 호국용이 부활하는 순간이라고 말한다면 지나친 이야기일까.

기마인물형토기-주인상　騎馬人物形土器 - 主人　　한국(韓國)-신라(新羅) <6세기>

경주 금령총에서 출토되었다. 말을 탄 인물은 넓은 밑받침에 서 있는 형식을 취하고 있다. 속이 비어 있고, 컵모양의 수구(受口)가 있는 동물형 토기이다. 말의 궁둥이 위에 안으로 구멍이 뚫린 수구의 가장자리에는 뾰족하게 솟은 장식이 붙어 있고, 가슴에 긴 귀때[注口]가 있다. 수구로 물을 부으면 귀때로 물이 나오도록 고안되어 있다. 여기에 보이는 인물들은 차림새나 크기 등에 차이가 있어 신분이 다를 것으로 추정된다. 즉 차림새가 호화스럽고 크기가 큰 인물이 주인이고, 차림새가 약간 엉성하고 크기가 작은 인물은 수행원으로 여겨진다. 주인상을 보면 호화로운 관모를 쓰고, 갑옷을 입었다. 말에는 말띠드리개[杏葉], 말띠꾸미개[雲珠], 말다래[障泥], 안장, 혁구(革具) 등의 말갖춤을 완전하게 갖추고 있다. 말 이마에 코뿔소의 뿔과 같은 영수(纓穗)가 붙어 있는 점 등으로 보아 의식용으로 특별히 제작된 그릇으로 생각된다. 주인으로 보이는 인물의 얼굴 형태를 자세히 살펴보면 날카롭게 솟은 콧날과 움푹 패인 눈매가 다소 이국적인 느낌을 들게 한다. 사람이나 동물, 또는 물건의 형상을 본떠 만든 상형토기(像形土器)는 일상생활에서 사용된 것이라기보다는 제사와 같은 의례 시 죽은 이의 안식과 사후세계에 대한 상징적인 염원을 담아 제작한 것으로 보인다. 이 말 탄 사람 토기는 인물이나 말을 투박하나마 사실적으로 묘사하고 있어 당시의 옷차장과 말갖춤류 연구에 중요한 자료를 제공하고 있다.

03

이 몸이 죽고 죽어
▶ 대의에 투신한다

03

이 몸이 죽고 죽어
▶ 대의에 투신한다

박제상과 인질 왕자

하늘 향해 두 팔 벌린 나무들같이 무럭무럭 자라나는 나무들같이
너도나도 씩씩하게 어서 자라서 새 나라의 기둥 되자 우리 어린이
(강소천 작사, 나운영 작곡 〈어린이노래〉)

〈새 나라의 기둥〉이라는 노래를 들으니 문득 고려 말엽의 충신 정몽주가 떠오른다. 처음에 정몽주와 이성계는 의기투합하였다. 왕실이 부패하고 무능하여 나라가 흔들리던 시기에 두 사람은 왕실을 쇄신해서 다시 강건한 고려를 세워야겠다는 데에 뜻을 같이하였다. 그런데 1388년 우군도통사인 이성계가 요동정벌에 나섰다가 위화도에서 회군하는 정변을 일으킨다. 이성계는 개성으로 돌아와 우왕을 폐위시키고 강화도로 유배 보냈으며, 총사령관인 팔도도통사 최영을 처형하였다. 고려의 장수가 오히려 고려를 친 셈이다.

이성계는 정권을 잡고 난 다음, 정몽주에게 새로운 국가를 세워 함께 이끌어가자고 청하였다.

그러나 정몽주는 고개를 저었다. 이성계와 뜻을 같이 하였던 것은 고려 정권이 다시 쇄신하여 일어날 수 있도록 돕자는 의미였기 때문이었다. 국왕을 몰아내고 그 자리에 앉으려 하였던 것은 아니었다. 정몽주의 눈에 이성계의 행위는 반역으로 비쳤던 것이다.

어느 날 이성계가 부상을 당해 자리에 누워있을 때였다. 정몽주가 문병을 오자 이성계는 때를 놓치지 않고 회유하였다. 아마도 벼슬이든, 재물이든 자손만대에 걸쳐 부귀영화를 누리게 해주겠다는 약조를 하였을 것이다. 그러나 정몽주는 또 다시 고개를 가로저었다. 그러자 이성계는 다섯째 아들인 이방원에게 마지막으로 다시 한 번 정몽주의 의향을 물어보라고 명하였다. 이방원이 문병을 마치고 나온 정몽주를 따라가 시조를 지어 불렀다.

> 이런들 엇더하며 져런들 엇더하료
> 만수산 드렁츩이 얼거진들 엇더하리
> 우리도 이같이 얼거져 백년까지 누리리라

(『청구영언』 <하여가>)

칡이 얽힌 것처럼 두 집안이 힘을 합쳐 한 세상 잘 지내보자는 노래였다. 원리원칙을 따져가며 까다롭게 굴지 말고, 좋은 것이 좋다는 식으로 원만하게 살자는 권유였다. 그러자 정몽주가 곧 바로 시조를 지어 화답하였다.

이
몸
이
죽
고
죽
어

이 몸이 죽고 죽어 일백 번 고쳐 죽어
백골이 진토되여 넋이라도 있고 없고
님 향한 일편단심이야 가실 줄이 있으랴

(『청구영언』 <단심가>)

지금 이 자리에서 피를 토하고 죽는 한이 있더라도 임금을 향한 일편단심을 어찌 바꿀 수 있겠느냐는 노래였다. 고려 조정의 신하로서 임금에게 충성을 해왔고 또 그럴 의향이었는데, 지금 정변이 일어났다고 해서 어찌 그 마음을 바꿀 수 있겠느냐는 단호한 거절이었다. 이방원은 더 이상 정몽주의 마음을 되돌릴 수 없다는 것을 알았다. 즉시 부하인 조영규를 시켜 다리를 건너던 정몽주를 철퇴로 내리치게 하였고, 정몽주는 그 자리에서 피를 흘리며 세상을 떠나고 말았다. 그때 흐른 피가 다리에 남아 있으며, 피가 흐른 자리에서 대나무가 자랐다고 전해온다. 그래서 다리에 선죽교(善竹橋)라는 이름이 붙었다는 전설이 내려오고 있다.

우리는 의로운 일에 목숨을 걸 의향이 있는가. 아니 오늘 우리에게 목숨을 걸 일이 있기나 한 것인가. 또 그렇게 하는 것이 과연 가치가 있는가. 그것도 돈이나 지위나 명예가 아니라 의로운 일에 말이다.

그러한 인물로 『삼국유사』에 등장하는 박제상을 들 수 있다.

신라 제17대 나밀왕(那密王)이 왕위에 오른 지 36년 경인에 왜왕(倭王)이 사신을 보내왔다.

"우리 임금이 대왕의 신성함을 듣고 신들을 시켜 백제의 죄를 대왕께 아뢰도록 하셨습니다. 원컨대 대왕께서는 왕자 한 분을 보내시어 우리 임금께 성심을 표하소서."

이에 왕은 셋째아들 미해(美海)를 왜국(倭國)에 보냈다. 미해의 나이 열 살 때였다. 언사와 행동거지가 아직 구비되지 못한 까닭으로 내신 박사람(朴娑覽)을 부사로 삼아 함께 보냈다. 왜왕은 이들을 억류해두고 30년 동안이나 돌려보내지 않았다.

눌지왕(訥祗王)이 왕위에 오른 지 3년 기미에는 고구려 장수왕(長壽王)이 사신을 보내왔다.

"우리 임금께서 대왕의 아우 보해(寶海)가 지혜와 재주가 뛰어남을 듣고 서로 가깝게 사귀기를 원하십니다. 특별히 소신을 보내어 간곡히 청합니다."

왕은 이 말을 듣고 매우 다행히 여겼다. 이로 인하여 화친하기로 하고 그 아우 보해에게 명하여 고구려에 보냈다. 내신 김무알(金武謁)을 보좌로 삼아 함께 보냈다. 장수왕이 또 이들을 억류하고 돌려보내지 않았다.

10년 을축에 왕은 여러 신하와 나라 안의 호걸들을 소집하여 친히 연회를 베풀었다. 술이 세 순배가 되자 모든 음악이 시작되었다. 왕은 눈물을 흘리면서 여러 신하들에게 말하였다.

"예전에 아버님께서 백성의 일을 지성껏 생각하셨으므로 사랑하는 아들을 멀리 왜국에 보냈다가 보지도 못하시고 세상을 떠나셨소. 또 내가 왕위에 오른 후에 이웃 나라의 군사가 매우 강성하여 전쟁이 그칠 사이가 없었소. 그런데 고구려만이 화친을 맺자는 말이 있었으므로 나는 그 말을 믿고 친아우를 고구려에 보냈소. 그런데 고구려에서도 억류해두고 돌려보내지 아니하오. 나는 비록 부귀를 누리고 있지만, 매일 잠시나마 아우를 잊을 수 없어 울지 않는 날이 없었소. 만일 두 아우를 만나보고 함께 선왕의 사당에 고한다면 나라사람들에게 은혜를 갚을 수 있을 것이오. 누가 그 계책을 이룰 수 있겠소?"

이때 백관들이 모두 아뢰었다.

"이 일은 진실로 쉬운 일이 아니므로 반드시 지혜와 용맹이 있는 사람이라

이 몸이 죽고 죽어

야 될 것입니다. 신들의 생각으로서는 삽라군 태수 제상(堤上)이 좋겠습니다."

이에 왕이 제상을 불러 물으니 제상이 두 번 절하고 아뢰었다.

"신이 듣자오니 임금에게 근심이 있으면 신하는 욕을 당하고, 임금이 욕을 당하면 신하는 죽게 된다 하였습니다. 만약 일이 어렵고 쉬운 것을 헤아려서 행한다면 그것은 충성되지 못하다 할 것입니다. 또한 죽고 사는 것을 생각하여 움직인다면 그것은 용맹이 없다 할 것입니다. 신이 비록 불초하나 왕명을 받들어 행하겠습니다."

왕은 그를 매우 칭찬하여 술잔을 나누어 마시고 손을 잡아 작별하였다. 제상은 왕 앞에서 명령을 받고 바로 북해(北海)의 길로 향하여 변장하고 고구려로 들어갔다. 보해가 있는 곳에 나아가서 함께 도망할 날짜를 약속하고, 먼저 5월 15일에 고성(高城)의 수구에 와서 기다렸다. 약속한 기일이 가까워지자 보해는 병을 핑계하고 며칠 동안 조회에 나가지 않았다. 그리고는 밤중에 도망쳐 나와서 고성 해변에 이르렀다. 고구려왕은 이 일을 알고 군사 수십 명을 풀어 뒤쫓게 하였다. 고성쯤에 이르러 따라잡았다. 그러나 보해가 고구려에 있을 때 항상 시중하는 사람에게 은혜를 베풀었던 까닭에 군사들은 그를 불쌍히 여겨 모두 화살촉을 뽑고 쏘았다. 그로 인해 드디어 살아서 돌아왔다.

눌지왕은 보해를 보자 더욱 미해의 생각이 나서 한편 즐겁고도 한편 슬퍼졌다. 눈물을 흘리면서 측근의 신하에게 말하였다.

"마치 몸에 한쪽 팔뚝만 있고 얼굴에 한쪽 눈만 있는 것 같소. 비록 하나는 얻었으나 하나가 없으니 어찌 슬프지 않으랴."

이때 제상이 그 말을 듣더니 두 번 절하고 임금에게 하직하였다. 말을 타고 집에 들르지도 않고 출발하여 바로 율포(栗浦) 바닷가에 이르렀다. 아내가 그 소식을 듣고 말을 달려 율포까지 쫓아갔다. 그러나 남편은 벌써 배 위에 있었다. 아내가 안타깝게 불렀지만, 제상은 다만 손을 흔들고 멈추지 않았다.

그는 왜국에 가서 거짓말을 하였다.

"계림의 왕은 아무런 죄도 없이 제 부형을 죽인 까닭에 도망해 왔습니다."

왜왕은 그 말을 믿고 집을 주어 편안히 살게 하였다. 이때 제상은 항상 미해를 모시고 바닷가에 가서 놀다가 물고기와 새와 짐승을 잡아서 그것을 왜왕에게 바쳤다. 왜왕은 매우 기뻐하여 그를 의심하지 않았다. 때마침 새벽안개가 자욱하게 끼었다.

제상이 미해에게 말하였다.

"이제 출발하십시오."

"그러면 같이 출발하시지요."

"신이 만약 함께 간다면 왜인들이 알고 뒤쫓을까 염려됩니다. 신은 이곳에 남아서 그들이 쫓는 것을 막을까 합니다."

"지금 나는 그대를 부형처럼 여기는데, 어찌 그대를 버리고 나 혼자만 돌아가겠소."

"신은 공의 목숨을 구원하여 대왕의 심정을 위로할 수 있다면 그것으로 만족하겠습니다. 어찌 살기를 바라겠습니까?"

그리고는 술을 미해에게 드렸다. 이때 신라사람 강구려(康仇麗)가 왜국에 와 있었으므로 그를 미해에게 딸려 호송하게 하였다. 제상은 미해의 방에 들어가서 이튿날 아침까지 있었다. 측근의 사람이 방에 들어와서 보고자 하자 제상은 나와서 말하였다.

"미해공이 어제 사냥하는 데 쫓아다니다 매우 피로하여 일어나지 못하십니다."

저녁때가 되어 측근의 사람이 이상히 여겨 또다시 물었다. 제상이 대답하였다.

"미해공이 떠난 지 벌써 오래되었소."

이 몸이 죽고 죽어

측근의 사람이 달려가서 왜왕에게 아뢰어 기병을 시켜 뒤쫓았으나 따라잡지 못하였다. 왜왕은 이에 제상을 가두고 물었다.

"너는 어째서 너의 나라 왕자를 몰래 보냈느냐?"

"저는 신라의 신하요, 왜국의 신하는 아니오. 이제 우리 임금의 소원을 이루려 한 것뿐이오. 어찌 왕에게 말할 수 있겠소?"

왜왕은 노하였다.

"너는 이미 내 신하가 되었는데도 신라의 신하라고 말하느냐? 그렇다면 반드시 오형(五刑)을 모두 쓸 것이요, 만약 왜국의 신하라고만 한다면 반드시 후한 녹으로 상을 주겠다."

그러자 제상이 대답하였다.

"차라리 신라의 개돼지가 될지언정 왜국의 신하가 되고 싶지는 않소. 차라리 신라의 형벌을 받을지언정 왜국의 작록은 받고 싶지 않소."

왜왕은 노하여 제상의 발바닥 가죽을 벗기고 갈대를 베어 그 위를 걸어가게 하였다.(지금 갈대 위에 피 흔적이 있는데, 세간에서 제상의 피라고 한다.)

왜왕이 다시 물었다.

"너는 어느 나라 신하냐?"

"신라의 신하다."

왜왕이 달군 쇠 위에 세워놓고 물었다.

"너는 어느 나라의 신하냐?"

"신라의 신하다."

왜왕은 그를 굴복시키지 못할 것을 알고 목도(木島)라는 섬에서 그를 불태워 죽였다.

미해는 바다를 건너와서 강구려를 시켜 먼저 나라에 알렸다. 눌지왕은 놀랍고 기뻐서 백관들에게 명하여 굴헐역(屈歇驛)에서 맞이하게 하였다. 왕은 친

아우 보해와 함께 남교(南郊)에 가서 맞이하였다. 대궐에 들어가 잔치를 베풀고, 국내에 대사면령을 내렸다. 제상의 아내를 책봉하여 국대부인(國大夫人)으로 삼고, 그의 딸을 미해공의 부인으로 삼았다.

논자는 말하였다. "옛적에 한나라 신하 주가(周苛)가 형양에 있다가 초나라 군사에게 잡혔다. 항우(項羽)가 주가에게 네가 내 신하가 되면 만호후(萬戶侯)를 봉해주겠다고 하였다. 주가는 꾸짖으면서 굴복하지 않고 초왕 항우에게 죽임을 당했다. 제상의 충렬도 주가보다 못함이 없다."

처음에 제상이 떠날 때에 부인이 이 소식을 듣고 뒤쫓았으나 따라잡지 못하였다. 망덕사(望德寺) 문 남쪽 모래 위에 이르러 드러누워 길게 부르짖었다. 그래서 그 모래를 장사(長沙)라 한다. 친척 두 사람이 부인을 붙들고 집에 돌아오려 하였다. 부인이 다리를 뻗고 앉아 일어나지 않았으므로 그곳을 벌지지(伐知旨)라고 하였다. 오랜 후에도 부인은 사모하는 심정을 견디지 못해 세 딸을 데리고 치술령에 올라가 왜국을 바라보고 통곡하다가 죽었다. 이에 부인은 치술신모(鵄述神母)가 되었다. 지금도 그 사당이 있다.

(『삼국유사』 권1 기이1 내물왕 김제상)

박제상은 인질로 고구려와 일본에 끌려간 눌지왕의 아우 둘을 구하고 이국땅에서 장렬하게 순국하였다. 『삼국사기』에는 박제상으로 되어 있고, 『삼국유사』에는 김제상으로 되어 있다. 정통 역사서를 따르는 것이 보다 타당하리라 여겨 오늘날 흔히 박제상으로 부르고 있다.

가만히 이 이야기를 듣다보면 재미있는 대목이 나온다. 지금 갈대 위에 피의 흔적이 있는데, 세간에서는 박제상의 피라고 한다는 일연의 주석 부분이다. 갈대 이파리가 불긋불긋한 것은 그때 박제상의 피가 묻어서 지금까지 그런 것이라고 이야기하고 있는 것이다. 이러한 묘사는 이 이야기가 신화적 요소를 내재하고 있다는 것을 알려준다. 이 이야기는 『삼국사기』에도 전해오듯이 실제의 역사적 인물이 경험한 역사적 사건을 다루고 있으므로 전설이다. 그런데 이 이야기에 신화의 속성인 우주만물의 창조 내력담이 담겨 있다. 신화는 세상이 어떻게 창조되었는지에 대한 근원을 이야기하는데, 박제상 전설 안에 그러한 신화적 요소가 담겨 있는 것이다.

또한 박제상의 부인이 치술령에 올라 일본을 바라보고 통곡하다 죽어 망부석이 되었다는 대목도 예사롭지 않다. 부인이 해변의 언덕에서 남편을 부르다 죽어 치술령 신모가 되었다는 것이다. 신모는 원래 단군을 낳은 웅녀나 주몽을 낳은 유화처럼 신화에서 신을 낳은 어머니를 지칭한다. 신모는 거룩한 어머니라는 뜻으로 성모라고도 부른다. 그런데 박제상의 아내가 바로 그 신모가 되었다는 것이다. 이는 그녀가 치술령의 산신이 되었다는 의미다. 즉 이 이야기에 신화의 근원적 속성인 신성성이 가미되고 있는 것이다.

박제상 이야기에는 자연물의 창조 내력담이, 그 부인 이야기에는 신성성이 부여되고 있어 전설이 신화화하는 양상을 공히 찾아볼 수 있다. 이런 현상이 벌어진 연유는 어디에 있는지 의아하다. 전설의 신화화는 나라를 위해 목숨을 바친 충신을 국가적인 차원에서 공경하고 예우하고자 하는 의도에서 비롯된 것이다. 임금의 두 아우를 구하고 장렬하게 순국한 박제상과 그를 사모하다 죽은 아내를 기리기 위해 그렇게 신성시된 것이다. 오늘날 북한이 신격화하고 있는 김일성의 백두산전설처럼 전설의 신화화 과정을 거친 대부분의 이야기들이 그렇듯이 말이다.

대의에 투신한 또 다른 인물로 이차돈을 들 수 있다.

「신라 본기」에 이르길, 법흥대왕 즉위 14년에 이차돈(異次頓)이 불법을 위하여 제 몸을 바쳤다고 하였다. … 예전에 법흥대왕이 자극전(紫極殿)에서 등극하였을 때, 동쪽 지역을 살펴보고 말하였다.

"예전에 한나라 명제(明帝)가 꿈에 감응되어 불법이 동방에 유행하였다. 내가 왕위에 오른 후부터 백성을 위하여 복을 닦고 죄를 없앨 곳을 마련하려 한다."

그러나 신하들은 그 깊은 뜻을 헤아리지 못하였다. 다만 나라를 다스리는 대의만을 지켜 절을 세우겠다는 신성한 생각을 따르지 않았다. 대왕은 탄식하면서 말하였다.

"아! 내가 덕이 없는 사람으로서 왕업을 잇자 위로는 음양의 조화가 모자라고 아래로는 백성들을 즐겁게 하지 못했소. 그러므로 정사를 보살피는 틈틈이 불교에 마음을 두고 있소. 누가 나와 같이 일하겠소?"

이때 마음을 닦은 사람으로서 성은 박, 자는 염촉(혹은 이차, 이처라 하니 방언이다. 한역하여 염이라 한다. 촉, 돈, 도, 독 등은 다 글 쓰는 사람의 편의를 따라 쓴 것이다.)이라 하는 사람이 있었다. 그의 아버지는 자세히 알 수 없고, 할아버지는 아진종(阿珍宗)으로 곧 습보 갈문왕(葛文王)의 아들이다. 염촉은 대나무나 잣나무와 같은 자질에 물과 거울 같은 심지를 지니고 있었다. 적선집의 증손으로서 궁궐을 지키는 장교가 되기를 희망하였다. 조정의 충신으로서 번성한 시대의 신하가 되기를 바랐다. 그때 나이 스물두 살로서 사인(舍人) 벼슬에 있었다.

그가 왕의 얼굴을 보고 그 심정을 눈치 채고 왕에게 아뢰었다.

"신이 듣자오니 옛사람은 비천한 사람에게도 계책을 물었다고 합니다. 그러므로 신은 중죄를 무릅쓰고 아뢰겠습니다."

왕이 말하였다.

"네가 할 일이 아니다."

사인이 말하였다.

"나라를 위하여 몸을 던지는 것은 신하의 큰 절개며, 임금을 위하여 목숨을 바치는 것은 백성의 바른 의리입니다. 거짓으로 말씀을 전하였다고 하여 신에게 벌하여 머리를 베십시오. 그러면 만민이 모두 굴복하고 감히 왕명을 어기지 못할 것입니다."

왕이 말하였다.

"살을 베어 저울에 달아 새 한 마리를 살리려 하였고, 피를 뿌려 생명을 끊어 짐승 일곱 마리를 스스로 불쌍히 여겼다. 내 뜻은 사람을 이롭게 함에 있는데, 어찌 무죄한 사람을 죽이겠는가? 너는 비록 공덕을 끼치려 하지만, 죄를 피하는 것이 좋겠다."

사인이 말하였다.

"일체를 버리기 어려운 것이 자기의 생명입니다. 그러나 소신이 저녁에 죽어 불교가 아침에 행해지면 불법이 다시 일어나고, 임금께서는 길이 편안해질 것입니다."

왕이 말하였다.

"난새와 봉황의 새끼는 어릴 때부터 하늘을 뚫을 마음이 있다. 큰 기러기와 고니의 새끼는 날 때부터 물결을 헤칠 기세가 있다. 네가 그렇게 할 수 있다면 보살 행위라 할 수 있겠다."

이에 대왕은 임시로 위의를 갖추고 무시무시한 형구를 사방에 벌여놓고 여러 신하들을 불러 물었다.

"그대들은 내가 사찰을 지으려 하는데 고의로 지체시켰다."

이에 신하들은 벌벌 떨면서 황급히 맹세하고 손으로 동서를 가리켰다. 왕은 사인을 불러 이 일을 문책하였다. 사인은 얼굴빛이 변하면서 아무 말도 못하였다. 대왕은 분노하여 베어 죽이라고 명령하였다. 유사가 그를 묶어 관아로

박제상과 인질 왕자

끌고 가니 사인이 맹세하였다. 옥리가 그의 목을 베니 허연 젖이 한 길이나 솟구쳤다.(『향전』에 따르면 사인이 맹세하기를 "큰 성인인 법왕께서 불교를 일으키려 합니다. 내가 몸과 목숨을 돌보지 않고 세상 인연을 버리니 하늘은 상서를 내려 백성에게 두루 보여주십시오."라고 하였다. 그의 머리가 날아가서 금강산 꼭대기에 떨어졌다고 한다.)

 이에 하늘은 침침해져 빛을 감추고, 땅이 진동하고, 비가 떨어졌다. 임금은 슬퍼하여 눈물이 곤룡포를 적셨고, 재상은 상심하여 진땀이 관까지 흘렀다. 샘물이 문득 마르니 고기와 자라가 다투어 뛰고, 곧은 나무가 먼저 부러지니 원숭이가 떼 지어 울었다. 동궁에서 말고삐를 나란히 하던 벗들은 피눈물을 흘리며 서로 돌아보았다. 대궐 뜰에서 소매를 맞잡던 친구들은 창자가 끊어질 듯이 이별을 애태웠다. 관을 바라보고 우는 소리는 부모의 상을 당한 것 같았다.

 모두 말하였다.

 "개자추(介子推)가 다리의 살을 벤 일도 염촉의 고절엔 비할 수 없을 것이다. 또한 홍연(弘演)이 배를 가른 일인들 어찌 그의 장렬함에 견줄 수 있겠는가. 이는 곧 임금의 신력을 붙들어 아도의 본심을 이룬 것이니 성자로다."

 드디어 북산의 서쪽 고개에 장사지냈다. 나인들은 이를 슬퍼하여 좋은 곳을 가려서 절을 짓고, 그 이름을 자추사(刺楸寺)라 하였다. 이에 집집마다 부처를 공경하면 반드시 대대의 영화를 얻게 되었다. 또한 사람마다 불도를 행하면 마땅히 불법의 이익을 얻게 되었다.

 … 아! 이 법흥왕이 없었으면 이 염촉이 없었을 것이고, 이 염촉이 없었으면 이 공덕이 없었을 것이다. 유비와 제갈량의 고기와 물 같은 관계며, 구름과 용이 서로 감응한 아름다운 일이라 할 수 있겠다.

(『삼국유사』 권3 흥법3 원종흥법 염촉멸신)

이 몸이 죽고 죽어

불교를 널리 펼치기 위해 순교한 이차돈(異次頓)의 이야기다. 법흥왕은 불교를 포교하고자 하는 의지가 강렬하였다. 사실 아도라는 승려가 처음으로 신라에 불교를 전해 주었다. 그런데 불교가 중국에서 들어온 종교이므로 뿌리를 내리기 어려웠다. 그러한 상황에서 법흥왕은 불교로써 백성을 위해 복을 닦고, 죄를 없애고자 하였다. 불교가 널리 퍼져 이 땅이 불국토가 되기를 바라는 큰 뜻을 품었던 것이다. 그러나 신하들은 사찰을 짓고자 하는 왕의 뜻을 헤아리지 못하였는데, 그때 이차돈이 나섰던 것이다. 그는 자신의 생명을 바쳐 대의를 실현하고자 하였다. 결국 왕명을 어긴 죄로 그의 목을 치자 하얀 젖이 한 길이나 솟구치고, 그 머리가 금강산에 가서 떨어지는 이적을 일으켰다. 부처님의 위력이 얼마나 대단한지를 여실히 보였던 것이다. 결국 이차돈의 순교는 신라에 불교가 널리 퍼지게 되는 계기가 되었다.

우리는 순국한 박제상과 순교한 이차돈을 보면서 대의를 위해 자신의 몸을 버리는 것이 가능한 일인지 다시 한 번 생각해보게 된다. 나라를 위해, 종교를 위해, 혹은 자신이 맡은 일을 위해 목숨을 바치는 일이 가능한 일인가. 대의를 위해 순국, 순교, 순직이라는 숭고한 행위를 몸소 실천할 수 있을까. 참으로 어려운 일이다. 우리가 지니고 있는 것 중에 생명보다 소중한 것이 없기에 더욱 그러하다.

『구약성경』 창세기 에는 소돔과 고모라의 멸망에 관한 이야기가 나온다. 하느님은 소돔과 고모라에 대한 원성이 너무나 크고, 그들의 죄악이 너무나 무겁다고 여긴 나머지 그들을 불과 유황으로 쓸어버리고자 하였다. 그때 아브라함이 나서서 그 도시에 의인들이 있는데도 함께 쓸어버리겠느냐고 물었다. 마침내 하느님은 소돔에 의인 열 명만 있어도 용서하겠다고 하였지만, 끝내 의인들을 찾지 못해 멸망시키고 말았다는 이야기다.

지금 대한민국이 분단과 분열의 갈등 속에 있다고는 하지만, 이만큼이나마 호의호식하며 잘 살고 있는 까닭은 어디에 있을까. 아마도 우리가 알지 못하는 의인 열 명이 어디엔가 숨어서 활약하기 때문이라는 생각이 드는 것은 비단 나만의 상상은 아닐 것이다.

원광의 세속오계와 거타지의 해적토벌

사람은 누구나 자신의 생명보다 더 소중한 것을 가지고 있지 않다. 그만큼 생명은 고귀하다. 이러한 견지에서 피조물인 인간은 자신의 생명뿐만 아니라 타인, 나아가 생명이 있는 모든 것에 관심을 가질 수밖에 없다. 원광의 세속오계는 이에 시사하는 바가 크다.

> 신라의 어진 선비 귀산(貴山)은 사량부(沙梁部) 사람인데, 같은 마을의 추항(箒項)과 벗이 되었다. 두 사람이 서로 말하였다.
> "우리들이 군자와 교유하려고 하면서 먼저 마음을 바로잡아 처신하지 않는다면, 아마도 모욕 당함을 면치 못할 것이다. 어찌 어진 이의 곁에 가서 도를 묻지 않겠는가?"
> 그때 원광법사가 수나라에 갔다가 돌아와서 가슬갑(嘉瑟岬)에 머물러 있다는 말을 들었다. 두 사람이 찾아가서 아뢰었다.
> "속된 선비들이 우매하여 아는 바 없습니다. 부디 한 말씀 내리시어 평생의 잠언을 삼도록 해주십시오."
> 원광법사가 말하였다.

이 몸이 죽고 죽어

"불교에는 보살계가 있어 그 조항이 열이 있다. 그러나 너희들은 남의 신하와 자식이 된 몸이니 아마 감당하지 못할 것이다. 지금 세속에 오계가 있으니 첫째는 충성으로써 임금을 섬기는 일이요, 둘째는 효도로써 어버이를 섬기는 일이요, 셋째는 신의로써 벗을 사귀는 일이요, 넷째는 싸움에 임하여 물러서지 않는 일이요, 다섯째는 생물을 죽이되 가려서 죽이는 일이다. 너희들은 이 일을 실행함에 소홀히 하지 말라."

귀산 등이 말하였다.

"다른 것은 이미 말씀을 알아들었습니다. 다만 이른바 생물을 죽이되 가려서 죽이라는 말씀만은 이해되지 않습니다."

법사가 말하였다.

"여섯 재일과 봄과 여름철에는 생물을 죽이지 않는 것이니 이는 시기를 가리는 것이다. 가축을 죽이지 않음은 곧 말·소·닭·개를 말하는 것이다. 미물을 죽이지 말라는 것은 곧 고기가 한 점도 되지 못하는 것을 말하는 것이다. 이는 대상을 가리는 것이다. 또한 소용되는 것만 죽이고, 많이 죽이지 말 일이다. 이것이 세속의 좋은 경계다."

귀산 등은 말하였다.

"지금부터는 이 말씀을 받들어 실행하여 감히 어기지 않겠습니다."

그 후에 두 사람은 전쟁터에 나아가 모두 나라에 큰 공로를 세웠다.

(『삼국유사』 권4 의해5 원광서학)

신라 26대 진평왕의 재위 22년인 서기 600년의 일이었다. 원광법사는 수나라에서 유학하고 신라로 돌아왔다. 그는 사람답게 사는 도리를 묻는 젊은이들에게 가르침을 내려주었다. 세속에 사는 사람으로서 지켜야 할 다섯 가지 계율을 일러주었던 것이다. 사군이충(事君以忠), 사친이효(事親

以孝), 교우이신(交友以信), 임전무퇴(臨戰無退), 살생유택(殺生有擇)이었다. 이 세속오계는 이후 삼국통일의 주역이었던 화랑들이 지켜야 할 도리로 받아들여져 화랑오계라고도 불리었다.

앞에 든 세 가지 계율인 사군이충, 사친이효, 교우이신은 유교의 삼강오륜에서도 익히 강조되었던 덕목이었다. 새로울 것이 없었다. 그리고 네 번째 계율인 임전무퇴는 전장에서 적과 맞서 싸우는 병사에게는 지당한 계율이었다. 문제는 마지막 계율인 살생유택이었다. 통일전쟁을 수행하는 데 있어서 신라의 승리를 위해서, 혹은 전쟁터에서 살아남기 위해서 물불 가리지 않고 닥치는 대로 살상하는 것이 용맹한 병사나 혈기왕성한 젊은이에게 주어진 임무였을 것이다.

그런데 원광법사는 죽이는 데에도 가려야 할 것이 있다고 가르쳤다. 바로 살상의 때와 대상이었다. 때는 불교에서 재계를 하는 날, 즉 부정한 것을 멀리하고 마음과 몸을 깨끗이 하는 날에는 살상해서는 안 된다는 것이었다. 특히 6재일인 매달 음력 8, 14, 15, 23, 29, 30일을 피해야 한다고 하였다. 이와 아울러 생물이 한창 성장하는 봄과 여름에도 살상해서는 안 된다고 강조하였다. 또한 대상은 인간과 함께 생활하는 가축과 고기가 한 점도 되지 않는 생명을 해쳐서는 안 된다고 하였다. 인간은 어차피 생명체를 먹고 사는 존재이므로 동물이든 식물이든 다른 생명을 살상할 수밖에 없다. 그러나 인간의 섭생에 도움이 되는 생물을 소용되는 만큼만 살상해야 한다고 강조하였던 것이다. 필요 이상으로 과다하게 살상하는 것을 피해야 한다는 가르침이었다.

이러한 면은 맹자와 양혜왕의 대화에서도 명백하게 드러나고 있다.

양혜왕(梁惠王)이 말하였다.

"과인은 나라에 대하여 마음을 다하고 있습니다. 하내(河內) 지방에 흉년이 들면 그 백성을 하동(河東) 지방으로 이주시키고, 그 곡식을 하내(河內) 지방으로 옮겨갑니다. 하동(河東) 지방에 흉년이 들면 또한 그렇게 하고 있습니다. 이웃나라의 정사를 살펴보건대, 과인처럼 마음을 쓰는 자가 없는데도 이웃나라의 백성들이 더 적어지지 않으며, 과인의 백성들이 더 많아지지 않음은 어째서입니까?"

맹자가 대답하였다.

"농사철을 어기지 않게 하면 곡식을 이루 다 먹을 수 없을 것입니다. 또한 촘촘한 그물을 웅덩이와 연못에 넣지 않으면 고기와 자라를 이루 다 먹을 수 없을 것입니다. 그리고 도끼와 자귀를 때에 따라 산림에 들어가게 하면 재목을 이루 다 쓸 수 없을 것입니다. 곡식과 고기와 자라를 이루 다 먹을 수 없고, 재목을 이루 다 쓸 수 없으면, 이는 백성으로 하여금 산 이를 봉양하고 죽은 이를 장례함에 유감이 없게 하는 것입니다. 산 이를 봉양하고 죽은 이를 장례함에 유감이 없게 하는 것이 왕도의 시작입니다."

(『맹자』 양혜왕 상 3장)

양혜왕은 지금도 마찬가지지만 국력의 상징이었던 인구를 늘릴 방안에 대해 고심하였다. 그러자 맹자는 임금이 왕도정치를 하면 자연히 백성이 몰려들 것이라고 충고하였다. 그런데 그러한 왕도정치의 방안이 눈길을 끈다. 맹자는 촘촘한 그물로 물고기를 잡지 않고, 때를 가려 벌목을 하면 풍족하게 살 것이라는 방안을 제시하였던 것이다. 살상의 때에 있어서 성장이 멈춘 가을 이후에 나무에 도끼를 댄다면 자자손손 재목을 얻을 수 있다고 하였다. 또한 대상에 있어서 어린 물고기를 잡지 않고 큰 물고기만 잡는다면, 대대로 물고기를 풍족하게 얻을 수 있다고 하였다. 살상의 때와 대상을 가린다면 모든 것이 풍족하게 되리라는 것이었다. 그러므로 산 사람을 봉양하고 죽은 사람을 장례하는 데 있어 부족함이 없으니 그야말로 태평성대를 이루게 된다는 뜻이었다.

대의에 투신한다는 것은 자신의 목숨을 내놓는 것과 더불어 여타 피조물의 생명을 어떻게 다룰 것인가 하는 문제와도 직결되고 있다. 살려야 할 것을 살리고, 죽여야 할 것을 죽이는 것이 바로 대의일 것이다. 생명체를 살상해야만 한다면 때와 대상을 가려야 하는 까닭이 여기에 있다. 우리가 밥상을 앞에 대하였을 때 감사해야 하는 이유이기도 하다. 우리의 생명을 유지하기 위하여 수많은 동식물의 생명이 희생되었음을 상기하고, 그에 대해 감사하는 것이 또 다른 대의를 실천하는 첫걸음이 아닐까. 내게 필요한 만큼만 적당하게 섭취하고자 하는 마음이 바로 생명 존중의 시작일 것이다. 원광법사의 살생유택도 그런 의미로 해석된다.

생명의 소중함을 인식하고, 대의에 목숨을 바친 이들이 있었다. 고려 왕건의 할아버지인 거타지에 관한 이야기가 그 좋은 예다.

> 신라 제51대 진성여왕(眞聖女王) 때의 아찬 양패(良貝)는 왕의 작은 아들이었다. 당에 사신으로 가려 할 때였다. 후백제의 해적들이 진도에서 가로막는다는 말을 듣고, 궁사 50명을 뽑아서 따르게 하였다. 배가 곡도(鵠島)에 다다랐을 때, 풍랑이 크게 일어나 십여 일 동안 묵게 되었다. 양패공이 근심하여 사람을 시켜 점을 치게 하였다.
> 점을 친 이가 아뢰었다.
> "이 섬에 신지(神池)가 있으니 제사지내는 것이 좋겠습니다."
> 이에 연못 위에서 제사를 드리자 못의 물이 한 길 이상이나 용솟음쳤다. 그날 밤 꿈에 노인이 나타나 공에게 말하였다.

이 몸이 죽고 죽어

"활을 잘 쏘는 사람 하나를 이 섬에 머물러 두게 하면 순풍을 얻을 것이오."

공이 꿈에서 깨어나 좌우에게 물었다.

"누구를 머물러 두게 하면 좋겠소?"

여러 사람들이 아뢰었다.

"나무쪽 오십 개에 우리들의 이름을 써서 물에 넣어 제비를 뽑읍시다."

공이 이에 따랐다. 군사 중에 거타지(居陁知)라는 사람이 있었다. 그 이름이 물에 잠겼으므로 그 사람을 머물게 하였다. 갑자기 순풍이 일어나서 배가 지체 없이 나아갔다. 거타지는 수심에 쌓여 섬 위에 서 있었다.

홀연히 한 노인이 연못에서 나와 말하였다.

"나는 서해의 신인데, 해가 뜰 때에 매번 한 중이 하늘에서 내려와 다라니를 외우면서 이 연못을 세 번 돈다오. 그럼 내 부부와 자손이 모두 물 위에 뜨게 되오. 중은 내 자손의 간장을 다 빼먹고, 오직 내 부부와 딸 하나만을 남겨 놓았소. 내일 아침에도 또 반드시 올 것이니 청컨대 그대는 활로 쏘아주오."

거타지가 말하였다.

"활 쏘는 것은 내가 잘하는 일이니 시키는 대로 하겠습니다."

노인이 감사해하며 물속으로 들어가자 거타지는 숨어서 기다렸다. 이튿날 동쪽에서 해가 뜨자 과연 중이 와서 전과 같이 주문을 외우며 늙은 용의 간을 먹으려고 하였다. 그때 거타지가 활을 쏘아 맞히자 중이 곧 늙은 여우로 변해 땅에 떨어져 죽었다.

이에 노인이 나와 감사하며 말하였다.

"공의 은혜를 입어 나의 생명을 보전하였소. 청컨대 나의 딸을 아내로 삼아 주시오."

거타지가 대답하였다.

"은혜를 잊지 않으시니 그렇게 하겠습니다."

노인이 그 딸을 한 가지의 꽃으로 변하게 하여 거타지의 품속에 넣어주었다. 또한 두 용에게 명하여 거타지를 받들고 사신이 탄 배를 쫓아가게 하였다. 용들이 그 배를 호위하여 당나라에 도착하였다. 당나라 사람들은 두 마리의 용이 신라의 배를 받들고 있음을 보고 이를 왕에게 알렸다.

왕이 말하였다.

"신라의 사신은 필시 비상한 사람일 것이다."

잔치를 열어 거타지를 여러 신하의 윗자리에 앉히고, 금과 비단을 후하게 주었다. 고국에 돌아오자 거타지는 꽃가지를 내어 여자로 변하게 하여 함께 살았다.

(『삼국유사』 권2 기이2 진성여대왕 거타지)

서해 용왕을 구해주고 보답으로 그 딸과 혼인하였다는 참으로 극적인 이야기다. 생명은 존귀하다. 그것이 미물이든 식물이든 동물이든, 아니면 사람이든 간에 차별 없이 고귀하다. 뭇 생명을 헛되이 죽여서는 안 된다는 살생유택을 재차 상기해야 하는 까닭이다. 요망한 여우에게 잡아먹히는 무고한 용의 목숨을 구해주는 것이 바로 의로운 이가 해야 할 일이었다. 살리는 것이 의로운 것인지, 죽이는 것이 의로운 것인지를 판단하는 데 있어서 대의가 중요하였다. 여우도 생명체지만, 무고한 생명을 빼앗는 요망한 존재였다. 마땅히 죽여야 할 대상이었기에 거타지는 망설이지 않고 활을 쏘았던 것이다.

『논어』 이인편 에 '오로지 어진 사람이라야 능히 사람을 좋아할 수도 있고, 능히 사람을 미워할 수도 있다(惟仁者能好人能惡人)'고 하였다. 즉 자신이 어질지 못하면 사람을 진정으로 좋아할 수도, 진정으로 미워할 수도 없다는 뜻이다. 자신의 이익과 입장과 처지에 따라서 남을 좋아하고 미워

한다면 의롭다고 할 수 없는 것이다.

거타지 전설과 흡사한 이야기로 치악산 전설이 있다.

옛날 시골에 사는 한 젊은이가 과거를 보려고 집을 나서서 한양을 향하여 가다가 강원도 적악산(赤岳山)을 지나게 되었다. 그런데 산중에서 꿩(혹은 까치)이 울부짖는 소리를 듣고 바라보니 꿩 두 마리가 뱀에 감겨 먹히려는 찰나였다. 큰 나무 위에 까치집이 있고, 그 속에 까치 새끼들이 있었는데, 구렁이 한 마리가 까치집을 향하여 기어오르고 있었다. 젊은이는 활로 구렁이를 쏘아 죽이고 꿩을 구해 주었다.

젊은이는 계속해서 길을 가다가 산속에서 날이 저물어 잘 곳을 찾아 헤매다가 한 인가를 발견하고, 그 집에 가서 자고 가기를 청하였다. 그 집에서 한 여인이 나와서 잘 곳을 안내해 주었다. 젊은이가 피곤하여 깊이 잠들었다가 숨이 막히고 답답해서 깨어 보니, 큰 구렁이가 자기 몸을 칭칭 감고 입을 벌려 삼키려고 하였다.

구렁이가 젊은이에게 말하였다.

"나는 낮에 네가 죽인 구렁이의 아내인데, 남편의 원수를 갚기 위해 너를 잡아먹어야겠다. 만약 살고 싶으면 종소리 세 번만 울려다오. 그러면 풀어 줄 것이다."

그런데 구렁이의 말이 끝나자마자 어디선가 '뎅! 뎅! 뎅!' 하고 종소리가 세 번 울렸다. 종소리를 들은 구렁이는 반가운 빛을 띠고 감고 있던 젊은이의 몸을 풀어 주고 어디론가 사라졌다. 구렁이는 용이 되어 승천하였다. 날이 밝아 오자 젊은이는 종소리가 난 곳을 찾아가 보았다. 멀지 않은 곳에 종루가 있었는데, 종 아래에는 전날 새끼들을 살리기 위해 울부짖던 꿩 두 마리가 머리가 깨져 죽어 있었다. 젊은이는 꿩이 은혜를 갚으려고 종을 울리고 죽은 것을 알

앗다. 그래서 과거 길을 포기하고 그곳에 절을 세워 꿩들의 명복을 빌며 일생을 마쳤다. 그 후로 적악산을 치악산이라고 고쳐 부르게 되었고, 젊은이가 세운 절이 지금의 치악산 상원사다.

(『한국민속문학사전』 <치악산>)

<은혜 갚은 꿩> 이야기는 강원도 원주시 신림면 성남리의 치악산 자락에 자리 잡은 상원사에 전해오는 전설이다. 치악산은 이 전설로 인해 꿩 '치(雉)'자를 써서 그런 이름을 갖게 되었다. 어질기 때문에 진정으로 좋아할 수 있고, 미워할 수 있다는 점을 다시 한 번 생각해보게 되는 이야기다. 죽여야 할 것을 가리고, 죽여야 할 때를 가려야 한다는 살생유택을 다시 한 번 상기하게 된다. 미물이지만 차마 눈 뜨고 보지 못할 위험에 처한 생명이라면 나서서 구하는 것이 의로움이고 대의인 것이다.

생명의 존귀함을 논하는 자리에서 오늘날의 음식물 쓰레기 문제를 지나칠 수 없다. 지금 남한에서 나오는 음식물 쓰레기 분량으로 북한 주민을 다 먹일 수 있다고 하는 데에 문제의 심각성이 있다. 우리가 얼마나 많은 생명체를 이유 없이 과다하게 살상하고 있는지를 반성하게 된다. 또한 음식물에 쓰레기라는 표현을 쓰는 것이 과연 타당한 일인지도 되돌아보아야 한다. 많은 사람들이 지금 이 순간에도 지구 어느 곳에서는 누군가 굶어죽고 있다는 사실을 인식하지 못하고 있다. 풍족하게 생활하는 이들이 별생각 없이 쓰레기처럼 버리는 바로 그 음식물이 없어서 그렇다는 사실을 말이다. 사람의 섭생을 위한 음식물이 어떻게 쓰레기가 될 수 있는지 의아할 따름이다.

한편 우리의 근해에서 물고기를 찾아보기 어렵게 되었다는 어부들의 푸념을 종종 듣고는 한다. 물고기의 산란기는 물론이거니와 손가락만한 치

이 몸이 죽고 죽어

어까지 마구잡이로 잡아들였던 탓이다. 언제부터인가 회를 파는 상점에서 광어나 도다리 새끼 같은 어린 물고기들을 뼈째 썬 세꼬시가 유행하였는데, 이는 어부들이 치어를 방류하지 않게 된 결정적 계기가 되었다. 또한 명태 새끼를 노가리라 칭하며 남획한 결과 우리의 바다에서는 더 이상 명태를 구경할 수 없게 되었다. 물론 지구온난화의 영향으로 바닷물 온도가 올라가 명태가 북상하였다는 요인도 있다. 그러나 오랜 동안의 남획으로 인해 명태의 씨가 말랐다는 점을 부인할 사람은 아무도 없을 것이다.

이러한 참담한 실상은 때와 대상을 분별하지 않고 살상한 데에서 야기된 문제들이다. 산사에 기거하는 스님이 지팡이 소리를 내서 짐승들을 피하게 함으로써 서로의 생명을 상하지 않도록 한 지혜가 아쉽다. 아울러 지팡이로 땅을 찍어서 개미와 같은 미물이 그 구멍으로 피해 발에 밟히지 않도록 한 배려도 눈여겨보게 된다. 자연과 더불어 살던 이들의 지혜와 생명의 소중함을 깨닫고 있던 이들의 삶의 태도가 그립다.

나의 충직한 노래

신라의 충담사는 백성을 편안하게 하는 노래인 〈안민가〉를 불렀다. 당시 경덕왕의 요청에 따라 나라의 위기를 구하고자 함이었다.

> 당나라에서 『도덕경』 등을 보내니 경덕왕이 예를 갖추어 받았다. 왕이 나라를 다스린 지 24년에 오악(五嶽)과 삼산(三山)의 신들이 종종 나타나 대궐 뜰에서 왕을 모셨다. 3월 3일에 왕은 귀정문의 누각 위에 나가서 측근에게 말하

였다.

"누가 길에 나가서 위의 있는 승려 한 사람을 데리고 올 수 있겠소?"

이때 마침 모습이 깨끗한 고승이 이리저리 거닐면서 지나갔다. 측근 신하가 바라보고 그를 데리고 와서 뵈었다.

왕은 말하였다.

"내가 말하는 위의 있는 스님이 아니오."

왕은 그를 물리쳤다. 다시 승려 한 사람이 장삼을 입고 앵통을 걸머지고 남쪽에서 왔다. 왕은 기뻐하면서 그를 보더니 누각 위로 맞아들였다. 그 앵통 속을 보니 차 도구만 담겨 있었다.

왕이 물었다.

"그대는 누구요?"

"저는 충담(忠談)입니다."

"어디서 오오?"

"제가 매양 3월 3일과 9월 9일이면 차를 다려서 남산 삼화령(三花嶺)의 미륵세존께 드립니다. 오늘도 드리고 오는 길입니다."

"나에게도 차를 한 잔 주겠소?"

중은 이에 차를 다려서 왕에게 드렸다. 차 맛이 이상하고, 사발 안에서 이상한 향기가 풍겼다.

왕이 말하였다.

"내 들으니 스님이 기파랑(耆婆郞)을 찬미한 향가가 뜻이 매우 높다 하니 과연 그러하오?"

"그렇습니다."

"그렇다면 나를 위하여 백성을 다스려 편안히 할 노래를 지어주오."

중은 즉시 명을 받들어 노래를 지어 바쳤다. 왕은 그를 아름다이 여겨 왕사

이 몸이 죽고 죽어

(王師)로 봉하자 충담사는 두 번 절하고 굳이 사양하며 받지 않았다.

안민가(安民歌)는 이러하다.

'임금은 아비요

 신하는 사랑하시는 어미요

 백성은 어리석은 아이라고

 하실진댄 백성이 사랑을 알리라

 대중을 살리기에 익숙해져 있기에

 이를 먹여 다스릴러라

 이 땅을 버리고 어디로 가겠는가

 할진댄 나라 보전할 것을 알리라

 아아, 임금답게 신하답게 백성답게

 한다면 나라가 태평을 지속하느니라'

(『삼국유사』 권2 기이2 경덕왕 충담사 표훈대덕)

 신라 제35대 경덕왕은 호국신인 삼산과 오악의 신들이 궁궐에 자주 모습을 드러내는 것을 심상치 않게 여겼다. 내림산 · 혈례산 · 골화산의 삼산신, 그리고 토함산 · 지리산 · 계룡산 · 태백산 · 부악의 오악신이 그러하였다. 이 삼산과 오악의 신들은 신라의 대사(大祀)와 중사(中祀)로 매년 제사드리던 호국신이었다. 그런데 이들이 궁궐에 출현하는 것은 국가의 운명과 직결되는 일이었다.

 이러한 면은 김유신이 고구려의 첩자인 백석에게 속아 장차 위험에 빠지게 되었을 때, 낭자로 현신한 삼산신이 나타나 구해주었다는 설화에서 잘 드러나고 있다. 또한 헌강왕 때 남산신·북악신·지신 등이 왕 앞에 나타나 춤을 추어 나라가 멸망할 것을 경계하였다는 데에서도 여실히 드러나고 있다. 따라서 호국신인 오악과 삼산의 신들이 출현한 것은 국가의 존망과 직결되는 것으로서 국가의 안위에 대한 경계의 의미를 지니고 있었다. 경덕왕은 이러한 사실을 깨닫고 문제를 해결하기 위하여 재앙을 물리치고 복을 기원하는 날인 3월 3일 중삼일에 행차하였던 것이다.

경덕왕은 강력한 중앙집권적 통치체제를 확립하기 위해 체제 정비를 하였다. 그러나 지방호족들의 강한 반발로 인해 이전까지 폐지하였던 녹읍을 다시 부활시켜야 할 정도로 극심한 정치적 혼란을 겪었다. 또한 경제적 기반을 마련한 지방호족들은 급속도로 성장하면서 왕권에 직접적인 도전을 하기 시작하였다. 그들은 왕권 강화에 일익을 담당하고 있던 교종과 결별하고 그들의 혁명사상과 맞아떨어지는 선종을 정신적 기반으로 삼았다. 실로 경덕왕 대는 정치계뿐만 아니라 종교계에 있어서도 과도기적 혼란 양상이 극심하게 드러난 시기였다. 오악삼산신의 빈번한 출현 역시 이러한 혼란이 상징적으로 표출된 것이었다.

충담사는 혼란을 해결하기 위한 방도로, 다시 말해 나라가 태평을 지속하기 위한 방도로 〈안민가〉를 지었던 것이다. 그는 모든 이들이 각자 자신의 위치에서 자신의 도리를 다하는 것이 최선임을 역설하였다. 임금은 아비와 같은 모습으로 임금답게, 신하는 어미와 같은 마음으로 신하답게, 백성은 아이와 같이 보듬고 사랑해야 할 대상으로서 백성답게 한다면 나라가 태평할 것이라 노래하였다. 왕과 신하들은 부모와 같은 너그러운 마음으로 직분에 충실한다면, 백성들을 어려움 없이 먹여 살릴 수 있으리라 충언하였던 것이다. 위정자가 부모의 마음으로 백성을 자식처럼 보듬고, 백성이 위정자를 부모처럼 여긴다면 나라가 어찌 굳건하게 서지 않을 수 있을까. 이 대목은 『논어』 안연편 에도 나온다. 공자는 정치가 무엇이냐고 묻는 제경공(齊景公)에게 '임금이 임금답고, 신하가 신하답고, 아비가 아비답고, 자식이 자식다운 것(君君 臣臣 父父 子子)'이라고 대답하였다.

충담사는 국가에 문제가 생겼을 때 온 나라가 화합해야 한다는, 평범하지만 지극히 당연한 해결 방안을 제시하였던 것이다.

결국 충담사는 〈안민가〉라는 노래를 통해 경덕왕 대의 정치적·종교적 문제가 왕과 신하들의 불협화음에서 비롯된 것이며, 이의 해결을 위해서는 왕과 신하가 그 본분을 다하여 합심해야 한다는 평범한 진리를 명쾌하게 제시하였다. 오늘날 남북 분단과 남남 갈등으로 분열된 대한민국의 위정자와 국민이 되새겨보아야 할 대목이다.

충담사와 유사한 인물로 융천사가 있다. 그는 〈혜성가〉라는 노래를 지어 불러 나라의 변괴를 없애고, 나아가 외적을 물리치는 영험을 일으켰다.

> 제5 거열랑(居烈郎), 제6 실처랑(實處郎), 제7 보동랑(寶同郎) 등 화랑의 무리 세 사람이 풍악(楓嶽)에 놀러 가려는데 혜성이 심대성(心大星)을 범하였다. 그래서 낭도들은 이를 의아히 여겨 그 여행을 중지하려 하였다. 그때 융천사(融天師)가 노래를 지어서 불렀더니 별의 괴변이 즉시 없어지고, 일본 군사가 제 나라로 돌아가 도리어 경사가 되었다. 진평왕이 기뻐하여 낭도들을 보내어 금강산에서 놀게 하였다.
>
> 노래는 이렇다.
> '옛날 동쪽 물가에
> 건달파가 놀던 성을 바라보고
> 왜군이 왔다고
> 횃불 올린 변방도 있구나
> 세 화랑이 산 보러 간다는 말 듣고
> 달도 부지런히 밝히는데

길 밝히는 별 바라보고
혜성이여 하고 아뢴 사람이 있구나
아! 달은 떠가 버렸더라
이에 어울릴 무슨 혜성이 있을까'

(『삼국유사』 권5 감통7 융천사 혜성가 진평왕대)

　화랑인 거열랑, 실처랑, 보동랑은 금강산인 풍악으로 놀러갈 계획을 세웠다. 여기서의 유오(遊娛)는 그저 논다는 개념보다 심신을 갈고 닦는 행위였다. 그때 혜성이 나타나서 심대성을 범하는 괴변이 일어났다. 화랑들은 심상치 않은 일이 일어나리라는 불길한 예감에 유오 계획을 취소하려 하였다.

　그러자 융천사가 〈혜성가〉라는 향가를 불러 변괴를 없애는 동시에, 일본군까지 물리치는 영험함을 보였던 것이다. 뒷날 황룡사 구층탑을 지은 연유가 일본을 비롯한 외적들을 물리치기 위함이었고, 문무왕이 사후에 동해용이 된 것도 왜적을 물리치기 위함이었다는 사실과 상통하는 대목이다. 그만큼 신라에 있어서 일본은 귀찮고도 껄끄러운 적이었던 것이다.

　〈안민가〉와 〈혜성가〉를 보면 노래가 지닌 힘이 얼마나 위대한지 잘 드러난다. 개인이 즐기기 위해 불렀던 것이 아니라, 국가의 변고를 해결하기 위해 불렀던 노래들이었다. 지금 우리는 무엇을 위해서 어떤 노래를 부르고 있는가. 나 자신과 가족의 안위만을 위한 노래를 부르고 있지는 않은지 돌아보게 된다. 나는 누구를 위해서, 무엇을 위해서 그토록 오랜 시간을 공부하고 노력하고 있는가.

　우리 자신이 얼마나 귀한 존재인지를 생각한다면 이웃을 위해, 나라를 위해, 그리고 인류를 위해 어떠한 노래를 불러야 할지 고민해야 할 것이다.

대의를 위하여 목숨까지 바치고자 하는 나만의 노래를 부를 의향이 있는지 스스로 물을 일이다. 오늘을 살아가는 나는 무엇을 위해 어디에 헌신하고, 목숨을 바치고 있는지 곰곰이 생각해보게 된다. 고전 속의 순국자, 순교자, 순직자의 삶이 오늘도 생생하다.

04

사랑밖엔 난 몰라
▶ 열정적인 사랑

04

사랑밖엔 난 몰라
▶ 열정적인 사랑

수로부인의 지고지순한 사랑

풍당풍당 돌을 던지자 누나 몰래 돌을 던지자
냇물아 퍼져라 멀리 멀리 퍼져라
건너편에 앉아서 나물을 씻는 우리 누나 손등을 간지러 주어라
(윤석중 작사, 홍난파 작곡 〈풍당풍당〉)

어린 동생의 장난기 있는, 그러나 애정이 넘치는 경쾌한 노래다. 이러한 순수한 사랑, 때 묻지 않은 사랑이야기는 언제 들어도 늘 가슴을 따뜻하게 한다.

황순원의 〈소나기〉와 같은 소설이 그러하다. 내성적이고 수줍음이 많은 시골 소년은 서울에서 왔다는 윤초시의 손녀딸을 처음 만난다. 어느 날 소녀가 징검다리 한가운데서 물장난을 하다가 소년에게 조약돌을 집어 던지고 달아난다. 소년과 소녀는 산에 올라가 함께 시간을 보내다가 소나기가

내리자 비를 피한다. 소년은 입술이 파래진 소녀를 위하여 수숫단을 세워 비 피할 자리를 만들어준다. 돌아오는 길에 도랑물이 엄청나게 불어 있어 소년이 등을 돌려 대자 소녀는 순순히 업히어 목을 끌어안고 건넌다. 그 뒤 소년은 마을에 갔다 온 아버지의 말을 듣고 소녀의 죽음을 알게 된다.

알퐁스 도데의 〈별〉도 이와 다르지 않다. 나는 마을에서 멀리 떨어진 뤼브롱산의 목장에서 홀로 양떼를 모는 양치기 소년이다. 나는 몇 주일씩 양떼와 사냥개만 상대하며 혼자 지낸다. 그러한 생활을 하는 나는 보름에 한 번씩 양식을 가져다주는 농장식구들에게 마을소식을 듣는 것이 즐거움이다. 어느 날 아름다운 주인집 딸 스테파네트가 양식을 싣고 목장에 나타난다. 공교롭게 그날 점심나절에 내린 소나기로 강물이 불어 마을로 돌아갈 수 없게 된다. 무수한 별들이 빛나는 밤하늘을 바라보며 나는 스테파네트에게 별에 관한 아름다운 이야기를 들려준다. 이야기를 듣던 소녀는 내 어깨에 머리를 기대고 잠이 든다. 나는 숱한 별들 중에서 가장 가냘프고 빛나는 별이 길을 잃고 내게 기대어 쉬는 모습을 지켜보며 밤을 샌다.

두 소설에 등장하는 소년 소녀의 이야기는 지고지순한 사랑 그 자체다. 첫사랑의 아련한 추억이 없는 사람이 어디 있을까. 수로부인의 사랑이야기가 묘하다.

> 신라 성덕왕(聖德王) 때에 순정공(純貞公)이 강릉태수로 부임하는데, 바닷가[海汀]에서 점심[晝饍]을 먹었다. 그 곁에는 바위 봉우리가 병풍처럼 둘러져서 바다를 굽어보고 있었다. 높이가 천 길이나 되는 위에 철쭉꽃이 활짝 피어 있었다.
> 공의 부인 수로(水路)는 그것을 보고 곁에 있던 이들에게 청하였다.
> "누가 저 꽃을 꺾어다 주겠소?"

사 랑 밖 엔 　 난 　 몰 라

시종들이 대답하였다.

"그곳은 사람의 발자취가 이르지 못하는 곳입니다."

그러고는 모두 안 된다고 하였다. 그 곁으로 한 늙은이가 암소를 끌고 지나가다가 부인의 말을 들었다. 그는 그 꽃을 꺾어 와서 가사를 지어 바쳤다. 그 늙은이는 어떤 사람인지 알 수 없었다.

또 이틀을 더 가니 임해정(臨海亭)이 있었다. 그곳에서 점심(晝饍)을 먹고 있었는데, 바다의 용이 갑자기 부인을 끌고 바다 속으로 들어가 버렸다. 공이 비틀거리며 땅에 주저앉았으나, 아무런 계책이 없었다.

또 한 노인이 지나가다 말하였다.

"옛사람 말에 뭇사람의 입에 오르내리면 쇠도 녹인다 했습니다. 바다 속 짐승이 어찌 뭇사람의 입을 두려워하지 않겠습니까? 당연히 백성을 모아 노래를 지어 부르고, 막대기로 언덕을 치면 부인을 찾을 수 있을 것입니다."

공은 그 말대로 따라 하였다. 그러자 용이 부인을 받들고 바다에서 나와 공에게 바쳤다.

공이 부인에게 바다 속의 일을 묻자 부인이 대답하였다.

"일곱 가지 보물로 장식한 궁전에 음식은 달고 향기로우며, 인간세상의 음식이 아니었습니다."

또 부인의 옷에서는 이상한 향기가 풍겼는데, 세간에서는 맡아보지 못한 것이었다. 수로부인은 용모가 세상에 견줄 이가 없었으므로 매번 깊은 산이나 큰 연못을 지날 때면 신물(神物)들에게 붙들리고는 하였다.

여러 사람이 〈해가(海歌)〉를 불렀는데, 가사는 이렇다.

'거북아 거북아 수로를 내놓아라

　남의 부녀 뺏어간 죄 얼마나 큰가

　네 만일 거역하여 내놓지 않으면

그물로 잡아 구어먹으리라'

노인의 <헌화가(獻花歌)>는 이렇다.

'자주빛 바위 가에

잡고 있는 암소 놓게 하시고

나를 아니 부끄러워하시면

꽃을 꺾어 바치오리다.'

(『삼국유사』 권2 기이2 수로부인)

    수로부인은 이틀에 걸쳐 두 가지 일을 경험하였다. 그녀는 두 번 다 바닷가에서 점심을 먹고 있다가 곤란을 당하였다. 그러나 남편인 순정공을 비롯한 주위사람들은 그러한 난처한 상황을 어찌 하지 못하였다. 그때 정체를 알 수 없는 노인이 나타나 두 번 모두 깔끔하게 해결해주었다. 이 이야기는 유사한 사건이 연속적으로 일어나는 중첩 구조로 이루어져 있다.

    앞의 에피소드는 노인이 아리따운 젊은 여인에게 천길 벼랑 위에 핀 꽃을 꺾어 바치면서 노래를 지어 불렀다는 이야기다. <헌화가>라는 노래 제목처럼 낭만적이다. 사랑은 나이도 없고, 신분도 없다는 말을 실감하게 된다. 그러나 금세 고개를 갸우뚱하게 된다. 수로부인 옆에 남편인 순정공이 있었는데, 어떻게 낯선 노인이 남의 부인에게 꽃을 꺾어 바치며 사랑노래를 부를 수 있었을까. 그래서 <헌화가>는 순수한 사랑노래가 아니라 또 다른 의미를 지닌 노래, 즉 제의와 관련된 노래였을 것이라고 보기도 한다. 실제로 반복되는 두 사건의 시간적 배경인 된 '주선(晝饍)'은 단순히 점심이라는 뜻이 아니라, 제례의식 때 신에게 바치는 제물이라는 의미를 지니고 있기 때문이다. 아울러 이 이야기의 공간적 배경인 첫날의 '해정(海汀)'과 다음 날의 '임해정(臨海亭)'이라는 바닷가 역시 제의를 행하던 장소였을 가능성이 크다.

　다음 에피소드는 수로부인이 해룡에게 붙들려가자 여러 사람들이 막대기로 언덕을 치며 노래를 불러 구출하였다는 이야기다. 이상한 것은 그렇게 끔찍한 납치 경험을 한 수로부인이 끌려갔던 곳을 대단히 긍정적으로 말하였다는 점이다. 실제로 부인의 몸에서 풍기는 향기는 인간세상의 것이 아니었다고 하였으니 더욱 의아하다. 이어 미모가 빼어난 수로부인은 깊은 산이나 큰 연못인 심산대택을 지날 때마다 신들에게 붙들렸다고 덧붙였다. 〈헌화가〉가 순수한 사랑 노래가 아니라, 제의의 현장에서 불린 노래였을 가능성을 더욱 높이고 있다. 수로부인은 단순히 아름다운 여인이 아니라, 산신이나 수신과 교감할 수 있는 인물이었던 것이다. 그런 점에서 수로부인은 제의를 행하는 인물, 다시 말해 무당이 아니었을까 추정하기도 한다. 당시 나라에 일어난 변고를 해결하기 위해 그 지역에 파견된 인물이었다는 것이다.

　수로부인 이야기의 시대 배경은 신라 성덕왕 때다. 이 이야기 바로 앞에 실려 있는 『삼국유사』 성덕왕 조에는 나라에 심한 가뭄이 들어 구휼하였다는 기록만 적혀 있다. 뿐만 아니라 『삼국사기』 성덕왕 조에도 가뭄이 들어 왕 스스로, 혹은 신하를 시켜 제사를 올리고 백성을 달랬다는 기록이 자주 등장한다. 이렇게 보면 신라는 그 무렵에 가뭄으로 대단히 큰 어려움을 겪고 있었다는 것을 알 수 있다.

　수로부인 이야기는 극심한 가뭄과 이를 해결하기 위한 기우제와 깊은 관련을 지니고 있는 듯이 보인다. 이러한 면은 이 이야기의 핵심이 되는 부분, 다시 말해 문제를 해결하는 데 있어 결정적인 역할을 하였던 〈헌화가〉와 〈해가〉라는 노래에 고도로 상징화되어 나타나고 있다. 기우제는 직설적인 성격을 지니고 있는 유감주술적인 방법뿐만 아니라, 상징적인 성격을 지닌 음양조화의 이론적 원리까지 아우르고 있기 때문이다.

가뭄은 유사한 행위가 유사한 결과를 부른다는 유감주술적인 방법으로 해소되기도 하였다. 비오는 소리와 모양을 흉내 내서 강우를 촉구하였던 것이다. 예를 들어 쌀 대신 물을 한바가지 올려놓고 키질을 하여 비오는 모양과 소리를 흉내 냈다. 또는 물을 채운 호리병에 솔가지를 꽂아 처마에 거꾸로 매달아 비가 오는 모양을 재현하기도 하였다. 그러나 가뭄은 이론적으로 음양의 조화가 깨진 데에서 발생하는 것이라 여겼다.『증보문헌비고』예고 와 『연감유함』청우 에 따르면, 양이 성하여 음이 없어지게 되면 가뭄이 들고, 음이 성하여 양이 없어지게 되면 홍수가 난다고 하였다. 그러므로 가뭄을 '상양(常陽)'이라 하였고, 양기가 성한 것을 '상한(常旱)'이라 하였다. 따라서 가뭄을 해소하기 위해서는 음양이 조화를 이룰 수 있도록 조치를 취하는 것이 급선무였다.

〈헌화가〉부분에서는 '자줏빛 바위 - 암소', 그리고 '철쭉꽃 - 수로부인'이 양과 음의 짝을 이루었다. 우선 제물인 암소가 제단인 자줏빛 바위 옆에 놓임으로써 음양의 교합이 이루어질 수 있었다. 그러나 중앙에서 파견된 기우제의 주관자인 수로부인은 양기를 내뿜는 철쭉꽃을 보았지만, 어찌할 도리가 없어 발만 동동 굴렀다. 그때 그 지역의 지리에 밝고 기우제의 생리를 잘 알고 있던 노인이 나타났던 것이다. 그는 양의 극치인 철쭉꽃을 꺾어 음을 상징하는 수로부인에게 바침으로써 음양의 조화를 이루게 도왔다. 그로써 그곳에서의 기우제는 완결되었다. 이렇게 보면 〈헌화가〉는 음양의 조화를 유도하여 강우를 촉구한 노래였던 것이다.

한편 〈해가〉 부분에서는 '해룡 - 수로부인'이 양과 음의 짝을 이루었다. 양을 상징하는 해룡과 음을 상징하는 수로부인이 합일을 이루었던 것이다. 이는 물을 주관하는 용신에게 드리는 최후의 기우제인 오방토룡제의 성격을 지니고 있었다. 강우에 대한 극한적 열망이 위협적인 표현으로 나타났던 것이다. 만약 군중의 요구를 거역하면 거북이로 표현된 해룡을 잡아서 구어 먹겠다고 하였다. 해룡이 기동하지 않기 때문에 가뭄이 지속되는 것이라고 여긴 군중은 막대기로 언덕을 두드리며 노래를 불렀다. 비의 주관자인 해룡이 움직이는 순간, 비는 틀림없이 내릴 것이라 믿었기 때문이었다. 이러한 의미에서 〈해가〉는 해룡에게 강우를 촉구한 극한적 열망이 담긴 노래였다.

사실 〈해가〉는 순수 창작곡이 아니었다. 가락국의 건국신화인 수로신화에 따르면, 구간들이 구지봉에 모여서 임금 모실 논의를 하였다. 그러자 어디서인가 수상한 목소리가 들렸다. 여기가 어디냐고 물어 구지봉이라 하자 "황천(皇天)이 나에게 명하기를 이곳에 와서 나라를 새롭게 하여 왕이 되라 하여 이곳에 내려왔다. 너희들은 모름지기 봉우리 꼭대기의 흙을 파서 한 줌 집으며 '거북아 거북아 / 머리를 내밀어라 / 내밀지 아니하면 / 구어서 먹으리'라고 노래하며 춤추면 대왕을 맞이하여 환희 용약할 것이다."라고 하였다. 구간들이 그 말대로 하자 하늘에서 붉은색 줄이 내려와 땅에 닿았다. 줄 끝을 찾아보니 붉은 보자기에 황금빛 상자가 싸여 있었다. 상자를 열어보니 둥글기가 해와 같은 여섯 개의 황금 알이 있었다. 그 안에서 태어난 이가 바로 수로왕이었다.

구간들이 불렀던 〈구지가〉는 주술적인 노래의 원형이다. 주술적인 노래의 기본적인 구조는 우선 '거북'과 같은 주술적인 동물이 등장한다. 또한 '거북아'처럼 환기를 하고, '내밀지 않으면'처럼 조건절이 있으며, '내밀어라'와 같은 명령어구가 들어간다. 이 네 가지 요건을 모두 갖춘 주술적인 노래가 바로 〈구지가〉였다. 그런데 노인은 해룡에게 납치된 수로부인을 구하기 위하여 이 노래를 변용하여 〈해가〉를 지었던 것이다. 그러므로 바다에 사는 용이 초자연적이고 신비적인 힘을 지닌 이 주술적인 노래를 듣고 수로부인을 내놓지 않을 수 없었다. 그처럼 고대하던 비가 내렸음을 암시하는 대목이다. 이로써 이틀 동안 두 차례에 걸쳐 진행되었던 기우제는 완결되었다.

　수로부인 이야기를 듣다 보면 심상치 않은 면을 느끼게 된다. 수로부인은 목숨을 걸고 천길 벼랑에 기어오를 정도로 물불 가리지 않는 노인의 사랑을 받았다. 뒤집어 생각하면 그 노인의 사랑이야말로 지고지순한 사랑이었다. 수로부인을 도와 가뭄으로 고난 받는 이들을 구하기 위한 마음이 절실하게 드러났기 때문이다. 수로부인은 노인뿐만 아니라 바다의 해룡을 비롯하여 심산대택의 산신과 수신들의 사랑을 한 몸에 받았다. 이야기에 나온 것처럼 단지 수로부인의 외모가 빼어나서 그런 것만은 아니었다. 그녀의 내면에서 분출하는 흡인력이 있었기에 그러하였을 것이다.

　수로부인은 사람이 사랑하고, 신이 사랑한 여인이었다. 그러한 사랑을 받기 위한 전제는 바로 수로부인의 간절한 마음이 아니었을까. 나라가 위태로울 정도로 지속되었던 극심한 가뭄, 그로 인해 백성이 직면하고 있던 죽음의 그림자를 걷어내고자 하는 지성스럽고 절실한 마음이 있었기에 가능한 일이었을 것이다. 사람과 신에게 두루 사랑받았던 수로부인 이야기에서 지고지순한 사랑의 실체를 엿본다. 지극히 고결하고 순수한 사랑 말이다. 세상의 모든 첫사랑이 그러하듯이…….

사랑밖엔 난 몰라

선화공주와 요석공주의 은밀한 사랑

신라의 선화공주와 백제의 서동이 나눈 사랑은 참으로 극적이다. 비밀스러우면서도 깊은 사랑이다.

서동(薯童)은 신라 진평왕(眞平王)의 셋째공주 선화(善花)가 아름답다는 말을 들었다. 머리를 깎고 신라의 도읍으로 가서 마를 동네 아이들에게 나누어 주었다. 아이들이 친해져 그를 따르게 되었다. 이에 동요를 지어 여러 아이들에게 그것을 부르게 하였다. 그 노래는 이러하다.
'선화 공주님은 남몰래 시집 가 두고
맛동 도련님 방을 밤에 알을 안고 간다.'
동요가 도읍에 퍼져서 대궐에까지 들어갔다. 그러자 신하들이 임금에게 적극적으로 간하여 공주를 먼 곳으로 귀양 보내게 하였다. 떠날 즈음에 왕비는 순금 한 말을 노자로 주었다.
공주가 장차 귀양지에 이르려 하는데, 서동이 도중에서 나와 절하면서 모시고 가겠다고 하였다. 공주는 비록 그가 어디서 왔는지는 알지 못했으나, 우연히 믿고 좋아하였다. 이로 말미암아 서동을 따라갔으며 몰래 관계하였다. 그런 후에야 서동의 이름을 알았으며, 동요의 영험함을 알았다.

(『삼국유사』 권2 기이2 무왕)

〈서동요〉라 불리는 이 노래는 일종의 참요다. 참요는 사회의 변혁이 예상될 때, 민중의 입을 빌려 정직하게 발표되는 시사적이고 예언적인 동요의 성격을 띤 노래다. 즉 역사적 변혁이나 사건을 수반하는 난세의 노래로서 유포성이 강하고 상황성이 강한 예언적 동요인 것이다. 참요는 대체로 동음이의어나 은유, 또는 한자의 원래 자획을 분해하여 나열하는 파자(破字) 등을 사용하므로 노래하는 이들이 대부분 그 뜻을 모른다는 특징이 있다.

참요의 예로 백제 멸망 때 나타났다는 글을 들 수 있다. 의자왕 때 귀신 하나가 궁중에 들어와서 "백제가 망한다."고 크게 외치고는 곧 땅 속으로 들어갔다. 왕이 괴이하게 여겨 사람을 시켜 땅을 파 보게 하였더니 깊이 3자쯤 되는 곳에서 거북 한 마리가 나왔다. 그 등에 '백제동월륜 신라여월신(百濟同月輪 新羅如月新)'이라는 글이 쓰여 있었다. 백제는 보름달과 같고, 신라는 초승달과 같다는 의미였다. 왕이 그 뜻을 물었더니 무당이 말하길 "보름달과 같다는 것은 찼다는 것이므로 점점 기울 것입니다. 초승달과 같다고 하는 것은 아직 차지 않았다는 것이므로 점점 차게 될 것입니다."라고 하였다. 왕이 노하여 그를 죽였다. 다른 이가 말하길 "보름달과 같다는 것은 번성하다는 것을 의미한 것이요, 초승달과 같다는 것은 미약하다는 뜻입니다. 생각건대 백제는 성하고, 신라는 점점 쇠약해진다는 뜻일 겁니다."라고 하자 왕이 기뻐하였다. 『삼국사기』 의자왕 조에 전해오는 이 이야기에서는 '보름달(月輪)', '초승달(月新)'과 같은 상징 기법을 응용해 참요를 만들었던 것이다. 또한 고려 말엽에 유행하였던 참요인 '목자득국(木子得國)'도 마찬가지였다. 이 글귀에서는 한자를 분해하여 그 뜻을 알 수 없게 만드는 파자 기법을 사용하였다. 즉 '木子'를 합하면 '李'가 되므로 이는 곧 '이씨가 나라를 얻는다'는 뜻이 되는 것이다.

이렇게 보면 선화공주가 궁궐에서 쫓겨난 직접적인 이유는 참요인 〈서동요〉의 '남몰래 시집가서 알을 안고 간다'는 대목에 있다. 즉 〈서동요〉는 가상의 일을 현실에서 이미 이루어진 것으로 형상화함으로써 주변 인물들의 분노를 자아내게 하는 표현으로 이루어져 있다. 따라서 '알을 안고 간다'의 의미는 가상적인 현실문맥에서 임신한 배를 안고 간다는 표현이라 해석된다. 『설문』에 따르면 알은 미생이니 배가 부르고, 알이라는 것은 음양이 합해져 천지가 섞인 바이니 이들이 각기 합해진 형태로써 '란(卵)'이라는 글자가 만들어졌다. 이러한 알의 형태와 의미를 고려하면 선화공주는 이미 서동과 남 몰래 짝을 맞추었고, 이는 곧 임신이라는 자연스러운 결과로 이어졌던 것이다. 서동은 이러한 임신의 상태를 알, 즉 음양교합의 결과로서의 알로 비유하여 표현함으로써 선화공주가 이미 자신의 여자임을 나타내고자 하였던 것이다. 신하들이 이 노래를 듣고 노발대발한 까닭이 여기에 있었다. 즉 〈서동요〉는 결혼을 목적으로 가상적인 현실문맥에서 창작된 참요인 것이다.

이와 유사한 상황에서 불린 노래가 있어 흥미롭다. 바로 원효가 부른 도끼노래다.

> 신라의 원효(元曉)는 어느 날 춘심이 돌아 거리에서 노래를 부르고 다녔다.
> '누가 자루 없는 도끼를 빌려 주겠는가.
> 하늘을 받칠 기둥을 깎으련다. (誰許沒柯斧 我斫支天柱)'
> 사람들은 아무도 이 노래의 뜻을 알지 못하였다. 이때 태종무열왕(太宗武烈王)이 이 노래를 듣고 말하였다.
> "스님께서 아마 귀부인을 얻어 훌륭한 아들을 낳고 싶어 하는 모양이다. 나라에 큰 현인이 있으면 그보다 더한 이로움은 없을 것이다."
> 이때 요석궁(瑤石宮)에 과부 공주가 있었다. 왕은 신하를 시켜 원효를 찾아 요석궁으로 맞아들이게 하였다. 신하가 칙명을 받들어 원효를 찾으려 하였다. 그런데 원효가 벌써 남산에서 내려와 문천교(蚊川橋)를 지나오므로 서로 만나게 되었다. 원효는 일부러 물속에 떨어져 옷을 적셨다. 신하는 원효를 요석궁

으로 인도하여 옷을 말리게 하여 그곳에 머물게 되었다.

공주는 과연 아기를 배더니 설총(薛聰)을 낳았다. 설총은 나면서 총명하여 경서와 역사책에 널리 통달하였다. 그는 신라 십현(十賢) 중의 하나이다.

(『삼국유사』 권4 의해5 원효불기)

원효는 의상과 함께 당나라로 유학 가던 도중에 크게 깨우친 바 있어 되돌아왔다. 그리고는 이 〈도끼노래〉를 부르며 다녔다. 결국 원효는 요석공주를 맞이할 수 있었고, 설총을 낳았다. 이 노래는 상황성이 강할 뿐만 아니라, 비유적 어구를 사용하고 있어 사람들이 그 뜻을 전혀 알지 못했다. 이런 점에서 〈서동요〉와 일맥상통한다. 이 노래의 비유적 표현으로는 '몰가부(沒柯斧)'와 '지천주(支天柱)'를 들 수 있다. 형태상으로 보아 '몰가부(沒柯斧)'의 '가(柯)'는 도끼자루라는 뜻으로 남성을 비유하고, '부(斧)'는 도끼라는 뜻으로 여성을 비유하고 있다. 즉 자루 없는 도끼라는 뜻의 '몰가부'는 남편 없는 여인을 의미하며, 이는 곧 과부로 혼자 살고 있는 요석공주를 지칭하는 말이었던 것이다. 또한 '지천주(支天柱)'는 하늘을 받칠 기둥이라는 뜻으로 국가의 동량을 의미한다. 이는 곧 원효와 요석공주 사이에서 태어날 설총을 지칭하는 말이었던 것이다. 따라서 이러한 비유적 표현으로 인해 이 노래의 의미는 쉽게 노출되지 않았던 것이다.

하지만 원효의 노래는 〈서동요〉와 다른 점이 있다. 〈서동요〉는 의미를 알고 있던 서동이 의미를 모르던 여러 아이들을 시켜 부르게 한 반면, 〈도끼노래〉는 의미를 알고 있던 원효 자신이 스스로 불렀다. 따라서 〈서동요〉는 아이들을 통해 가상현실로서 선화공주가 임신한 사실을 간접적으로 유포한 데 반해, 〈도끼노래〉는 원효 자신이 은유로써 성기를 묘사하는 노래를 직접적으로 유포하였던 것이다. 다시 말해 〈서동요〉는 서동이 아이들을 시켜서 불렀기 때문에 간접적으로 표현한 반면, 〈도끼노래〉는 원효 자신이 직접 불렀기 때문에 직설적으로 표현하였던 것이다. 그럼에도 불구하고 두 노래는 사랑하는 여인과 무언의 교감이 있었다는 점에서 상통한다. 서동이나 원효는 상징과 비유로써 노래하였지만, 상대 여인은 마침내 자신의 진심을 알아채리라는 사실을 잘 알고 있었다. 그러므로 그들은 남들이 알아듣지 못하는 밀어로써 사랑을 고백하였던 것이다.

　오늘의 사랑은 어떠한가. 연인들만 알아들을 수 있는 말, 연인들만 비밀스럽게 나누는 말의 의미가 퇴색한 듯하다. 밀어라는 말이 거의 쓰이지 않고 있으니 말이다. 은근하고도 은밀하게 서로의 마음을 나누는 것이야말로 사랑의 본질일 것이다. 하지만 종종 의도치 않게 길에서, 버스에서, 지하철에서 연인들의 대화를 듣고는 한다. 마치 공개적으로 애정을 표현하는 것이 자연스럽고도 자랑스러운 일이 된 듯한 인상을 지울 수 없다. 사랑한다는 말을 자주 하고, 남들이 보는 데에서 애정 표현을 해야 진정으로 깊은 사랑에 이르는 길이라 여기는 듯하다. 그러나 모든 인간관계가 그렇듯이 연인들만이 공유하는 시간과 공간이 그 연결고리를 더욱 단단하게 만드는 비결은 아닐까. 무언의 교감 내지 사랑하는 이들만의 밀어가 소중한 까닭이다. 쉽사리 의미가 드러나지는 않았지만, 연인을 그리는 마음만큼은 열렬하였던 〈서동요〉와 〈도끼노래〉가 오늘도 가슴을 설레게 한다.

나의 뜨거운 노래

　신라의 처용이 불렀던 사랑 노래는 참 묘하다. 아내가 다른 남자와 동침하고 있는 현장을 보고 물러나와 부른 노래였으니 말이다.

신라 제49대 헌강대왕(憲康大王) 때였다. 도읍으로부터 바닷가에 이르기까지 집과 담이 이어졌고, 초가집은 하나도 없었다. 풍악과 노래가 길에서 끊이지 않았고, 비바람이 사철 순조로웠다. 이에 대왕이 개운포(開雲浦)에 행차하였다가 돌아오다 낮에 물가에서 쉬고 있었다. 이때 홀연히 구름과 안개가 자욱하여 길을 잃을 정도였다. 괴상히 여겨 좌우에게 물었다.
일관(日官)이 아뢰었다.
"이것은 동해용의 조화이므로 좋은 일을 행하시면 풀릴 것입니다."
이에 왕이 관리에게 명하였다.
"용을 위하여 근처에 절을 세우도록 하라."
왕의 명령이 떨어지자 구름이 개이고 안개가 흩어졌다. 그래서 개운포라 칭하였다. 동해용이 기뻐하여 아들 일곱을 데리고 임금 앞에 나타났다. 덕을 찬양하고 춤을 추며 음악을 연주하였다.
그 아들 중 하나가 임금을 따라 도읍에 와서 정사를 보좌하였다. 이름이 처용(處容)이었다. 왕이 미녀를 주어 아내로 삼게 하여 그를 머물게 하였다. 또한 급간 벼슬을 주었다. 그의 아내가 매우 아름다웠으므로 역신(疫神)이 흠모하였다. 역신이 사람으로 변하여 밤에 그 집에 가서 몰래 동침하였다. 처용이 밖에서 집에 돌아와 자리에 두 사람이 누워있는 것을 보았다. 처용이 노래를 부르며 춤을 추고 물러나갔다.
"도읍 밝은 달에 밤 깊도록 노닐다가
들어와 잠자리를 보니 다리가 넷이로구나
둘은 내 것이나 둘은 누구의 것인가
본디 내 것이지만 빼앗긴 걸 어찌하리오."

사랑밖엔 난 몰라

> 그때 역신이 모습을 드러내 처용 앞에 무릎을 꿇고 말하였다.
> "내가 공의 아내를 사모하여 지금 잘못을 저질렀소. 그런데도 공이 노하지 않으니 감동하여 이를 아름답게 여기오. 앞으로는 맹세코 공의 얼굴을 그린 것만 봐도 그 집에 들어가지 않겠소."
> 이로 인하여 나라 사람들은 처용의 얼굴을 문에 붙여 사악한 귀신을 물리치고 경사를 맞아들였다.
>
> (『삼국유사』 권2 기이2 처용랑 망해사)

처용은 밤늦게 집에 들어가 깜짝 놀랐다. 아내가 다른 남자와 동침하고 있었던 것이다. 웬만한 사람 같았으면 심각한 일이 벌어질 상황이었다. 그러나 처용은 화를 내기는커녕 춤을 추며 물러나와 노래를 불렀다.

일명 〈처용가〉였다. 그러자 남의 아내와 잠자리를 하던 남자가 뛰어나와 무릎을 꿇었다. 그리고는 앞으로 처용의 얼굴이 그려져 있는 집에는 얼씬도 하지 않겠다고 맹세하였다. 『악학궤범』에 실려 전해오는 처용의 얼굴 그림이 바로 그것이다. 처용은 그 일로 인해 벽사진경(辟邪進慶)의 신이 되었다. 사악함을 물리치고 경사스러운 곳으로 나아가는 신이 되었던 것이다. 처용은 그때부터 역신을 쫓는 신으로 좌정하여 조선시대 때까지 궁중에서 섣달 그믐날 치르는 벽사진경 의례의 주인공이 되었다. 즉 악귀를 쫓는 의식인 나례에서 행하는 오방처용무의 주인공이 되었던 것이다. 동서남북, 그리고 중앙에 선 다섯 무용수가 처용탈을 쓰고 춤을 추는 오방처용무는 오늘날 중요무형문화재 제39호로 지정되어 전승되고 있다.

이러한 기묘한 〈처용가〉의 내용으로 인하여 한 눈에 역신을 알아본 처용을 무당이었을 것이라고 추정하기도 한다. 그 아내 역시 무당이었으며, 역신과 동침한 것은 무당이 접신하는 것이었다고 보기도 한다. 아무튼 아내의 부정을 보고 곧바로 달려들어 일을 해결하려 한 것이 아니라, 한 걸음 물러나 여유를 보인 처용의 넓은 마음이 돋보이는 대목이다. 그런 큰 사랑이라면 무슨 문제가 있을까.

처용의 아내와는 다른 양상이지만, 도화녀의 기이한 사랑 역시 묘하다. 이미 세상을 떠난 왕과 정을 통해 아들을 낳았으니 말이다.

신라 제25대 사륜왕(舍輪王)의 시호는 진지대왕(眞智大王)이다. 성은 김씨며, 왕비는 기오공(起烏公)의 딸 지도부인(知刀夫人)이다. 대건 8년 병신에 왕위에 올랐다. 나라를 다스린 지 4년 만에 정사가 어지러워졌다. 또한 주색에 빠져 있었으므로 나라사람들이 그를 폐위시켰다.

이에 앞서 사량부(沙梁部) 민가의 여인이 얼굴이 아름다웠으므로 사람들이 도화녀(桃花女)라 불렀다. 왕은 이 소식을 듣고 궁중에 불러 관계하고자 하였다.

그러자 여인이 아뢰었다.

"여자가 지킬 일은 두 남편을 섬기지 않는 것입니다. 남편이 있고 다른 사람에게 시집간 여인은 비록 제왕의 위엄으로도 그 정조를 강요하지 못할 것입니다."

왕이 물었다.

"너를 죽인다면 어떻게 할 것이냐?"

여인이 대답하였다.

"차라리 죽임을 당할지라도 다른 마음을 가질 수는 없습니다."

왕이 희롱하여 말하였다.

"네 남편이 없으면 되겠느냐?"

여인이 대답하였다.

"그러면 될 수 있습니다."

사랑밖엔 난 몰라

왕은 그녀를 놓아 보냈다. 그 해에 왕은 폐위되어 세상을 떠났다. 그 후 2년 만에 그녀의 남편도 죽었다. 그 뒤 열흘 만에 홀연히 밤중에 왕이 평상시처럼 여인의 방에 왔다.

"네가 예전에 허락한 적이 있었는데, 지금은 네 남편이 없으니 되겠느냐?"

여인은 가벼이 허락하지 않고 부모에게 고하였다. 부모가 일렀다.

"임금님의 명령을 어찌 거절하겠느냐?"

그 딸을 방에 들여보냈다. 왕이 이레 동안 머물렀다. 늘 오색구름이 집에 덮여 있고, 향기가 방안에 가득 찼다. 이레 후에 홀연히 왕의 자취가 없어졌다. 여인은 이내 태기가 있었다. 달이 차서 해산하려 할 때, 천지가 진동하더니 한 사내아이를 낳았다. 이름을 비형(鼻荊)이라 하였다.

진평대왕(眞平大王)이 그 이상한 일을 듣고 궁중에 데려다 길렀다. 나이 열다섯 살이 되어 집사로 임명하였는데, 밤마다 멀리 도망가서 놀았다. 왕은 용사 50명을 시켜 그를 지키게 하였다. 번번이 월성(月城)을 날아 넘어가더니 서쪽으로 황천(荒川) 언덕 위에 가서 귀신을 데리고 놀았다. 용사들이 수풀 속에 매복하여 엿보았다. 귀신들이 여러 절의 새벽 종소리를 듣고 각각 헤어지자 비형도 돌아왔다. 군사들이 사실대로 와서 아뢰었다.

왕이 비형을 불러 물었다.

"네가 귀신을 데리고 논다는 것이 참말이냐?"

"그렇습니다."

"그렇다면 네가 귀신들을 시켜 신원사(神元寺) 북쪽 개천에 다리를 놓아라."

비형은 칙명을 받들고 그 무리를 시켜 돌을 다듬어 하룻밤에 큰 다리를 놓았다. 그래서 그 다리를 귀교(鬼橋)라고 한다.

왕은 또 물었다.

"귀신들 가운데 인간 세상에 나와 정사를 도울 자가 있겠느냐?"

"길달(吉達)이란 자가 있는데 정사를 도울 만합니다."

"데리고 오라."

이튿날 비형은 길달을 데리고 와서 함께 보였다. 집사 벼슬을 주었더니 과연 충성스럽고 정직해서 그에 비할 만한 사람이 없었다. 이때 각간 임종(林宗)에게 아들이 없었으므로 왕이 명령하여 뒤를 이을 아들로 삼게 하였다. 임종이 길달을 시켜 흥륜사 남쪽에 문루를 세우게 하였다. 밤마다 그 문 위에 가서 잤으므로 이를 길달문(吉達門)이라 하였다. 어느 날 길달이 여우로 변하여 도망해가니 비형이 귀신을 시켜 잡아 죽였다. 그러므로 그 무리들은 비형의 이름을 듣고 두려워하여 달아났다.

그 당시 사람이 글을 지어 일렀다.

'성제(聖帝)의 혼이 아들을 낳았구나

여기는 비형랑의 집이다

날고 뛰는 잡귀들아

이곳에는 머물지 말아라'

민간풍속에 이 글을 집에 붙여서 귀신을 물리쳤다.

(『삼국유사』 권1 기이1 도화녀 비형랑)

왕이 유부녀에게 눈독을 들였다는 이 이야기는 마치 백제의 도미 이야기를 듣는 듯하다. 『삼국사기』 열전에 따르면, 도미의 아내는 아름답고도 지조가 있어 사람들의 칭찬을 받았다. 당시의 개루왕이 그 소문을 듣고 여인의 정절을 믿지 않았다. 왕은 도미 아내의 정절을 시험하기 위해 왕으로 가장한 신하를 보냈다. 그러자 도미 처는 자신의 여종을 들여보내 수청 들게 하였다. 나중에 속은 것을 안 왕은 화가 나서 직접 그녀의 집에 찾아가 강제로 취하려 하였다. 그러자 도미의 아내는 달거리를 하여 몸이 더

러우니 다른 날 깨끗이 목욕하고 가겠다고 속이고는 도망치고 말았다. 그녀는 그 죄로 두 눈을 뽑힌 남편 도미를 어렵게 만나 함께 배를 타고 달아나 구차하게 살다 죽었다. 위세로도 넘을 수 없었던 지극한 사랑이었다.

도화녀 역시 자신이 유부녀라는 사실을 상기시키며 왕의 요청을 거절하였다. 지엄한 왕의 분부를 거절한다는 것은 목숨을 내놓는 것과 마찬가지였다. 그녀는 그야말로 굳은 정절을 지닌 여인이었다. 그러나 그녀 역시 남편이 없다면 왕의 뜻에 따르겠다는 여운을 남겼다. 마침내 남편이 죽자 이미 세상을 떠난 왕이 나타나 잠자리를 하여 아들을 낳았다. 그 아들인 비형은 귀신을 부리는 신통한 능력을 지니고 있었다. 더욱이 그릇된 길로 들어선 길달을 잡아 죽인 후로는 귀신들이 두려워하는 존재가 되었다. 비형에 관한 글을 집에 붙여 귀신을 물리치는 축귀 풍속까지 생길 정도였다. 마치 처용의 얼굴 그림을 문에 붙여 귀신을 물리친 것과 흡사하였다. 처용의 아내와 역신의 사랑이 그러하였듯이 도화녀와 진지왕의 기묘한 사랑이 빚어낸 결과였다.

이처럼 죽은 사람과 나눈 사랑 이야기는 신라의 설화집인 『수이전』에도 전해온다. 신라 때 살았던 최항의 자는 석남인데, 사랑하는 여자가 있었다. 부모가 반대하여 여러 달 동안 만나지 못하다가 최항이 갑자기 죽었다. 팔일이 지나 밤중에 최항이 여자의 집에 갔다. 여자는 그가 죽은 줄 알지 못하고 매우 반갑게 맞이하였다. 최항의 머리에 석남 나뭇가지가 꽂혀 있었다. 그는 그 가지를 나누어 여인에게 주면서 "부모님께서 당신과 같이 사는 것을 허락하였소. 그래서 왔소."라고 하였다. 마침내 여자와 함께 그의 집으로 돌아와서 최항이 담장을 넘어 들어갔다. 밤이 지나 곧 새벽이 되려 하는데도 안에서 오래도록 아무 소식이 없었다. 아침에 집안사람들이 나와서 그녀를 보고는 온 까닭을 물었다. 여자가 그간의 일을 모두 말하였다. 그러자 집안사람들이 놀라며 "항이 죽은 지 팔 일이 지나 오늘 장사지내려 하오. 그런데 어찌 해괴한 말을 하는 거요?"라고 하였다. 여자는 "낭군이 저와 함께 석남 나뭇가지를 나누어 꽂았으니 이것으로 증거를 삼을 수 있습니다."라고 답하였다. 이에 관을 열고 보니 시신의 머리에 석남 나뭇가지가 꽂혀 있었다. 옷이 이슬에 젖어 있었으며, 신발이 신겨져 있었다. 여자는 비로소 그가 죽었다는 것을 알고 통곡하며 죽으려 하였다. 그러자 최항이 다시 살아나 이십 년 동안 해로하다가 생을 마쳤다는 이야기다.

얼마나 애가 타고 그리웠으면 죽은 뒤에도 잊지 못하고 사랑하는 여인의 집에 찾아갔을까. 하늘도 그들의 사랑을 어여삐 여겼던 모양이다. 죽어서까지 사랑하는 여인을 잊을 수 없었던 한 남자의 애틋한 사랑, 사랑하는 남자의 죽음을 확인하고 함께 세상을 뜨고자 하였던 한 여인의 애절한 사랑이 잔잔한 감동을 준다. 마치 셰익스피어의 희곡에 등장하는 로미오와 줄리엣의 사랑이야기를 보는 듯하다. 사랑의 힘이 얼마나 위대한지를 새삼 느끼게 해준다. 절절한 사랑이야기에 가슴이 뭉클하다.

사랑이라는 감정은 비단 인간에게만 국한된 것은 아닌 모양이다. 앵무새도 애련한 사랑을 하였다고 전해온다.

제42대 흥덕대왕(興德大王)은 보력 2년 병오에 왕위에 올랐다. 왕위에 오른 지 얼마 안 된 때의 일이었다. 어떤 사람이 당나라에 사신으로 갔다가 앵무새 한 쌍을 가지고 왔다. 그러나 얼마 안 가 암컷이 죽었다. 혼자 남은 수컷은 슬피 울며 울음을 그치지 않았다.

왕은 사람을 시켜 그 앞에 거울을 걸어놓게 하였다. 앵무새는 거울 속의 그림자를 보고는 자신의 짝을 얻은 줄 생각하고 거울을 쪼았다. 얼마 후 그것이 그림자인 것을 알자 슬피 울다가 죽었다. 이에 왕이 노래를 지었다고 하는데,

그 노래는 알 수 없다.

(『삼국유사』 권2 기이2 흥덕왕 앵무)

짝을 잃은 앵무새가 그리움에 사무쳐 슬피 울다 죽었다는 이야기다. 청동 거울을 우리 앞에 세워 놓자 수컷 앵무새는 암컷이 살아 돌아온 줄 알고 기뻐 쪼았을 것이다. 하지만 거울 속의 앵무새가 그림자라는 것을 알고는 다시 슬피 울다 죽었다고 한다. 인간과 반려동물간의 애틋한 사랑 이야기만큼이나 절절하다. 인간의 감정이 투영된 동물의 이야기가 아니었다. 실제로 미물인 새도 사랑의 감정을 지니고 있다는 것을 잘 보여주고 있다.

사랑이 얼마나 고귀하고 위대한 감정인가 하는 것은 열녀 이야기에서 극단적으로 확인된다. 유학에서는 인간의 도리로 삼강오륜을 강조하였다. 그중 부부사이의 도리로서 남편과 아내가 지켜야 할 부위부강(夫爲婦綱)과 남편과 아내 간에 분별이 있어야 한다는 부부유별(夫婦有別)을 들고 있다. 세종대왕은 1431년에 민간의 풍속을 바로 잡기 위해 학자들에게 『삼강행실도』를 편찬하게 하였다. 거기에 실린 열녀 이야기 한 편이 심금을 울린다.

송나라의 위경유가 일찍 죽으니, 아내 이씨는 나이 이십 세에 과부가 되었다. 부모가 억지로 시집보내려 하였으나 따르지 않았다. 머리카락을 자르고 발을 벗고는 개가하지 않을 것을 맹세하였다. 그때 그녀가 사는 집에 한 쌍의 제비가 깃들어 있었다. 하루는 홀연히 암컷만이 외롭게 날았다. 이씨가 직감적으로 깨닫고 "나와 같이 되었구나."라고 말하였다. 그녀는 실로 그 제비 발에 표시를 하여 두었다. 이듬해 그 제비가 다시 와서 전과 같이 외롭게 날았다. 제비가 이씨의 집에 깃들어 먹이를 먹으며 몇 해를 이와 같이 하였다. 그때 이

씨가 시를 지었다. '지난해에 짝 없이 떠나가더니 / 올봄에도 외로이 돌아왔구나 / 죽은 이에 대한 정이 너무도 깊어 / 차마 다시 짝을 지어 날지 못하네.' 그 이듬해에도 제비가 왔지만, 이씨는 이미 죽고 없었다. 그러자 제비가 그 집에서 슬피 울기를 그치지 않았다. 사람들이 의롭게 여겨 이씨가 이미 죽었다는 사실과 그녀를 장사한 곳을 알려주었다. 그 말을 들은 제비는 곧 무덤으로 날아가서 슬피 울며 먹지 않다가 죽었다. 사람들이 제비를 그녀의 무덤 옆에 묻고 연총이라 불렀다.

  부부의 인연을 맺고 살다가 먼저 떠난 남편을 그리워하던 아내의 마음이 절절하다. 그녀는 재혼하라는 주변의 권유와 외로움에서 오는 유혹을 떨쳐내기 위해 머리를 깎고 발을 벗고 다녔다. 남편에 대한 지극한 사랑을 짐작하고 남음이 있다. 그러한 진심은 말을 하지 않아도 온 천하에 통하는 것일까. 미물인 제비와도 교감하였으니 말이다. 짝을 잃은 제비가 같은 처지에 있던 여인의 죽음을 애달파하다 뒤를 이어 죽었다는 이야기가 오늘날까지 감동을 준다. 진정한 사랑의 파장이 얼마나 오랜 시간 동안, 얼마나 멀리 퍼져 나가는지를 잘 보여주는 이야기다.

  사랑의 실천을 부르짖던 예수 그리스도의 가르침을 전하기 위해 평생 세 차례나 전도여행을 떠났던 제자가 있었다. 예수를 생전에 보지도 못하였던 사도 바오로였다. 그는 사랑에 대하여 자세히 읊었다.

> 내가 인간의 여러 언어를 말하고 천사의 말까지 한다 하더라도 사랑이 없으면 나는 울리는 징과 요란한 꽹과리와 다를 것이 없습니다. 내가 하느님의 말씀을 받아 전할 수 있다 하더라도 온갖 신비를 환히 꿰뚫어 보고 모든 지식을 가졌다 하더라도 산을 옮길 만한 완전한 믿음을 가졌다 하더라도 사랑이 없

사랑밖엔 난 몰라

으면 나는 아무것도 아닙니다. 내가 비록 모든 재산을 남에게 나누어준다 하더라도 또 내가 남을 위하여 불 속에 뛰어든다 하더라도 사랑이 없으면 모두 아무 소용이 없습니다. 사랑은 참고 기다립니다. 사랑은 친절합니다. 사랑은 시기하지 않고 뽐내지 않으며 교만하지 않습니다. 사랑은 무례하지 않고 자기 이익을 추구하지 않으며 성을 내지 않고 앙심을 품지 않습니다. 사랑은 불의에 기뻐하지 않고 진실을 두고 함께 기뻐합니다. 사랑은 모든 것을 덮어 주고 모든 것을 믿으며 모든 것을 바라고 모든 것을 견디어 냅니다. 사랑은 언제까지나 스러지지 않습니다.

(『신약성경』 코린토 신자들에게 보낸 첫째 서간)

일명 〈사랑의 송가〉라고 일컬어지는 이 글에는 사랑의 실체를 지극히 사실적으로 그리고 있다. 사랑의 본질이 무엇인지, 어떻게 하는 것이 사랑하는 것인지를 구체적으로 드러내고 있다. 사랑의 속성을 이처럼 잘 표현한 글이 또 있을까.

오래 전부터 전승되어오는 기이하고도 이해할 수 없는 사랑 이야기들을 들으며 스스로 묻는다. 우리는 아직도 누군가를 열렬히 사랑할 만큼 뜨거운 마음을 지니고 있는가. 우리는 아직도 바보 같은 사랑을 할 정도로 순수한가. 우리는 오늘 누구를 향하여 어떠한 사랑 노래를 부르고 있는가. 수줍음 많은 시골 소년과 서울에서 온 새치름한 윤초시의 손녀딸, 그리고 산에서 외롭게 지내는 양치기 소년과 아름다운 주인집 딸 스테파네트의 때 묻지 않은 사랑이 그립다.

05

꾀돌이의 하루
▶ 지혜로 기회잡기

05

꾀돌이의 하루
▶ 지혜로 기회잡기

김유신과 문희의 혼인작전

> 나비야 나비야 이리 날아 오너라
> 노랑나비 흰 나비 춤을 추며 오너라
> 봄바람에 꽃잎도 방긋방긋 웃으며
> 참새도 짹짹짹 노래하며 춤춘다
> (외국민요 〈나비야〉)

동양에서는 인간의 감정으로 칠정, 즉 희노애구애오욕을 들었다. 기쁨, 성냄, 슬픔, 두려움, 사랑, 미움, 욕망 중 가장 다스리기 힘들고 버리기 어려운 감정은 욕망이 아닐까. 그만큼 마음을 비우기가 어렵다는 뜻일 것이다. 그렇다고 해서 욕망이 부정적인 측면에서의 탐욕에만 국한되지는 않는다. 긍정적인 측면에서의 성취욕도 있으니 말이다. 목표와 이상을 세워놓고, 거기에 도달하고자 하는 욕구야말로 삶의 원동력이자 활력소가 된다.

그러므로 사람이라면 누구나 마음속에 자신이 좇고 싶은 나비가 있게 마련이다. 내가 붙잡고 싶은 나비는 사람으로 따지면 누구이고, 대상으로 따지면 무엇인가. 무작정 따라다닌다고 해서 쉽사리 잡히지도 않고, 실현되지도 않는 것이 나비가 아닌가 싶다. 그래서 우리는 그것을 꿈이라 칭하고, 희망이라고 부른다. 하지만 꿈은 이루어진다는 믿음이 있기에 내일을 희망할 수 있다. 물론 그 꿈을 이루기 위해서 꾀와 지혜가 필요하지만 말이다.

김유신과 그 여동생 문희가 나비를 잡은 이야기가 재미있다.

신라 제29대 태종대왕(太宗大王)의 이름은 춘추(春秋)요 성은 김씨다. 용수(龍樹) 각간을 추봉한 문흥대왕(文興大王)의 아들로 어머니는 진평대왕의 딸 천명부인(天明夫人)이다. 왕비는 문명황후(文明皇后) 문희로 곧 김유신 공의 손아래누이였다.

처음에 문희의 언니인 보희가 꿈에 서악에 올라가 오줌을 누니 도읍에 가득 찼다. 아침에 동생과 꿈 이야기를 하였다. 문희가 듣고 말하였다.

"내가 이 꿈을 살게."

언니가 물었다.

"무엇으로써 사려 하니?"

동생이 제안하였다.

"비단 치마를 주면 돼?"

그러자 언니가 좋다고 하였다. 동생이 옷깃을 벌리고 받으려 하자 언니가 말하였다.

"어젯밤 꿈을 너에게 준다."

동생은 비단치마로 사례하였다.

그 후 열흘이 지났다. 유신이 춘추공과 함께 정월 오기일(烏忌日)에 자기 집

꾀돌이의 하루

앞에서 공을 찼다. 유신이 일부러 춘추공의 옷을 밟아서 옷깃을 떨어뜨렸다.

유신이 말하였다.

"청컨대 내 집에 들어가서 그걸 답시다."

공이 그 말에 따랐다. 유신이 아해(보희)에게 꿰매드리라고 하였다.

아해가 사양하며 말하였다.

"어찌 사소한 일로 가벼이 귀공자를 가까이 하겠어요?"

(고본에는 병이 나서 나오지 않았다고 한다.) 이에 유신이 아지(문희)에게 명하였다. 공이 유신의 뜻을 알고 드디어 관계를 가졌다. 그 후로부터 공이 자주 왕래하였다.

유신은 손아래누이가 임신한 것을 알고 꾸짖었다.

"네가 부모에게 고하지도 않고 아이를 뱄으니 이게 무슨 까닭이냐?"

그는 누이를 태워 죽이겠다고 나라 안에 말을 퍼뜨렸다. 하루는 선덕여왕(善德女王)이 남산에 행차하는 것을 기다렸다가 마당 가운데 나무를 쌓고 불을 질러 연기를 일으켰다.

왕이 바라보고 물었다.

"무슨 연기냐?"

좌우가 아뢰었다.

"아마 유신이 손아래누이를 태우려고 그러는 것 같습니다."

왕이 그 이유를 묻자 아뢰었다.

"그의 손아래누이가 남편 없이 임신하였기 때문입니다."

왕이 물었다.

"이 일을 누가 한 것이냐?"

마침 춘추공이 앞에서 모시고 있다가 얼굴빛이 크게 변하였다. 왕이 일렀다.

"이 일은 네가 한 것이로구나. 속히 가서 구하라."

공이 명을 받고 말을 달려가서 죽이지 못하게 하는 뜻을 전하였다. 그 뒤 곧 혼례를 치렀다.

진덕왕(眞德王)이 죽자 영휘 5년 갑인에 공이 즉위하였다. 재위 8년인 용삭 원년 신유에 죽으니 나이가 59세였다. 애공사(哀公寺) 동쪽에 장사 지내고 비석을 세웠다. 왕이 유신과 더불어 꾀와 힘을 다해 삼한을 통일하고 나라에 큰 공을 세웠으므로 묘호를 태종(太宗)이라 칭하였다. 태자 법민(法敏)과 각간 인문(仁問)과 각간 문왕(文王), 각간 노차(老且), 각간 지경(智鏡), 각간 개원(愷元) 등은 모두 문희의 자식들이다. 당시 꿈을 샀던 징조가 이렇게 나타났다.

(『삼국유사』 권1 기이1 태종춘추공)

김유신은 신라 토박이가 아니었다. 그는 경주 김씨가 아닌 김해 김씨, 즉 가락국 김씨였다. 그는 원래 가락국의 왕족 출신이었다. 가락국은 구해왕(仇亥王)이 신라 제23대 법흥왕 19년인 532년에 항복함으로써 신라에 복속되었다. 가락국이 멸망한 후, 김유신 집안은 왕족으로서의 지위는 인정받았다. 그러나 신라에 뿌리를 내리는 일은 쉽지 않았다. 그는 당시 위세를 떨치던 경주 김씨, 즉 신라 김씨로서 왕족이었던 김춘추와 가깝게 지내고자 하였다.

김유신은 김춘추와 손을 잡기 위해 하나의 꾀를 냈다. 김춘추와 축국을 하다가 일부러 옷깃을 밟아서 떨어뜨리고는 자기 집에 가자고 제안하였던 것이다. 자신의 여동생과 혼인시켜 인척을 맺고자 하는 일종의 정략적 결혼을 계획하였다. 그때 꿈을 사서 복을 차지한 문희가 언니를 제치고 결정적인 기회를 잡았다. 상대적으로 위세가 약하였던 김유신은 그러한 사실을 널리 알려 혼인을 기정사실로 만들고자 하였다. 선덕여왕 역시 김유신의 여동생이 아비 없는 자식을 가졌다는 말을 듣자마자 즉각적으로

121

자신의 측근들을 추궁하였던 이유가 있었다. 김유신의 세가 약하다고는 하지만, 감히 왕족의 여동생과 정을 통할 수 있는 사람은 왕의 측근들밖에 없다고 판단하였던 것이다. 지혜롭다고 소문난 여왕다운 발상이었다.

그 일이 있은 뒤, 김춘추는 선덕여왕의 뒤를 이은 진덕여왕에 이어 신라 제29대 태종무열왕에 등극하였다. 결국 문희는 왕비가 되어 문명황후로 추대되었고, 막강한 힘을 갖게 된 김유신은 김춘추와 더불어 삼국통일의 주역이 되었다. 또한 김유신은 세상을 뜬 후에 신라의 호국신으로 받들어졌다. 이러한 성공담은 김유신의 두 차례에 걸친 치밀한 지략과 문희의 지혜로운 안목이 빚어낸 합작품이라고 할 수 있다.

꿈을 사서 성공한 또 다른 이야기가 『고려사』에 전해오고 있다. 고려 태조의 증조할머니인 진의가 바로 그러하였다. 고려 말에 보육이 꿈에 곡령에 올라 남쪽을 향해 오줌을 누었는데, 산천이 바다로 변하였다. 이 꿈 이야기를 들은 이제건이 하늘을 버틸 기둥을 낳을 꿈이라 하고, 딸 덕주를 주어 아내로 삼게 하였다. 보육은 두 딸을 낳았다. 둘째 딸 진의가 막 성년이 되었을 때, 그 언니가 꿈에 오관산 마루턱에 앉아 오줌을 누니 천하에 가득 찼다. 언니가 꿈 이야기를 하자 진의가 비단치마를 주고 그 꿈을 샀다. 그 뒤 당나라 숙종이 즉위하기 전 천하를 두루 유람하다 바다를 건너 송악군에 왔다. 숙종은 보육의 집에 묵으며 두 딸을 보고 기뻐하여 터진 옷을 꿰매달라고 하였다. 보육은 그가 중국의 귀인인 줄 알고 곧 맏딸을 들여보냈으나 성사되지 않았다. 다시 진의를 들여보내 모시게 하자 한 달 만에 임신하였다. 그 후 진의는 아들을 낳아 이름을 작제건이라 지었다. 그가 바로 태조 왕건의 할아버지였다. 후에 진의는 정화왕후에 봉해졌다.

신라와 고려, 경주와 개성이라는 시대와 장소만 다를 뿐, 두 이야기의 구조가 거의 흡사하다. 문희와 진의는 좋은 꿈을 알아보는 지혜가 있었기에 그 꿈을 사서 왕후의 자리에 오를 수 있었다. 두 여인은 공히 지혜로써 두 번 다시 오지 않을 기회를 잡았던 것이다. 물론 그 기반에는 문희의 오빠인 김유신의 지략과 진의의 외할아버지인 이제건의 지혜가 있었지만 말이다.

이 두 이야기에 나오는 지략 내지 지혜는 목적을 달성하기 위해 인정이나 도덕을 돌보지 않고 온갖 수단과 방법을 쓰는 권모술수와는 전혀 다르다. 여기에 등장하는 인물들은 야비하거나 음험한 수단과 방법은 쓰지 않았다. 오히려 일을 잘 꾸며 내는 오묘한 꾀와 앞날을 내다보는 예지를 통해 꿈을 이루었다. 그들은 치밀한 계획과 지혜로운 안목으로써 그들만의 나비를 잡았던 것이다. 선한 의도와 방법으로써 꿈과 이상을 이루었기에 세상 사람들의 부러움 섞인 갈채를 받았다.

꾀가 많은 귀염성 있는 어린아이를 꾀돌이라 부른다. 꾀는 지혜롭다는 말과 상통하여 긍정적인 의미를 지니고 있다. 그러한 꾀가 역경으로부터 벗어날 수 있는 길을 찾는 나침반이 된다. 문희와 진의가 꿈을 사는 대가로 지불하였던 비단은 지금도 그렇지만, 당시에는 무척 귀한 물건이었을 것이다. 자신이 아끼는 소중한 것을 내어주고라도 더 큰 것, 더 가치 있는 것과 바꿀 수 있는 안목이야말로 바로 꾀돌이의 지혜인 것이다. 오늘 우리는 꿈과 이상을 이루기 위해 지혜로운 꾀돌이로 살고 있는가. 아니면 거짓을 참으로 곧이듣게 하는 사악한 권모술수의 달인으로 살고 있는가.

경문왕과 원성왕의 등극작전

동서고금을 막론하고 예지로써 기회를 잡는 인물들의 이야기는 언제나 흥미를 끈다. 경문왕의 순수한 마음과 지혜로운 선택이 만들어냈던 성공담은 더욱 그러하다.

신라 경문대왕(景文大王)의 이름은 응렴(膺廉)이다. 나이 열여덟 살에 국선(國仙)이 되었다. 나이 스무 살이 되자 헌안대왕(憲安大王)은 낭을 불러 궁중에서 잔치를 베풀고 물었다.

"낭은 국선이 되어 사방에 돌아다녔는데, 무슨 이상한 일을 본 일이 있는가?"

"신은 행실이 아름다운 사람 세 명을 보았습니다."

"그 이야기를 들려주게."

"남의 윗자리에 있을 만한 사람이면서도 겸손하여 남의 밑에 있는 이가 그 첫째요, 세력 있고 부자이면서도 옷차림이 검소한 이가 그 둘째요, 본래 귀하고 세력이 있으면서도 그 위세를 보이지 않는 이가 그 셋째였습니다."

왕은 그 말을 듣고 낭의 어짊을 알았다. 자기도 모르는 사이에 눈물을 떨어뜨리며 말하였다.

"나에게 두 딸이 있는데, 그대에게 시집보내 시중을 들게 하겠네."

낭은 자리에서 일어나 절하고, 머리를 굽히며 물러갔다. 이 사실을 부모에게 말하였다. 모두 놀라고 기뻐하여 그 자제들을 모아 의논하였다.

"왕의 맏공주는 얼굴이 매우 초라하고, 둘째공주는 매우 아름답다. 그러니 둘째공주에게 장가가는 것이 좋겠다."

낭의 무리 중 으뜸인 범교사(範敎師)가 이 말을 듣고 집에 찾아왔다. 낭에게 물었다.

경문왕과 원성왕의 등극작전

"대왕께서 공주를 공의 아내로 주고자 한다는데, 사실입니까?"
"그렇습니다."
"어느 공주에게 장가들 생각입니까?"
"부모님께서 둘째공주가 좋다고 하십니다."
"낭이 만약 둘째공주에게 장가든다면 나는 반드시 낭의 면전에서 죽을 것이오. 그러나 맏공주에게 장가든다면 반드시 세 가지 좋은 일이 있을 것이니 살피십시오."
"가르침대로 하겠습니다."
얼마 후에 왕은 날을 가려서 낭에게 사신을 보내어 말하였다.
"두 딸을 공의 생각대로 결정하게."
사신이 돌아와서 낭의 의사대로 임금께 아뢰었다.
"맏공주를 받들겠다고 합니다."
그 후 3개월이 지나자 왕은 병이 위독하여 여러 신하를 불렀다.
"내게 남자 자손이 없으니 죽은 후의 일은 마땅히 맏딸의 남편 응렴이 계승해야 할 것이다."
그 이튿날 왕이 세상을 떠났다. 낭은 유언을 받들어 왕위에 올랐다.
이에 범교사가 경문왕에게 나아가 아뢰었다.
"제가 아뢰었던 세 가지 좋은 일이 지금 모두 이루어졌습니다. 맏공주에게 장가듦으로써 이제 왕위에 오른 것이 그 첫째고, 전에 흠모하던 둘째공주에게 이제 쉽게 장가를 들 수 있음이 그 둘째며, 맏공주에게 장가듦으로써 왕과 부인께서 매우 기뻐하신 것이 그 셋째입니다."
왕은 그 말을 고맙게 여겨 대덕이란 벼슬을 주고, 금 1백 30냥을 주었다. 왕이 세상을 떠나자 시호를 경문(景文)이라 하였다.

(『삼국유사』 권2 기이2 제48대 경문대왕)

신라 경문왕은 〈임금님 귀는 당나귀 귀〉 이야기의 주인공이었다. 『삼국유사』를 읽어보기 전까지는 그 이야기가 서양의 동화인 줄로만 아는 사람들이 많지만 말이다. 경문왕이 임금 자리에 오르자 귀가 갑자기 길어져 당나귀처럼 되었다. 왕후와 나인들은 모두 알지 못했으나, 오직 모자 만드는 복두장이만 그것을 알고 있었다. 그러나 평생 남에게 말하지 않았다. 그는 죽을 때가 다가오자, 도림사 대숲 속의 인적이 없는 곳으로 가서 대나무를 향해 "우리 임금님 귀는 당나귀 귀다."라고 외쳤다. 그 후 바람만 불면 대나무 숲에서 그 소리가 들렸다. 왕은 그 소리를 싫어하여 대나무를 베어버리고, 산수유나무를 심었다. 그랬더니 바람이 불면 다만 "우리 임금님 귀는 기다랗다."라고만 하였다는 이야기가 윗글 뒤에 붙어 있다.

그런데 이 경문왕이 등극하기 전에는 국선이었다. 화랑의 우두머리로 수백 수천 명의 화랑을 이끌고 전국 산천을 유오하며 심신을 갈고 닦았다. 당시 임금인 헌안왕이 그에게 돌아다니며 보고 들은 일을 묻자 사람 이야기, 그것도 아름다운 세 사람 이야기를 하였던 것이다. 대부분의 사람들이 그러하듯이 여행 중에 본 멋지고 아름다운 산천이야기를 한 것이 아니었다. 그의 마음속에 그러한 아름다운 생각이 있으니 그런 것이 보였던 것이다. 『대학』 정심 에 따르면 '마음이 있지 아니하면 보아도 보이지 않고, 들어도 들리지 않으며, 먹어도 그 맛을 알지 못한다.(心不在焉 視而不見 聽而不聞 食而不知其味)'고 하였다. 마음에 없으면 보이지 않는 것인데, 응렴이 아름다운 마음을 지녔으므로 그의 눈에 아름다운 행위가 보였던 것이다. 또한 그는 사람을 무엇보다도 귀하게 여겼으므로 사람이 보였던 것이다.

이에 헌안왕이 감동하여 그를 부마를 삼고자 하였다. 응렴을 겸손한 사람, 검소한 사람, 뽐내지 않는 사람이라 여겼기 때문이었다. 응렴은 당시에 책사 역할을 하던 범교사의 말을 듣고 못생긴 맏공주를 선택하였다. 그리하여 마침내 왕위에 등극하는 영예를 안게 되었다. 멀리 앞날을 내다볼 수 있는 지혜로운 책략이 적중하였던 것이다. 눈앞의 이익이 아니라, 먼 훗날의 이로움을 보는 눈이 있었던 것이다. 인간은 가치 선택적 존재이다. 오늘 우리는 어떠한 선택을 하고 있는지 되돌아보게 되는 대목이다.

경문왕만큼이나 극적으로 왕위에 오른 이가 있었다. 신라 제38대 원성왕이 그러하였다.

처음에 이찬 김주원(金周元)이 상재(上宰)였고, 원성왕은 각간으로서 차재(次宰)에 있었다. 그런데 왕이 하루는 건을 벗고, 흰 갓을 쓰고, 12현금을 들고, 천관사(天官寺) 우물로 들어가는 꿈을 꾸었다. 꿈에서 깨 사람을 시켜 점을 치게 하였다. 그가 말하였다.

"건을 벗은 것은 실직할 징조요, 현금을 든 것은 칼을 쓸 징조요, 우물 속으로 들어간 것은 옥에 갇힐 징조입니다."

왕이 듣고 매우 근심하여 두문불출하였다. 그때 아찬 여삼(餘三)이 와서 뵙기를 청하였다. 왕이 병을 핑계 삼아 나오지 않았다.

아찬이 다시 청하며 말하였다.

"꼭 한번 뵙기를 원합니다."

왕이 허락하자 아찬이 말하였다.

"공께서 근심하는 것이 무엇입니까?"

왕이 해몽한 사유를 자세히 말하였다. 그러자 아찬이 일어나 절하고 말하였다.

"이것은 좋은 꿈입니다. 만약 공께서 왕위에 올라 나를 잊지 않겠다고 하신다면, 공을 위해 해몽하겠습니다."

왕이 좌우의 사람들을 물리치고 해몽을 청하였다.

꾀돌이의 하루

아찬이 말하였다.

"건을 벗은 것은 위에 사람이 없음이요, 흰 갓을 쓴 것은 면류관을 쓸 징조요, 12현금을 든 것은 12대 손이 자리를 이을 징조요, 천관사 우물에 들어간 것은 대궐로 들어갈 징조입니다."

왕이 말하였다.

"내 위에 김주원이 있는데, 어찌 왕에 오를 수 있겠는가?"

아찬이 말하였다.

"비밀스럽게 북천신(北川神)께 제사지내면 될 것입니다."

왕이 그대로 하였다. 얼마 후에 선덕왕(宣德王)이 죽자 나라 사람들이 김주원을 왕으로 세워 장차 왕궁에 맞아드리려 하였다. 그 집은 북천의 북쪽에 있었는데, 갑자기 비가 와서 냇물이 불어 건너오지 못하였다. 그러자 왕이 먼저 궁궐에 들어가 즉위하였다. 김주원의 무리가 모두 와서 새 왕에게 엎드려 축하하였다. 이가 곧 원성대왕(元聖大王)이다. 휘는 경신(敬信)이요 성은 김씨니 대개 길몽에 따른 것이었다. 김주원은 명주에 물러가 살았다. 왕이 등극하였는데, 여산이 이미 죽었으므로 그의 자손을 불러 벼슬을 주었다.

(『삼국유사』 권2 기이2 원성대왕)

김경신과 김주원은 왕위를 놓고 경합을 벌였다. 그런 중요한 때에 김경신이 꿈을 꾸었다. 처음에는 그 꿈이 흉몽으로 풀이되었다. 실의에 빠져 있던 그는 나중에 그 꿈이 길몽인 것을 알고 기뻐하였다. 하지만 이미 때가 늦었다는 것을 깨닫고는 다시 주저 않았다. 하늘이 무너져도 솟아날 구멍이 있다고 하였던가. 북천신에게 몰래 제사를 올리는 계책이 있었던 것이다. 북천은 신라시조 혁거세왕의 배필인 알영이 태어나자마자 목욕을 한 곳이었다. 계룡의 옆구리에서 태어난 알영은 입술이 닭부리와 같았는데, 목욕을 하자 그 부리가 떨어져 나갔다. 알천 또는 발천이라고도 불리는 바로 그 신성한 곳의 신에게 제사를 바쳤던 것이다. 그 효험으로 등극식을 하려던 날, 폭우가 쏟아져 북천이 범람하여 김주원이 궁궐에 들어가지 못하였다. 결국 김경신이 왕위에 오르자 김주원 측근의 신하들까지 충성 서약을 하고 말았다.

김경신이 꾼 꿈의 내용은 하나였다. 하지만 해석을 흉하게 할 것인가 길하게 할 것인가에 따라 운명이 완전히 달라졌다. 긍정적이고도 적극적인 좋은 생각을 자꾸 해야만 하는 까닭이 바로 여기에 있다. 낙관적으로 생각하면 일이 잘 풀릴 것이지만, 비관적으로 생각하면 일이 꼬일 수밖에 없다. 앞을 내다보는 예지로써 일생일대의 기회를 잡은 이의 성공담이 먼 옛날의 일만은 아닐 것이다. 눈앞에 보이는 것만 좇는 어리석음에서 벗어나야 이룰 수 있는 꿈이다.

『명심보감』 근학편에 이르기를 '사람이 배우지 않으면 어두운 밤길을 가는 것과 같다.(人生不學冥冥如夜行)'고 하였다. 이어 '사람이 배우지 않으면 하늘에 오르려는데 재주가 없는 것과 같다. 배워서 지혜가 원대해지면 상서로운 구름을 헤치고 푸른 하늘을 보는 것과 같고, 높은 산에 올라 사해를 바라보는 것과 같다.(人之不學如登天而無術 學而智遠如披祥雲而覩靑天登高山而望四海)'고 하였다. 세상을 높게, 넓게, 그리고 멀리 바라보아야 진정한 보물을 발견할 수 있다. 대자연 속에서 호연지기를 키워야 하는 이유가 여기에 있다. 배워야 지혜가 생기고, 그래야 멀리 내다보며 큰 그림을 그릴 수 있다. 그러한 경지에 이르러서야 큰 것과 작은 것, 가치 있는 것과 가치 없는 것, 먼저 해야 할 일과 나중에 해도 될 일을 분별할 수 있게 된다. 그때 비로소 성공의 기회도 잡을 수 있고, 가슴에 품고 있던 꿈도 이룰 수 있게 되는 것이다. 우리는 지금 어느 곳에 서서, 어디를 바라보고 있으며, 무엇을 보고 있는가.

나의 성공작전

역사상 지혜롭다고 이름난 군주는 여럿 있었다. 그중에서도 선덕여왕은 지혜롭기로 손꼽히는 왕이었다. 세 가지 일을 미리 알았다는 일화가 전해올 정도로 빼어난 예지가 있었다.

신라 제27대 덕만(德曼)의 시호는 선덕여왕(善德女王)이다. 성은 김씨요, 아버지는 진평왕이다. 정관 6년 임진에 왕위에 올랐다. 나라를 다스렸던 16년 동안에 미리 안 일이 세 가지가 있었다.

첫째는 당나라 태종이 붉은색, 자주색, 흰색의 세 가지 색깔로 그린 모란꽃과 그 씨 세 되를 보내왔다.

왕은 꽃그림을 보고 말하였다.

"이 꽃은 절대로 향기가 없을 것이다"

이내 씨를 뜰에 심었다. 그 꽃이 피었다가 떨어질 때에 과연 그 말과 같이 향기가 없었다.

둘째는 영묘사(靈妙寺) 옥문지(玉門池)에 겨울철에 많은 개구리가 모여서 사나흘 동안이나 울고 있었다. 나라 사람들이 이를 괴이하게 여겨 왕에게 물었다.

왕이 급히 각간 알천, 필탄 등에게 일렀다.

"정병 2천 명을 뽑아서 빨리 서교(西郊)로 가라. 여근곡(女根谷)을 탐문하면 반드시 적병이 있을 것이니 덮쳐서 죽여라."

두 각간이 명령을 받고 각각 군사 천 명을 거느리고 서교에 가서 물었다. 부산(富山) 아래에 과연 여근곡이 있었다. 백제 군사 5백 명이 그곳에 와서 매복해 있었으므로 모두 잡아서 죽였다. 백제의 장군 오소란 자는 남산 고개 바위 위에 매복해 있었으므로 이를 포위하여 쏘아 죽였다. 또 후속 부대 1천 3백 명이 오는 것을 쳐서 죽여 한 사람도 남기지 않았다.

셋째는 왕이 병이 없었을 때에 여러 신하에게 일렀다.

"내가 아무 해 아무 달 아무 날에는 죽을 것이다. 나를 도리천 속에 장사지내도록 하라."

여러 신하는 그곳을 알지 못하여 물었다.

"거기가 어디입니까?"

"낭산(狼山) 남쪽이다."

과연 그 달 그 날에 이르러 왕이 세상을 떠났다. 여러 신하들이 낭산 남쪽에 왕을 장사지냈다. 그 후 십여 년이 지나 문무대왕(文武大王)이 사천왕사(四天王寺)를 왕의 무덤 아래에 세웠다. 불경에 사천왕천 위에 도리천이 있다고 하였다. 그제야 대왕의 신령하고 성스러움을 알게 되었다.

그 당시에 여러 신하들이 왕에게 아뢰었다.

"어떻게 모란꽃과 개구리 우는 두 가지 일을 예측하실 수 있었습니까?"

"꽃을 그렸는데 나비가 없었으므로 그 꽃이 향기가 없음을 알 수 있었다. 이는 당나라 임금이 내가 배우자 없이 지내는 것을 모멸한 것이다. 또 개구리가 노한 형상은 병사의 형상이며, 옥문이란 것은 여자의 생식기요, 여자는 음이고, 음은 그 빛이 백색이며, 백색은 서방이므로 군사가 서쪽에 있다는 것을 알 수 있었다. 남자의 생식기는 여자의 생식기에 들어가면 반드시 죽게 되니 이로써 쉽사리 잡을 줄 알았던 것이다."

여러 신하가 그 뛰어난 지혜에 감복하였다. 꽃을 세 가지 색깔로 보낸 것은 대개 신라에 세 여왕이 있을 줄 알고 그렇게 한 것인가. 선덕(善德), 진덕(眞德), 진성(眞聖)이 그들이다. 당제(唐帝)도 헤아려 알아맞히는 밝음이 있었던 것이다.

(『삼국유사』 권1 기이1 선덕왕 지기삼사)

선덕여왕은 당태종이 보낸 꽃그림을 보자마자 꽃이 피어도 향기가 없을 것이라고 예측하였다. 대부분의 사람들은 선물을 받았으니 무조건 기뻐하며 감사하였을 것이다. 만약 선덕여왕이 그러하였다면 참으로 어리석은 여왕이라고 조롱당하였을 것이다. 그러나 선덕여왕은 당태종이 배우자가 없는 자신을 얕잡아보고 그런 선물을 보냈다는 사실을 간파하였다. 상대방이 나에게 무슨 일을 하였는지, 무엇을 원하는지를 간파할 수 있는 능력이야말로 지혜의 단초일 것이다. 이 일화는 선덕여왕 개인에 국한된 일이 아니었다. 국가 차원에서 당나라가 신라를 가볍게 볼 수 없는 계기가 되었던 것이다.

두 번째 일화 역시 마찬가지였다. 한겨울에 옥문지라는 연못에서 개구리가 운다는 보고를 받고 그 징조를 정확하게 파악하고 대처하였다. 결국 백제군을 섬멸하여 나라의 우환을 제거하는 계기가 되었다. 만약 그러한 징조를 대수롭지 않게 보아 넘겼다면, 국가 차원에서 큰 곤란을 겪었을 것이다. 한 나라의 통치자가 시대의 징표를 정확하게 파악하고 분별하는 지혜가 있었으므로 장차 닥칠 국가의 위기를 넘길 수 있었던 것이다.

세 번째 일화도 다르지 않았다. 도리천은 삼십삼천으로 의역되는데, 세계의 중심인 수미산의 정상에 있으며, 제석천의 천궁이 있다고 전해온다. 그런 곳에 자신을 묻어달라고 하였으니 의아하기 짝이 없었을 것이다. 신하들은 도솔천이 막연히 낭산의 남쪽에 있다는 말에 따라 장례를 치렀다.

후일 그 아래에 사천왕사가 창건되는 것을 보고 나서야 여왕의 예견이 맞았음을 깨달았다. 그곳에 사천왕사가 생길 것이라는 사실을 미리 알고 있었기에 가능한 예측이었다.

선덕여왕에 비할 만큼은 아니지만, 지혜로써 오랑캐를 굴복시킨 장수가 있었다. 신라의 박이종이 그러하였다.

> 신라 제22대 지철로왕(智哲老王)의 성은 김씨요, 이름은 지대로 또는 지도로였다. 시호는 지증(智證)이라 하였다.
> … 아슬라주(阿瑟羅州)의 동해안에 순풍으로 이틀 걸리는 곳에 우릉도(于陵島)가 있었다. 주위가 2만 7천 1백 30보나 되었다. 섬의 오랑캐들은 그 깊은 바닷물을 믿고 교만하여 조공하지 않았다. 왕은 이찬 박이종(朴伊宗)을 시켜 군사를 거느리고 가서 치게 하였다. 박이종은 나무로 사자를 만들어 큰 배 위에 싣고 그들을 위협하였다.
> "항복하지 않으면 이 사자를 놓아버리겠다."
> 섬 오랑캐는 두려워서 항복하였다. 왕은 이종을 포상하여 아슬라주의 장관으로 삼았다.
>
> (『삼국유사』 권1 기이1 지철로왕)

호메로스의 일리아드에 나오는 트로이 전쟁을 연상시키는 기발한 이야기다. 트로이 전쟁은 프리아모스 왕의 아들 파리스가 스파르타의 왕비 헬레네를 유괴함으로써 발발하였다. 그리스군은 거대한 목마를 남기고 철수하는 위장 전술을 폈는데, 여기에 속아 넘어간 트로이군은 목마를 성 안으로 들여 놓고 승리의 기쁨에 취하였다. 새벽에 목마 안에 숨어 있던 오디세우스 등이 빠져 나와 성문을 열어 주었다. 마침내 그리스군이 밀고

꾀돌이의 하루

들어와 트로이성은 함락되고 말았다. 10년 동안이나 계속된 이 전쟁은 오디세우스의 계략으로 끝이 났다.

신라의 영토인 울릉도에 사는 오랑캐들이 자만에 빠져 조공을 바치지 않았다. 그때 파견된 박이종은 그 먼 바다까지 가는 것도 걱정이었지만, 어떻게 상륙을 해서 전투할 수 있을 것인가를 고민하였을 것이다. 결국 박이종은 쌍방이 피해를 볼 것이 자명한 전투가 아니라, 무혈 입성할 꾀를 짜냈다. 큰 나무 사자를 만들어 배에 싣고 가서 위협하였던 것이다. 마치 꾀돌이와 같은 지혜로, 활 한번 안 쏘고 전투에서 승리하였다. 맞서는 상대를 제압하는 데 있어 무력만이 능사가 아니라는 점을 상기시켜 주는 일화다. 활 한번 쏘지 아니하고, 주먹 한 번 휘두르지 아니하고 상대를 제압하여 복종시킬 수 있었던 것은 다름 아닌 지혜의 힘이었다.

갈림길에서 지혜로운 선택을 하여 큰 위기를 넘긴 또 다른 이야기가 있다. 신라 소지왕의 선택이 절묘하다.

신라 제21대 비처왕(毗處王)(혹은 소지왕(炤知王)이라고도 쓴다) 즉위 10년 무진에 왕이 천천정(天泉亭)에 행차하였다. 이때 까마귀와 쥐가 와서 울었다.

쥐가 사람처럼 말을 하였다.

"이 까마귀가 가는 곳을 살피시오."

왕이 말을 탄 무사에게 명령하여 뒤쫓게 하였다. 기사가 남쪽으로 피촌(避村)에 이르렀다. 두 돼지가 싸우는 것을 한참 동안 보고 있었다. 문득 까마귀가 간 곳을 잃어버리고 길가에서 헤매었다. 이때 한 노인이 연못 속에서 나와 글을 올렸다.

겉봉에는 이렇게 씌어 있었다.

'이를 떼어보면 두 사람이 죽을 것이고, 떼어보지 않으면 한 사람이 죽을 것

이다.'

기사가 돌아와서 왕에게 드리자 왕이 말하였다.

"떼어보아 두 사람이 죽는 것보다는 떼어보지 않고 한 사람만 죽는 것이 낫겠다."

그러자 일관이 아뢰었다.

"두 사람이란 서민이요, 한 사람이란 왕입니다."

왕이 그렇게 여겨 떼어보았다. 글귀가 있었다.

'거문고갑을 쏘라'

왕은 곧 궁에 들어가서 거문고갑을 쏘았다. 그 안에서 분향 수도하던 중이 궁주(宮主)와 몰래 간통하고 있었다. 두 사람은 사형을 당하였다. 이로부터 나라 풍속에 해마다 정월 상해(上亥), 상자(上子), 상오일(上午日)에는 모든 일을 조심하여 함부로 움직이지 않았다. 15일을 오기일(烏忌日)이라 하여 찰밥으로 제사지냈는데, 지금까지도 이를 행하고 있다. 우리말로 이것을 달도(怛忉)라고 한다. 슬퍼하고 근심해서 모든 일을 꺼려 금한다는 말이다. 그 연못을 이름하여 서출지(書出池)라 하였다.

(『삼국유사』 권1 기이1 사금갑)

소지왕이 기로에 서서 어떠한 선택을 하였는지가 이 이야기의 핵심이다. 봉투를 열어보면 두 사람이 죽고, 열지 않으면 한 사람이 죽는다고 하였다. 왕은 인명을 귀하게 여겼던 모양이다. 둘보다는 하나가 죽는 것이 낫다고 생각하였으니 말이다. 그러나 한 명은 바로 위에 아무도 없는 무상(無上), 즉 왕 자신을 가리키는 말이었다. 결국 그는 봉투를 열어 자신을 음해하려던 두 사람을 제거하였다. 만약 소지왕이 그러한 지혜를 지니지 않았다면, 아마도 목숨을 잃고 왕위에서 물러나는 참담한 현실을 맞이하였을지도 모를 일이었다.

　누구나 선택의 기로에 서면 어떤 길을 갈 것인가를 놓고 고심하게 된다. 바로 그 순간에 필요한 것이 지혜다. 물론 여기에 시대의 징표를 읽을 수 있는 안목이 가미된다면 금상첨화일 것이다. 세상의 흐름을 정확하게 파악하는 한편, 나아가 참과 거짓 그리고 선과 악을 분별할 수 있는 안목 말이다. 이때 개인적인 차원에서는 기회를 잡아 자신의 꿈과 이상을 이루는 계기를 맞이할 것이다. 나아가 국가적인 차원에서는 앞으로 닥쳐올 국가의 환난을 극복하는 단서를 마련할 수 있을 것이다. 오늘을 살아가는 우리는 나아가야 할 방향을 바르게 잡고 있는가. 멀리, 그리고 넓게 바라보며 앞으로 나아가고 있는가. 지금 우리는 비둘기처럼 순박하고, 뱀처럼 슬기로운지 묻게 된다.

06

하늘이 열렸네
▶ 지성이면 감천

06

하늘이 열렸네
▶ 지성이면 감천

욱면의 뚫린 손바닥

뜸북뜸북 뜸북새 논에서 울고 뻐꾹뻐꾹새 숲에서 울제
우리 오빠 말 타고 서울 가시면 비단구두 사가지고 오신다더니
(최순애 작사, 박태준 작곡 〈오빠생각〉)

서울에 간 오빠를 기다리는 여동생의 간절한 마음이 잘 드러나고 있는 노래다. 뜸북새와 뻐꾹새 소리를 들으며 오빠를 기다리던 여동생의 모습이 그림처럼 펼쳐진다. 우리는 얼마나 간절하게 갈망하고 있는지를 생각해보게 된다.

불교에서는 중생이 '감(感)'하면 부처가 '응(應)'한다고 하였다. 중생이 온전한 발동으로써 능히 부처를 감동시키면, 부처는 오묘한 방법으로써 이에 응답한다는 것이다. 마치 물이 위로 오를 수 없으며 달이 밑으로 내려올 수 없지만, 하나의 달이 온 물을 비추는 것이나 마찬가지라 하였다.

다시 말해 감응은 중생의 믿음에 따른 정성이 신에게 통하는 것이다.

인간이 할 수 있는 영역은 정성을 드리는 일이다. 지극한 정성으로 치성을 드릴 때, 하늘이 응답해주는 것이다. 그래서 지성이면 감천이라고 한다. 우리 인생살이는 과정이 중요한가, 아니면 결과가 중요한가. 요즘과 같은 성과주의 내지 물질주의 세태에서는 결과에 치중하는 것이 지극히 당연한 듯이 여겨진다. 과정은 어떻든 결과만 좋으면 된다는 발상이 지배적이다. 그러나 그러한 생각이 통용되는 사회는 많은 문제를 일으킬 수밖에 없다. 수단과 방법을 가리지 않고 목표를 달성하려고 안간힘을 쓰기 때문이다. 인간은 일을 해나가는 과정에서 정성을 다해 힘껏 노력할 뿐이고, 그 결과는 하늘에 맡겨야 하는 운명이다. 전지전능한 능력이 없는 유한한 존재기 때문이다. 인간으로서 해야 할 일을 다하고 나서 하늘의 뜻을 기다린다는 '진인사대천명(盡人事待天命)'이라는 말이 나온 연유가 여기에 있다.

욱면 이야기는 감과 응의 관계가 어떠한지를 명확하게 보여준다. 비천한 여인이 그 누구보다 먼저 서방정토로 간 비결이 어디에 있는지를 사실적으로 드러내고 있다.

> 신라 제35대 경덕왕 때 강주(康州)의 남자 신자 수십 명이 서방정토를 정성껏 구하였다. 주의 경계에 미타사를 세우고 만 날을 기약하여 계를 만들었다. 그때 귀진(貴珍) 아간의 집에 한 계집종이 있었는데, 욱면(郁面)이라 이름하였다. 그녀는 주인을 모시고 절에 가 마당에 서서 중을 따라 염불하였다. 주인은 그녀가 직분에 어긋나는 것을 미워하여 늘 곡식 두 섬을 주어 하룻저녁에 그것을 다 찧게 하였다. 계집종은 초저녁에 다 찧어놓고 절에 가서 염불하기를 밤낮을 게을리하지 않았다('내 일이 바빠서 주인집 방아를 서두른다'는 속담은 아마 여기서 나온 듯하다).

그녀는 뜰의 좌우에 긴 말뚝을 세워놓고 두 손바닥을 뚫어 노끈으로 꿰어 말뚝 위에 맸다. 그리고는 합장하며 좌우로 이를 흔들어 스스로 격려하였다. 그때 하늘에서 외쳤다.

"욱면 낭자는 법당에 들어가 염불하라."

절의 중들은 그 소리를 듣고 욱면에게 권해 법당에 들어가 예에 따라 정진하게 하였다. 오래지 않아 하늘의 음악이 서쪽으로부터 들려왔다. 여종은 몸을 솟구쳐 집 들보를 뚫고 나갔다. 서쪽 교외로 가더니 해골을 버리고 부처의 몸으로 변하였다. 연화대에 앉은 채 큰 광명을 내쏘면서 천천히 가버렸다. 음악소리가 하늘에서 그치지 않았다. 그 법당에는 지금도 구멍이 뚫어진 곳이 있다고 한다. …

기린다.

'서편 이웃 옛 절에는 불등이 밝았는데
방아 찧고 거기 오면 밤은 벌써 이경이다
한 소리 염불마다 부처가 되려 하여
손바닥 뚫어 끈을 꿰니 형체를 잊었네'

(『삼국유사』 권5 감통7 욱면비 염불서승)

당시 신라에서는 귀족들만 염불할 수 있고, 귀족들만 서방정토에 갈 수 있다고 믿었다. 소위 귀족불교였다. 바로 그런 시절에 욱면이라는 여종이 자기의 처지를 잊고, 아니 자기의 분수도 모르고 주인을 따라가 마당에서 매일 염불하였던 것이다. 그러니 귀족 주인이 보기에 욱면이 얼마나 미웠을까. 짐작하고도 남음이 있다. 여종 처지에 언감생심, 어찌 서방정토를 꿈꿀 수 있을까 혀를 찼을 것이다. 그래서 주인은 욱면에게 매일 곡식 두 섬을 찧게 하였다. 그런데 이 욱면이라는 여종은 쉬지 않고 하루 종일 일하고 나서 밤늦게 절로 달려가 염불을 드렸다. 손바닥에 구멍을 뚫고 끈을 말뚝에 매고 오가면서 쏟아지는 졸음을 쫓았다. 그 따갑고 쓰라린 고통을 어찌 짐작이나 할 수 있을까. 결국 그러한 지극정성에 하늘이 감동하여 그녀는 해탈하여 서방정토로 가게 되었다.

 욱면이 앞뒤 가리지 않고 드린 극진한 정성이 부처님을 감동시켜 응답하게 한 것이다. 이 이야기에서의 인간의 '감'은 신분의 제약에도 불구하고 스스로의 고행을 통해 염불하는 욱면의 정성이었다. 부처의 '응'은 불당에도 오르지 못하고 마당에서 고행하며 염불하는 종을 법당에 오르게 하라는 하늘에서의 소리와 서승으로 나타났다. 그래서 이 이야기는 지극정성으로 하늘을 감동시킨 이야기만 모아놓은 〈감통편〉에 수록되어 있다.

 욱면이 방아 찧는 대목은 콩쥐팥쥐 이야기나 신데렐라 이야기에서도 보던 내용이다. 콩쥐는 어머니가 일찍 세상을 뜨자 계모 밑에서 지내면서 구박을 받았다. 계모가 데리고 온 딸이 있었기에 차별은 더욱 심하였다. 계모는 자기 딸 팥쥐에게는 쇠 호미를 주어 고운 밭을 매게 하였고, 콩쥐에게는 나무 호미를 주고 자갈밭을 매게 하였다. 콩쥐는 힘은 힘대로 들고 일에는 진척이 없었다. 한숨을 쉬고 있는데, 때마침 검은 소가 나타나서 그 자갈밭을 다 갈아주었다. 다음 날은 계모가 콩쥐에게 밑 빠진 항아리에 물을 채우라고 하였다. 또 한숨을 쉬고 있자 두꺼비가 나타나 그 항아리의 구멍을 막아주어 물을 몇 번 붓지 않아서 가득 차게 되었다. 어느 날 잔칫집에 가게 되었는데, 팥쥐만 데리고 가면서 콩쥐에게는 일을 마치고 오라고 하였다. 그때 직녀가 나타나 베를 다 짜주고, 참새들이 나타나 곡식 껍질을 다 까주었다. 콩쥐의 고운 마음이 천지의 응을 불렀던 것이다.

 우리는 일을 해나가는 과정에서 가능성 여부, 또는 성사 여부를 따지지 않고 지극정성을 다하여 충실히 노력하고 있는지 돌아보게 된다. '하늘은

141

'스스로 돕는 자를 돕는다'는 속담이 여기에서 나온 말이라 해도 과언이 아닐 것이다. 가진 것도 없고, 힘도 모자라고, 실력도 달린다. 하지만 일을 이루고자 하는 간절함과 정성스러운 노력이 있다면, 나머지는 하늘이 이루어주는 것이 아닐까.

욱면처럼 간절한 마음으로 소원을 이룬 감동적인 이야기가 있다. 동화작가인 정채봉의 〈오세암〉이라는 작품이 그러하다. 사고로 엄마를 잃은 길손이라는 사내아이와 그 사고로 앞을 못 보게 된 장님 누나 감이가 주인공이다. 감이는 엄마를 기억하고 있었지만, 엄마 얼굴을 모르는 어린 길손이는 아직도 엄마를 만나는 것이 소원이다. 거처할 곳이 없는 둘은 엄마를 찾는다는 핑계로 이리저리 떠돌아다닌다. 그러다 어떤 스님을 만나 함께 절에서 살게 된다. 거기서 길손이는 마음의 눈을 뜨면 엄마를 볼 수 있다는 젊은 스님의 말을 듣는다. 불공을 열심히 드리면, 마음의 눈을 뜨게 된다는 사실을 알게 된 것이다. 길손이는 그런 마음공부를 하기 위해 한겨울에 젊은 스님과 함께 산꼭대기에 있는 작은 암자에서 단 둘이 지내게 된다. 엄마를 볼 것이라는 기대를 하면서……. 그러던 어느 날 스님이 마을로 내려간 사이에 폭설이 내린다. 스님은 절에 혼자 남은 길손이를 걱정하며 무리하게 산을 오르다 다쳐 겨우내 마을에서 지내게 된다. 한편 길손이는 가마솥에 남아있는 밥을 조금씩 먹어가며 목숨을 연명한다. 길손이는 무서워 떨다가 관음보살상을 보고 엄마라고 부르며 대화를 나눈다. 마침내 엄마를 만난 것이다. 겨울이 지나 마침내 눈이 녹아 길이 뚫린다. 감이와 스님이 암자로 뛰어가자 편안한 얼굴로 툇마루에 누워 죽은 길손이를 보게 된다. 이어 관음보살이 길손이를 품에 안고 서방정토로 가는 환영이 비친다.

순수한 어린아이가 지니고 있는 간절한 마음, 엄마를 꼭 만나야 하겠다는 마음이 하늘에 닿았다. 소년의 간절함이 관음보살의 응답을 불렀던 것이다.

우리는 지금 얼마나 간절하게 원하는 일에 노력을 기울이고 있는가. 일이 성사되지 않으면 나의 정성을 되돌아보고 성찰하기보다는 남의 탓을 하는 것은 아닌가. 지극정성으로 우리에게 주어진 일을 하는지는 자문하지 않고, 주변의 여건만을 따지며 사는 것은 아닌지 성찰하게 된다. 일이 풀리지 않거나 뜻대로 이루어지지 않으면 부모 탓, 형제 탓, 이웃 탓, 상사 탓, 세상 탓으로 돌리고 있는 것은 아닌가. 욱면이라는 여종은 귀족 주인을 원망하지도 않았고, 자신의 비천한 신분을 한탄하지도 않았다. 콩쥐는 계모를 탓하지 않았고, 길손이는 돌아오지 않는 스님을 원망하지 않았다. 그들은 간절한 마음을 가지고 그들의 처지와 신분과 환경 안에서 할 수 있는 모든 정성을 기울였다. 그리고는 마침내 그들의 꿈을 이루었다.

우리는 꿈과 이상을 성취하기 위해 얼마나 간절한 마음으로 정성을 기울이고 있는가. 예전에 사회변화 운동으로 펼쳤던 문구가 새롭다. 주먹을 쥔 손으로 가슴을 치면서 참회하는 기도 말이다.

'내 탓이오. 내 탓이오. 내 큰 탓이로소이다.'

환생한 선율과 벌거벗은 정수

선율이라는 스님이 죽었다가 다시 살아났다는 이야기가 전해온다. 살아있을 때 불사를 일으키다 끝내지 못하고 죽었는데, 어떻게 환생할 수 있었던 것일까. 돌아오는 길에 만난 여인의 사연이 참으로 기구하다.

하늘이 열렸네

　신라 망덕사(望德寺)의 중 선율은 보시 받은 돈으로『육백반야경』을 이루려 하였다. 그런데 일이 아직 끝나기 전에 갑자기 염라국의 사자에게 잡혀 저승에 이르렀다.
　저승의 관리가 물었다.
　"너는 인간 세상에 있을 때, 무슨 일을 하였는가?"
　"빈도는 만년에『대품반야경』을 만들다가 공을 아직 이루지 못하고 왔습니다."
　"너의 수명부에는 비록 목숨이 끝났으나, 좋은 소원을 마치지 못하였구나. 다시 인간 세상으로 돌아가 불경 간행하는 일을 완성시켜라."
　이에 놓아 보내주었다. 돌아오는 도중에 한 여자가 나타나 울면서 앞에 와 절하였다.
　"저도 남염주의 신라 사람이었습니다. 제 부모가 금강사의 논 1묘를 몰래 뺏은 일로 죄를 얻어 명부에 잡혀 와서 오랫동안 심한 고통을 받고 있습니다. 지금 법사께서 고향에 돌아가시거든 우리 부모께 알리셔서 그 논을 빨리 돌려주도록 해주십시오. 그리고 제가 세상에 있을 때 참기름을 평상 밑에 묻어두었고, 또 곱게 짠 베를 침구 사이에 감추어 두었습니다. 부디 법사께서 그 기름을 가져다 불등에 불을 켜고, 그 베를 팔아 불경 간행에 써 주십시오. 그러면 황천에서도 또한 은혜를 입어 제 고뇌에서 벗어날 수 있을 것입니다."
　선율은 말하였다.
　"네 집은 어디 있느냐?"
　"사량부(沙梁部) 구원사(久遠寺)의 서남쪽 마을에 있습니다."
　선율이 이 말을 듣고 막 떠나려 하자 곧 되살아났다. 그때는 선율이 죽고 벌써 열흘이나 되어 남산 동쪽 기슭에 장사지냈으므로 무덤 속에서 사흘 동안 이나 외쳤다. 목동이 그 소리를 듣고 절에 가서 알려 절의 중이 와서 무덤을 헤

144

치고 그를 꺼냈다. 선율은 겪은 사실을 자세히 말하였다.

또 그 여자의 집을 찾아가자 여자는 죽은 지 15년이 지났다. 그러나 그 기름과 베만은 또렷이 그대로 있었다. 선율은 그 여자가 시킨 대로 명복을 빌었다. 그러자 여자의 혼이 찾아왔다.

"법사의 은혜를 입어 저는 이미 고뇌를 벗어났습니다."

그때 사람들이 이 말을 듣고 놀라고 감동하지 않는 이가 없었다. 와서 불경 만드는 일을 도와 완성하였다. 그 불경은 지금 경주의 승사서고(僧司書庫) 안에 있다. 해마다 봄가을이면 그것을 펴서 돌려 읽으며 재앙을 물리치기도 한다.

기린다.

'부럽구나 스님은 인연에 따라 혼이 되살아 고향으로 왔구나

부모님이 저의 안부를 물으시거든 빨리 1묘전 돌려주라 하소서.'

(『삼국유사』 권5 감통7 선율환생)

불경을 간행하려던 스님이 수명이 다해서 죽었다. 그러나 저승의 관리는 그 뜻을 높이 기려 다시 살려주었다. 선하고 좋은 일을 하는 이가 받는 복이었다. 불경을 만들기 위한 마음이 얼마나 간절하였기에 그러한 일이 일어났는지 짐작이 간다. 선율의 지극정성이 하늘에 닿아 응답을 불렀던 것이다.

이 이야기에서의 인간의 '감'은 죽어서도 『육백반야경』을 이루고자 하는 선율의 정성이었다. 부처의 '응'은 저승의 관리가 선율을 환생시켜준 것과 불쌍한 영혼의 시주, 그리고 감동한 사람들의 도움으로 불경을 완성하는 것으로 나타났다. 그래서 이 이야기 역시 욱면 이야기와 더불어 지극정성으로 하늘을 감동시킨 이야기만 모아놓은 〈감통편〉에 수록되어 있다.

여기서 흥미로운 것은 돌아오는 길에 만난 여인의 기구한 사연이다. 여

인은 부모가 사찰의 재산을 몰래 빼돌린 일로 죽어서 저승에서 고통을 받고 있다고 하였다. 이어 그 부모는 그러한 사실을 모르고 있을 것이니 말을 전해달라고 애원하였다. 다른 재물도 아니고 사찰의 재산을 훔쳤으니 그 벌이 자식에게 미쳤다는 점이 눈에 띈다. 불교를 위해 일하는 사람은 죽었다가도 되살아날 수 있지만, 불교 재산을 넘본 자는 그 죄악이 자손에게까지 내려간다는 엄중한 가르침이 담겨 있다.

결국 여인은 간절한 소원이 이루어져 고통에서 벗어나게 되었고, 그녀가 시주한 기름과 베는 불사에 요긴하게 쓰였다. 이러한 감응의 소문이 퍼지자 사람들이 몰려와 불경 간행을 도왔다고 하니 감통은 비단 하늘뿐만 아니라 인간도 감동시키는 모양이다.

이처럼 지극정성으로 하늘을 감동시킨 또 다른 스님 이야기가 전해온다. 벌거숭이가 된 정수 스님이 바로 그러하다.

> 신라 제40대 애장왕(哀莊王) 때에 중 정수(正秀)가 황룡사에 머물고 있었다. 겨울날 눈이 많이 내렸고, 이미 날이 저물었다. 삼랑사(三郞寺)에서 돌아오는데, 천엄사(天嚴寺) 문밖을 지날 때였다. 한 여자 거지가 아이를 낳고는 꽁꽁 언 채 누워서 거의 죽게 되었다. 정수 스님은 그것을 보고 불쌍히 여겨 가서 안아주었다. 한참 후에 소생하였다. 그는 자기 옷을 벗어 거지에게 덮어주었다. 벌거벗은 채 본절로 달려가 거적 풀로 몸을 덮고 밤을 새웠다. 밤중에 궁정 뜰에 하늘에서 외치는 소리가 들렸다.
> "황룡사의 중 정수를 왕의 스승으로 봉하라."
> 왕이 급히 사람을 보내어 조사하게 하였다. 관리가 사실대로 왕에게 아뢰었다. 왕은 위의를 갖추고 정수를 대궐로 맞아들여 국사로 봉하였다.
>
> (『삼국유사』 권5 감통7 정수사구빙녀)

신라의 불교는 귀족 중심의 종교였다. 그러므로 당시의 스님들도 당연히 귀족 대접을 받았다. 그러한 시절에 정수 스님은 길에서 얼어 죽어가는 거지 여인을 살리기 위해 자신의 옷을 벗었다. 날이 이미 저물었을 뿐만 아니라 한적한 곳이어서 그냥 지나친다고 해서 문제될 일은 없었다. 왜 그런 사람을 구해주지 않았느냐고 비난할 사람도 없었고, 그런 처지에 있는 딱한 사람을 구해주었다고 칭찬할 사람도 없었다. 차마 어찌하지 못하는 마음이 그의 발길을 붙들었던 것이다.

　　문득 『맹자』 공손추상 의 일화가 떠오른다. 맹자가 말하길 "사람들은 모두 사람을 차마 해치지 못하는 어진 마음을 가지고 있다."고 하였다. 정말 그러한지 의심스러운 눈초리를 보내자 하나의 사례를 들었다. 사람들은 포대기에 싸인 어린아이가 장차 우물로 기어들어가려는 것을 보고는 모두 깜짝 놀라고 측은해하는 마음을 갖는다. 이것은 어린아이의 부모와 친분을 맺으려고 하는 것이 아니다. 또한 마을사람들과 벗들에게 명예를 구하고자 해서도 아니다. 아울러 아이를 구해주지 않아 잔인하다는 비난을 받을까 두려워서 그런 것도 아니다. 차마 어찌하지 못하는 마음, 즉 측은해하는 마음 때문인 것이다. 이로 말미암아 본다면 측은해하는 마음이 없으면 사람이 아닌 것이다.

　　정수 역시 이와 같았을 것이다. 자신은 귀족 신분이고, 상대는 길거리 거지 여인이었다. 못 본 척하고 지나가도 될 일이었다. 그럼에도 불구하고 그는 차마 어찌하지 못하는 자비심으로 죽어가는 여인에게 옷을 모두 벗어 주었다. 추운 겨울날, 자신은 정작 벌거숭이가 되어 거적으로 몸을 두른 채 달달 떨면서도 말이다. 아무도 모르게 행한 그러한 어진 일을 하늘은 알았고, 마침내 그를 승려가 누릴 수 있는 최고의 자리에 올렸다. 사실 국사에 오르고 싶은 스님들이 왜 없었을까. 출가한 사람으로서 한 나라를 대표하는 스님이 되고 싶은 생각이 왜 없었을까. 스님이라면 한 번쯤 꿈꿔 보았을 자리였다.

그런 꿈을 이루기 위해 어떤 스님은 자선 행위를 베풀어 덕을 쌓았을 것이다. 어떤 스님은 부처님의 가르침을 많은 대중에게 쉽게 알려주는 강연도 하였을 것이다. 또 어떤 스님은 천 날, 아니 만 날을 기약하고 불공을 드리기도 하였을 것이다. 그렇게 지극정성을 보였던 스님들이 많았음에도 불구하고 정수 스님이 한 일은 미약하기 짝이 없었다. 길에서 얼어 죽어가는 이름도 모르고 성도 모르는 여인, 구걸하여 먹고 사는 거지 여인에게 자선을 베푼 일밖에 없었다. 그 거지 여인을 위해서 입고 있던 옷을 벗어준 것밖에 없었다. 하지만 무엇보다도 생명을 귀하게 여기는 그의 진심이 하늘에 닿았다. 그의 진실하고 참된 마음이 하늘을 움직였던 것이다. 이 이야기에서의 인간의 '감'은 타인을 위해 자신의 고난을 생각하지 않은 정수사의 자비심이었다. 부처의 '응'은 하늘의 명으로 정수사가 국사로 책봉되는 것으로 나타났다. 그러므로 이 이야기 역시 욱면과 선율 이야기와 더불어 지극정성으로 하늘을 감동시킨 이야기만 모아놓은 〈감통편〉에 수록되어 있는 것이다.

불현듯 김수환 추기경의 일화가 떠오른다. 그는 불교로 치면 큰스님 내지 국사 정도 되는 가톨릭의 지도자였다. 오랜 동안 추기경 직위에 있으면서 큰 족적을 남겼다. 군부독재 시절에 이 땅의 가난하고 힘없고 억눌린 사람들 편에 서서 정의를 부르짖던 지성인 중의 하나였다. 실제로 독재와 불의에 맞서 싸우던 이들이 경찰의 추격을 피해 명동성당으로 진입하고는 하였다. 경찰들이 자유와 정의를 부르짖던 학생들을 체포하려고 명동성당으로 들어오려고 할 때였다. 김수환 추기경이 그 앞을 가로막았다. "당신들은 나를 밟고, 신부들도 밟고, 수녀들도 밟고 넘어서야 학생들을 만날 수 있을 것이다."

　1987년 6월, 명동성당으로 피신한 학생들을 체포하러 온 경찰들에게 외친 김수환 추기경의 음성이 지금도 쩌렁쩌렁 울리는 듯하다. 그때부터 명동성당이 그 옛날 고조선의 소도와 같은 역할을 하였다.

　『삼국지』 위서 동이전 에 따르면, 큰 나무를 세우고 방울과 북을 달아 귀신을 제사하는 곳을 소도라 불렀는데, 그 안에 죄를 지은 자가 피신을 하여도 끌어낼 수 없는 성역이었다. 암울하였던 시절, 명동성당과 조계사가 바로 그 소도와 같은 장소가 되었던 것이다. 그러한 추기경이 세상을 떠나면서 자신의 안구를 기증하였다. 그 일이 알려지자 많은 사람들이 사후에 자신의 장기를 기증하겠다는 서약서에 도장을 찍었다고 한다.

　『맹자』 이루 상 의 글귀가 그르지 않다는 것을 새삼 실감하게 된다. '오직 어진 사람만이 마땅히 높은 자리에 있어야 한다. 어질지 못하면서 높은 자리에 있게 되면 이것은 곧 그 악을 대중들에게 뿌리는 것이다.(惟仁者宜在高位 不仁而在高位是播其惡於衆也)'라는 말이 딱 들어맞는다. 어진 사람이 높은 자리에 있게 되면, 많은 사람들이 그 어진 마음을 보고 배우고 따르게 된다. 그런데 높은 자리에 있는 자가 악한 마음을 갖고 있다면, 그 악한 마음이 온 세상에 퍼지는 것과 같다는 말이다. 윗자리에 있는 자가 불의와 부정부패를 자행하면 아랫사람들 역시 그러한 짓을 서슴지 않고 저지르게 되는 것이 자명한 이치다. 자신들을 감독하여 비행을 지적하고 비판할 사람이 없기 때문이다. 혼신의 힘을 다해 불경을 간행하고자 하였던 선율 스님과 죽어가는 생명을 살리고자 하였던 정수 스님의 간절한 마음이 오늘도 새롭다.

나의 간절함

　미물도 큰마음이 있는 모양이다. 김현이라는 사람이 호랑이 처녀를 감동시켰다는 이야기가 흥미롭다.

　신라 풍속에 해마다 2월이 되면, 초여드레에서 시작하여 보름까지 도읍의 남녀가 흥륜사의 탑을 다투어 돌면서 그것을 복으로 삼았다. 원성왕 때에 김현(金現)이 밤이 깊도록 홀로 탑을 돌면서 쉬지 않았다. 그때 한 처녀가 또한 염불을 하면서 따라 돌므로 서로 정이 가 눈길을 주었다. 탑돌이를 마치자 그는 처녀를 구석진 곳으로 이끌고 가서 관계하였다. 처녀가 돌아가려 하자 김현은 사양하는 처녀를 억지로 따라갔다.
　서산 기슭에 이르러 한 초가에 들어갔다. 늙은 할미가 그 처녀에게 물었다.
　"함께 온 이가 누구냐?"
　처녀는 사실대로 말하였다. 늙은 할미가 일렀다.
　"비록 좋은 일이지만, 안 한 것보다 못하다. 그러나 이미 저지른 일이니 나무랄 수도 없다. 구석진 곳에 숨겨두어라. 네 형제가 나쁜 짓을 할까 두렵다."
　처녀는 김현을 이끌고 가서 구석진 곳에 숨겼다. 조금 뒤에 세 마리의 범이 으르렁거리면서 오더니 사람의 말을 지어 말하였다.
　"집안에 비린내가 나는구나. 요깃거리가 생겼으니 어찌 다행이 아닌가."
　늙은 할미와 처녀는 꾸짖었다.
　"너희 코가 잘못 되었구나. 무슨 미친 소리냐?"
　그때 하늘에서 외쳤다.
　"너희들이 사람의 생명을 즐겨 해친 것이 너무 많다. 마땅히 한 녀석을 죽여 악을 징계하겠다."

세 짐승은 그 소리를 듣자 모두 근심하는 기색이 있었다. 처녀는 말하였다.

"세 오빠가 멀리 피해 가서 자숙하겠다면, 제가 그 벌을 대신 받겠습니다."

모두 기뻐하며 고개를 숙이고 꼬리를 치며 도망가 버렸다. 처녀는 들어와 김현에게 말하였다.

"처음에 저는 낭군이 우리 집에 오시는 것이 부끄러워 짐짓 사양하고 거절했습니다. 이제는 숨김없이 사실대로 말하겠습니다. 또한 저와 낭군은 비록 같은 종류는 아니지만, 하루 저녁의 즐거움을 같이했으니 부부의 연을 맺은 것입니다. 이제 세 오빠의 악을 하늘이 이미 미워하시니 우리 집안의 재앙을 제가 혼자 당하려 합니다. 다른 사람의 손에 죽는 것이 어찌 낭군의 칼날에 죽어서 은덕을 갚는 것과 같겠습니까? 제가 내일 저자에 들어가 사람들을 심하게 해치면, 나라 사람들이 나를 어찌할 수 없을 것입니다. 그러면 임금께서 반드시 높은 벼슬로써 사람을 모집하여 나를 잡게 할 것입니다. 그때 낭군은 겁내지 말고 나를 쫓아 성 북쪽의 숲속까지 오시면, 나는 낭군을 기다리고 있겠습니다."

김현이 말하였다.

"사람과 사람끼리 관계함은 인륜의 도리지만, 다른 종류와 관계함은 대개 떳떳한 일이 아니오. 그러나 이미 잘 지냈으니 진실로 하늘이 준 다행이오. 어찌 배필의 죽음을 팔아서 한때의 벼슬을 바랄 수 있겠소?"

처녀가 말하였다.

"낭군께서는 그런 말을 하지 마십시오. 이제 제가 일찍 죽는 것은 하늘의 명령이고, 또한 제 소원입니다. 낭군의 경사요, 우리 일족의 복이며, 나라 사람들의 기쁨입니다. 제가 한 번 죽음으로써 다섯 가지 이익을 얻게 되는데, 어찌 그것을 어길 수 있겠습니까? 다만 저를 위하여 절을 짓고 불경을 강하여 좋은 과보(果報)를 얻는 데 도움이 되게 해주십시오. 낭군의 은혜는 이보다 더 큰 것이 없겠습니다."

마침내 서로 울면서 작별하였다. 다음날 과연 사나운 범이 성안으로 들어와 사람들을 심하게 해쳤는데, 감히 당해낼 수 없었다.

원성왕이 이 소식을 듣고 영을 내려 말하였다.

"호랑이를 잡는 사람은 2급의 벼슬을 주겠다."

김현이 대궐로 나아가 아뢰었다.

"소신이 그 일을 해내겠습니다."

왕은 이에 벼슬부터 먼저 내려 그를 격려하였다. 김현이 칼을 쥐고 숲속으로 들어갔다.

그러자 범이 낭자로 변하더니 반가이 웃으면서 말하였다.

"어젯밤에 낭군과 정이 결합된 일을 잊지 마십시오. 오늘 내 발톱에 상처를 입은 사람은 모두 흥륜사의 장을 그 상처에 바르고, 그 절의 나발소리를 들으면 나을 것입니다."

낭자는 김현이 찼던 칼을 뽑아 스스로 목을 찔러 넘어졌다. 곧 범의 형체로 바뀌었다.

김현은 숲에서 나와 거짓 핑계로 말하였다.

"내가 지금 호랑이를 쉽사리 잡았다."

그러나 그 사유는 숨기고 말하지 않았다. 다만 시키는 대로 상처를 치료하자 그 상처가 모두 나았다. 지금도 민간에서는 범에게 입은 상처에는 그 방법을 쓴다. 김현은 벼슬하자 서천(西川) 냇가에 절을 지어 호원사(虎願寺)라 이름하였다. 늘 『범망경(梵網經)』을 강하여 범의 저승길을 인도하였다. 또한 범이 제 몸을 죽여 자기를 출세케 한 은혜에 보답하였다. 김현이 죽을 때에 지나간 일의 이상함을 깊이 감동하여 이에 붓으로 적어 전기를 만들었다. 세상에서는 그때 비로소 듣고 알게 되었다. 그래서 그 글 이름을 '논호림(論虎林)'이라 하였는데, 지금까지 일컬어온다.

… 절을 도는 사람에게 감동하여 하늘이 악을 징계하려 하자 스스로 대신하였다. 또 신묘한 약방문을 전해서 사람을 구제하였고, 사원을 지어 불처의 계법을 강(講)하게 하였다. 이는 다만 짐승의 본성이 어질 뿐만 아니라, 대개 대성(大聖)이 사물에 감응함이 여러 방면이었기 때문이다. 김현이 탑돌이에 정성을 다한 데 감응하여 그윽한 이익을 보답하고자 함이었다. 당시에 복을 받는 것이 당연하지 않겠는가.

(『삼국유사』 권5 감통7 김현감호)

신라 시대에 흥륜사에서 탑돌이를 하면 재앙을 물리치고 복을 부르는 양재초복의 풍속이 있었다. 지금도 그렇지만 탑돌이를 하면 공덕을 쌓을 수 있다는 믿음이 있었던 것이다. 그때 김현은 밤 깊도록 홀로 쉬지 않고 탑돌이를 하였다. 그러한 지극한 정성이 하늘에 닿았던 모양이다. 부처가 인간의 지극정성인 '감'에 '응'하는 방법은 워낙 다양해서 인간의 눈으로는 쉽사리 알아채기 힘들었다. 그런데 바로 호랑이 처녀의 등장과 그 보은을 통해 부처의 응답이 실현되었던 것이다.

이렇게 본다면 아마도 김현은 벼슬을 하게 해달라고 간절히 빌며 탑돌이를 하였을지도 모른다. 그 간절함이 하늘에 닿아 마침내 호랑이 처녀와의 만남을 통해 벼슬길이 열렸던 것이 아닐까. 이 이야기에서의 인간의 '감'은 밤늦도록 홀로 정성껏 탑돌이를 한 김현의 정성이었다. 부처의 '응'은 범으로 하여금 김현에게 복을 내리게 하는 계기를 마련해 주는 것으로 나타났다. 그러므로 이 이야기도 지극정성으로 하늘을 감동시킨 이야기만 모아놓은 〈감통편〉에 수록되어 있다.

간절함과는 다소 다르지만, 애절함이 하늘의 응답을 부른 경우도 있었

하늘이 열렸네

다. 신라의 월명사라는 스님이 나라의 변괴를 없애기 위하여, 그리고 죽은 누이를 위하여 부른 노래가 그러하였다.

신라 경덕왕 19년 경자 4월 1일에 해가 둘이 나란히 나타나 열흘 동안이나 없어지지 않았다.

일관이 아뢰었다.

"인연이 있는 스님을 청하여 산화공덕(散花功德)을 지으면 재앙을 물리칠 것입니다."

이에 조원전에 깨끗한 단을 만들고 청양루(靑陽樓)에 행차하여 인연이 있는 중을 기다렸다. 그때 월명사(月明師)가 천맥(阡陌) 남쪽 길을 가고 있었다. 왕이 신하를 보내 불러 단을 열고 기도문을 지으라 하였다.

월명이 아뢰었다.

"소승은 국선도(國仙徒)에 속하여 단지 향가를 알뿐입니다. 범패(梵唄)에는 익숙지 못합니다."

왕이 일렀다.

"이미 인연이 있는 승려로 뽑혔으니 향가라도 좋다."

이에 월명은 <도솔가(兜率歌)>를 지어 바쳤다. 그 가사는 이렇다.

'오늘 이에 산화가를 불러
 뿌린 꽃이야 너는
 곧은 마음의 명을 받들어
 미륵좌주를 모셔라'

그 시를 해석하면 이렇다.

'용루(龍樓)에서 오늘 산화가(散花歌)를 불러
 푸른 구름에 한 송이 꽃을 날려 보내니

은근하고 곧은 마음이 시킴이니

  도솔천의 대선가(大仙家)를 맞이하노라'

 지금 세속에서 이것을 <산화가>라고 하지만 잘못이다. 마땅히 <도솔가>라 해야 할 것이다. <산화가>는 따로 있으나, 글이 번다하여 싣지 않는다. 조금 있다가 해의 괴변이 사라졌다.

 왕이 가상히 여겨 좋은 차 한 봉과 수정염주 108개를 하사하였다. 홀연히 외양이 깨끗한 한 동자가 공손히 차와 염주를 받들고 궁전 서쪽 작은 문에서 나타났다. 월명은 이것이 내궁의 신하라 하고, 왕은 월명사의 시종이라 하였다. 그러나 확인 결과 모두 아니었다. 왕이 매우 이상히 여겨 사람을 시켜 뒤쫓게 하였다. 동자는 내원탑(內院塔) 속으로 숨고, 차와 염주는 남벽화(南壁畵) 미륵상 앞에 있었다. 월명의 지극한 덕과 지극한 정성이 이와 같이 지성(至聖))에게 비춘 것을 알고 조정과 민간에서 모르는 자가 없었다. 왕이 더욱 공경하여 다시 비단 100필을 주어 큰 정성을 표하였다.

 월명은 또 일찍이 죽은 누이동생을 위해서 재를 올릴 때, 향가를 지어 제사 지냈다. 그러자 갑자기 광풍이 일어나 종이돈이 서쪽으로 날아가 없어졌다.

 향가는 이렇다.

 '생사의 길은 여기 있으매 머뭇거리고

 나는 간다는 말도 못다 이르고 갔느냐

 어느 가을 이른 바람에 여기저기 떨어지는 잎처럼

 한 가지에 나서 가는 곳을 모르는구나

 아아, 미타찰에서 너를 만날 나는 도 닦아 기다리겠노라'

 월명은 늘 사천왕사(四天王寺)에 살았는데, 피리를 잘 불었다. 일찍이 달밤에 피리를 불면서 문 앞의 큰 길을 지나가면, 달이 그를 위해 가는 것을 멈추었다. 이로 말미암아 그 길을 월명리(月明里)라 하였다. 월명사도 또한 이로써 이

155

하늘이 열렸네

름이 났다. 월명사는 곧 능준대사의 제자였다. 신라 사람들이 향가를 숭상함은 오래되었는데, 대개 시송(詩頌)과 같은 것이었다. 그러므로 자주 천지와 귀신을 감동시킨 것이 한두 가지가 아니었다.

기린다.

'바람은 종이돈을 날려 죽은 누이동생의 노자를 삼게 했고
피리는 밝은 달을 흔들어 항아(姮娥)가 발을 멈추었다
도솔천이 하늘처럼 멀다고 말라
만덕화(萬德花) 한 곡조로 즐겨 맞았다'

(『삼국유사』 권5 감통7 월명사 도솔가)

월명사는 경덕왕의 청으로 해가 둘이나 뜬 변괴를 없애기 위해 노래를 지어 불렀다. 일명 4구체 향가인 〈도솔가〉다. 그러자 즉시 해의 변괴가 사라지는 효험을 보았다. 경덕왕은 기뻐하여 월명사에게 차와 수정염주를 하사하였는데, 한 동자가 그것을 받들고 사라졌다. 뒤따라가 보니 그 차와 염주가 미륵상 앞에 놓여 있었다. 『삼국유사』를 편찬한 일연은 이 이야기를 보면서 '월명의 지극한 덕과 지극한 정성이 이와 같이 지성(至聖)에게 비추었다.'고 서술하였다. 월명의 '감'이 부처의 '응'을 불렀다는 것이다. 이 이야기에서의 인간의 '감'은 〈도솔가〉를 통한 산화공덕으로 국난을 극복하고자 한 경덕왕과 월명사의 정성이었다. 부처의 '응'은 변괴가 사라지고 미륵보살이 현신하여 그 뜻을 기리는 것으로 나타났다. 따라서 이 이야기 역시 지극정성으로 하늘을 감동시킨 이야기만 모아놓은 〈감통편〉에 수록되어 있는 것이다.

이야기는 여기서 끝난 것이 아니다. 어느 날 월명사는 죽은 누이동생을 위해서 재를 올렸다. 일명 〈제망매가〉라는 10구체 향가를 지어서 명복을

빌었던 것이다. 옛날에도 죽은 이의 노잣돈으로 종이돈 같은 걸 만들었던 모양이다. 마치 오늘날 동남아시아 일부 지방에서 장례식 때 종이돈을 진짜 돈처럼 만들어서 불에 태우거나 날리는 풍습처럼 말이다. 그런데 갑자기 광풍이 불어 종이돈이 서쪽으로 날아가는 효험을 보았다. 죽은 누이동생이 월명사가 올린 재로 인해 서쪽, 즉 서방정토로 간 것이다.

월명사가 달밤에 길을 가다가 피리를 불자 달이 멈추어 섰다는 것도 그의 영험함을 증빙하는 일화였다. 그러므로 월명사라는 이름은 고유명사가 아니라, 그의 행적을 보고 후대에 붙여준 보통명사다. 오악신과 삼산신의 출현을 불길하게 여겼던 경덕왕에게 백성을 편안하게 하는 노래인 〈안민가〉를 지어주었던 충담사(忠談師)처럼 말이다. 충담사 역시 '충성스러운 말을 해준 스님'이라는 보통명사로 풀이되기 때문이다. 또한 혜성이 나타나 심대성을 침범한 변괴를 없애기 위해 〈혜성가〉를 불렀던 융천사(融天師) 역시 마찬가지였다. 그 이름에 '하늘을 조화롭게 한 스님'이라는 뜻이 담겨 있기 때문이다.

월명사는 두 개의 해가 뜬 변괴를 없앴고, 누이동생을 위한 지전을 서쪽으로 날렸을 뿐만 아니라, 가는 달마저 멈추게 하였다. 향가라는 노래를 통해서였다. 노래가 지극하였고, 간절함을 넘어 애절하였기에 그 정성이 하늘에 닿았던 것이다. 그래서 『삼국유사』를 편찬한 일연은 이 대목에서 "향가가 자주 천지와 귀신을 감동시킨 것이 한두 가지가 아니었다."고 하였던 것이다.

지금 우리는 인간으로서 어떠한 '감'을 드리고 있는가. 다시 말해 어떠한 지극정성으로 하늘을 감동시켜 '응'을 받고자 하는가. 흔히 사람답게 살아야 한다고 말하고는 한다. 과연 어떻게 사는 것이 사람답게 사는 길인가. 사람은 관계적 존재다. 무엇보다 우선 나와 나의 관계를 잘 맺어야 한다. 겉에 드러나 있는 내가 아니라 내재되어 있는 나와 관계를 잘 맺어야만 한다. 자중자애라는 말처럼 자기 스스로를 소중하게 여기고 사랑해야 한다. 나를 사랑할 수 있을 때, 남도 사랑할 수 있기 때문이다.

『논어』 위령공 에 나오는 대목이다. 공자의 제자 자공이 물었다. "한 말씀으로써 종신토록 행할 만한 것이 있습니까?" 그러자 공자가 대답하였다. "용서일 것이다. 자기가 하고자 하지 않는 것을 남에게 베풀지 말라는 것이다." 이를 해석하자면 어질다는 것은 곧 용서한다는 말과 같다. 우선 나를 용서할 수 있어야 비로소 자중자애가 가능하다는 뜻이기도 하다. 살아오면서 가슴을 치며 후회할 정도로 실수하고 잘못한 자신의 일들을 너그럽게 용서할 때, 비로소 자신을 사랑할 수 있는 것이다.

그런 연후에야 나와 우리의 관계를 맺을 수 있다. 나 자신에서 벗어나 가족과 이웃, 인류와 좋은 관계를 맺게 되는 것이다. '수신제가치국평천하(修身齊家治國平天下)'라는 말이 오늘도 새로운 까닭이다. 나로부터 시작하여 가족, 사회, 국가로 외연을 넓혀가야 한다. 그때 비로소 가족애, 애향심, 애국심, 인류애까지 나아갈 수 있기 때문이다. 나와 나의 관계, 나와 우리의 관계를 넘으면 최종적으로 나를 있게 한 존재와 관계를 맺게 된다. 궁극자 내지 절대자라 칭하는 존재와 관계를 맺는 것이야말로 사람만이 할 수 있는 고유한 영역이다. 인간 이외의 다른 생명체들과의 변별점이 바로 여기에 있다고 해도 과언이 아닐 것이다. 이러한 의미에서 철학자 하이데거는 현 존재인 인간은 궁극적 존재와 관계를 설정하면서 행복을 느낀다고 하였던 것이다.

진정으로 사람답게 살기 위하여 우리는 우선 나와 어떤 관계를 맺고, 나아가 주변에 있는 남들과 어떤 관계를 맺을 것이며, 마지막으로 나를 있게 한 존재와 어떤 관계를 맺을 것인가를 끊임없이 헤아려야 한다. 물론 그 기저에는 그러한 좋은 관계를 맺고자 하는 간절한 마음이 있어야 하고, 그러한 일이 원만하게 이루어지도록 지극정성을 쏟아야 함은 두말할 나위 없다.

욱면 이야기만큼이나 『신약성경』의 〈마태오복음〉에 등장하는 병든 여인 이야기가 눈길을 끈다. 예수가 길에 나서자 많은 군중이 따르며 밀쳐댔다. 그 가운데에 열두 해 동안이나 하혈하는 여자가 있었다. 그 여자는 숱한 고생을 하며 많은 의사의 손에 가진 것을 모두 쏟아 부었지만, 아무 효험도 없었다. 그녀는 예수의 소문을 듣고 군중에 섞여 예수 뒤로 가서 옷에 손을 대었다. 옷에 손을 대기만 하여도 병이 치료되리라 믿었던 것이다. 그러자 과연 출혈이 멈추고 병이 나은 것을 몸으로 느낄 수 있었다. 예수는 힘이 나간 것을 알고 군중에게 돌아서서 누가 옷에 손을 대었는지를 물었다. 그러자 제자들은 군중이 이렇게 밀쳐 대는데, 왜 그런 말을 하시느냐고 반문하였다. 그 여인은 자기에게 일어난 일을 알았기 때문에 두려워 떨며 나와서 예수 앞에 엎드려 사실대로 말하였다. 그러자 예수는 그 여자에게 일렀다. "네 믿음이 너를 구원하였다." 여인의 간절한 마음과 믿음이 기적을 불렀던 것이다.

우리가 늘 바라는 기적은 인간의 '감', 즉 간절함이 하늘에 닿아 '응'을 이끌어냄으로써 오는 모양이다. 일연의 말처럼 향가가 그러하였듯이 간절함이야말로 천지귀신을 감동시키는 힘이었다. 이러한 양상을 『삼국유사』에서는 감통(感通)이라 하였다. 우리는 지금 얼마나 간절한 마음을 지니고 사는지 돌아보게 된다.

무령왕릉 석수 鎭墓獸 한국(韓國)-백제(百濟) <6세기>

석수는 기괴한 신수를 표현한 공상적인 동물을 무덤 안이나 앞에 놓아서 악귀(惡鬼)를 쫓아 사자(死者)를 수호한다는 중국의 묘장풍습(墓葬風習)에서 나온 것이다. 중국에서는 이미 전국시대 초나라 무덤에서 나무 조각 형태로 나타나기 시작하여 한대에 이르러 무덤 앞에 기괴한 돌짐승을 세우거나 짐승모양을 무덤 안에 넣으면서부터 보편화되었다. 출토 당시 무령왕릉 널길 중앙에 밖을 향하여 놓여 있었다. 석수는 뭉뚝한 입을 벌리고 있고 코는 크지만 콧구멍이 없으며, 등에는 네 개의 융기(隆起)가 있고 머리 위 융기 상면의 패어진 홈에는 나뭇가지 모양의 철제 뿔이 꽂혀 있다. 몸통 좌우에는 앞뒤로 날개모양의 갈기가 도안처럼 부조되었다. 네 개의 짧은 다리가 있으며 발톱이 표현되어 있는데 뚜렷하지 않다.

07

그분이 오셨어요
▶성인(聖人)을 만나 깨우친다

07

그분이 오셨어요
▶성인(聖人)을 만나 깨우친다

경흥과 효소왕의 놀라운 체험

우리들 마음에 빛이 있다면 여름엔 여름엔 파랄 거예요
산도 들도 나무도 파란 잎으로 파랗게 파랗게 덮인 속에서
파아란 하늘 보며 자라니까요
(이효선 작사, 한용희 작곡 〈파란마음 하얀마음〉)

우리 마음에 빛이 있다면 과연 어떤 색일까. 우리는 어떤 색으로 마음을 물들이고 싶은지 물어보게 되는 노래다. 가슴에 파란 빛·구름과 같은 큰 뜻을 품고 살았던 이들이 꿈꾸었던 세상은 어떠하였을까. 절대자 내지 초월자라 불리는 궁극적 존재를 만났던 이들의 신비스러운 이야기를 들어본다.
경흥이 부지불식간에 만난 문수보살 이야기가 놀랍고도 안타깝다.

경흥과 효소왕의 놀라운 체험

　신라 신문왕 때의 경흥대덕(憬興大德)은 성이 수(水)씨며, 웅천주(熊川州) 사람이다. 열여덟 살에 중이 되어 삼장에 통달하여 명망이 드높았다. 개요 원년에 문무왕이 장차 세상을 떠나려 할 때였다.
　문무왕이 신문왕에게 뒷일을 부탁하였다.
　"경흥법사는 국사가 될 만하니 내 명령을 잊지 마라."
　신문왕이 왕위에 올라 경흥을 국사로 책봉하고, 삼랑사(三郞寺)에 살게 하였다. 경흥이 갑자기 병이 나서 한 달이 넘도록 앓았다. 한 여승이 와서 그를 문안하였다. 『화엄경』 가운데에 '착한 벗이 병을 치료해준다는 이야기'를 말하였다.
　"지금 스님의 병은 근심으로 생긴 것이니 즐겁게 웃으면 나을 것입니다."
　이에 열한 가지의 모습을 만들어 저마다 우스꽝스러운 춤을 추게 하였다. 뾰족하기도 하고 깎은 듯도 하여 그 변하는 모습은 이루 다 말할 수 없었다. 모두 너무 우스워 턱이 떨어질 지경이었다. 이에 경흥의 병은 자기도 모르게 씻은 듯이 나았다. 여승은 마침내 문을 나가더니 남항사(南巷寺)로 들어가서 숨어버렸다. 지니고 있던 지팡이만 십일면보살상의 탱화 앞에 있었다.
　경흥이 어느 날 대궐에 들어가려 하였다. 시종하는 이들이 동문 밖에서 먼저 채비를 차렸다. 그런데 말의 안장과 신과 갓이 매우 화려하여 행인들이 길을 내주었다. 그때 모습이 거칠고 엉성한 한 거사가 손에 지팡이를 짚고 등에 광주리를 지고 와서 하마대(下馬臺) 위에서 쉬고 있었다. 광주리 안에는 마른 물고기가 있었다. 시종하는 이가 그 거사를 꾸짖었다.
　"너는 중 옷을 입고서 어찌 부정한 물건을 짊어지고 있느냐?"
　거사는 말하였다.
　"두 다리 사이에 살아있는 고기를 끼고 있는 것보다 시장의 마른 고기를 지고 있는 것이 뭐가 나쁘냐?"

거사는 말을 마치자 일어나 가버렸다. 경흥이 그때 문을 나오다가 그 말을 듣고는 사람을 시켜 그 거사를 뒤쫓게 하였다. 거사는 남산의 문수사(文殊寺) 문밖에 이르러 광주리를 내던지고 숨어버렸다. 지팡이는 문수보살상 앞에 있었다. 마른 고기는 곧 소나무 껍질이었다. 사자가 와서 그 사실을 알렸다.

경흥이 듣고 탄식하였다.

"대성 문수보살이 와서 내가 말 타는 것을 경계하셨구나."

그 후 경흥은 종신토록 다시 말을 타지 않았다. 경흥의 덕이 풍긴 맛은 중 현본(玄本)이 엮은 삼랑사 비문에 자세히 기록되어 있다.

일찍이 『보현장경』을 보았더니 미륵보살이 말씀하셨다.

"나는 내세에는 염부제(閻浮提)에 나서 석가의 말법(末法) 제자들을 먼저 제도할 것이다. 다만 말 탄 비구승만은 제외시켜 그들에게는 부처를 보지 못하게 할 것이다."

어찌 경계하지 않겠는가. 기린다.

'옛 어진 이가 모범을 보임은 뜻한 바가 많았는데
  어째서 뒷사람들은 덕을 닦지 않는가
  마른 고기 진 것은 오히려 괜찮다
  뒷날 미륵불 저버릴 일 어찌 하리요'

(『삼국유사』 권5 감통7 경흥우성)

경흥은 삼장, 즉 경장과 율장과 논장에 통달하였던 승려였다. 경(經)은 석가의 가르침이고, 율(律)은 석가가 가르친 윤리·도덕적인 실천규범으로 교단의 생활규칙이며, 논(論)은 석가의 가르침을 논리적으로 조직하고 체계화하여 설명한 것이다. 이러한 불경 전반에 통달하였으니 존경의 대상이 되는 것은 당연하였다. 문무왕이 신문왕에게 유언을 남겨서 경흥을 국사로 책봉하였을 정도니 그는 명실 공히 당대 최고의 승려였다.

이 이야기의 전반부에서는 경흥이 사람들에게 존경받았을 뿐만 아니라, 부처의 총애도 받았다는 사실을 들고 있다. 이러한 면은 경흥이 병이 나자 고쳐주고 떠난 여승이 다름 아닌 십일면보살의 현신이었다는 데에서 단적으로 드러난다. 아수라에 빠진 중생을 자비의 마음으로 구제하고 제도한다는 십일면관음보살이 나타나 그의 병을 고쳐주었던 것이다. 경흥의 위상이 가히 하늘을 찌를 듯할 만도 하였다. 더욱이 선왕이 유언까지 남겨 국사에 오르지 않았던가.

이제 이야기는 후반으로 넘어간다. 그런 위치에 있던 경흥은 걷지 않고 말을 타고 다녔다. 게다가 말에 올린 안장과 그가 신은 신, 그리고 머리에 쓴 갓이 대단히 호화스러웠던 모양이다. 한 나라를 대표하는 스님이니 그 정도야 누구나 다 인정하였을 법하다. 그때 기이한 승려가 마른 물고기가 가득 담긴 광주리를 지고 나타나 말 타고 다니는 경흥을 꾸짖었다. 경흥의 시종은 기가 막혔을 것이다. 똥 묻은 개가 겨 묻은 개를 나무라는 격이었으니 말이다. 마침 경흥이 그 말을 듣고 깜짝 놀라서 뛰어나왔다. 하지만 거사는 이미 사라진 후였다. 문수보살상 앞에 놓인 지팡이와 소나무 껍질로 변한 마른 물고기 이야기를 전해들은 경흥은 그제야 부처의 현신을 깨달았다. 불도를 닦는 승려로서 호화스러운 생활을 하는 것에 대한 경고였음을 즉각 알아차렸던 것이다. 그 뒤 경흥은 크게 깨우쳐 다시 초심으로 돌아가 정진의 길에 들어서게 되었다.

불교도라면 누구나 그러하듯이 경흥 역시 부처를 단 한 번만이라도 만나는 것이 소원이었을 것이다. 그러나 그는 자신 앞에 나타난 십일면관음보살과 문수보살의 현신을 알아보지 못하였다. 십일면관음보살은 그의 병을 고쳐주기 위하여, 문수보살은 그의 그릇된 행실을 경고하기 위하여 현신하였지만 말이다. 〈감통편〉에 실려 있는 이 이야기에서 인간의 '감'은 18세에 출가하여 삼장에 통달한 국사의 정성과 기마에 대한 참회와 정진이었다. 부처의 '응'은 십일면관음보살의 현신과 치유, 그리고 문수보살의 현신과 꾸짖음으로 나타났다. 전반부에서는 인간의 '감'에 이어 부처의 '응'으로 나타나지만, 후반부에서는 이례적으로 부처의 '응'이 인간의 '감'을 유도하는 방식으로 되어 있어 흥미롭다. 이러한 역행 구조는 그릇된 길을 걷고 있던 사람이 성인이나 신을 만나 깨우치는 이야기에서 종종 나타난다.

신라의 효소왕도 이와 흡사한 경험을 하였다. 그는 부지불식간에 부처를 만났지만, 안타깝게도 그를 알아보지 못하였다.

장수 원년 임진에 효소왕(孝昭王)이 왕위에 올랐다. 처음으로 망덕사(望德寺)를 세워 당나라 왕실의 복을 빌려고 하였다. 그 후 경덕왕 14년에 망덕사 탑이 흔들리더니 안록산과 사사명의 난이 일어났다.

신라 사람들이 말하였다.

"당나라 왕실을 위하여 이 절을 세웠으니 마땅히 그 영험함이 있는 것이다."

8년 정유에 낙성회를 열어 효소왕이 친히 가서 공양하였다. 그때 한 비구승이 있었는데, 모습이 누추하였다. 그는 몸을 움츠리고 뜰에 서서 청하였다.

"빈도도 재에 참석시켜 주기를 바랍니다."

왕은 그에게 말석에서 참례하라고 허락하였다. 재를 마치려 하자 왕은 그를 희롱하고 비웃었다.

"비구는 어디 사는가?"

중이 말하였다.

"비파암(琵琶巖)에 있습니다."

왕이 희롱하였다.

"지금 가거든 다른 사람들에게 국왕이 친히 불공하는 재에 참석하였다고 말하지 마라."

중은 웃으면서 대답하였다.

"폐하도 또한 다른 사람에게 진신 석가를 공양하였다고 말하지 마시오."

말을 마치자 몸을 솟구쳐 하늘에 떠서 남쪽으로 향하여 가버렸다. 왕은 놀랍고 부끄러워 동쪽 산에 달려 올라가서 그가 간 방향을 향하여 멀리서 절하였다. 사람들에게 가서 찾게 하였다. 그는 남산 삼성곡, 또는 대적천원이라는 곳에 이르러 바위 위에 지팡이와 바리때를 놓아두고 숨어버렸다.

사자가 와서 복명하자 왕은 드디어 석가사(釋迦寺)를 비파암 아래에 세웠다. 그의 자취가 없어진 곳에 불무사(佛無寺)를 세워 지팡이와 바리때를 나누어 두었다. 두 절은 지금까지 남아 있으나, 지팡이와 바리때는 없어졌다.

(『삼국유사』 권5 감통7 진신수공)

효소왕이 당나라 왕실을 위하여 망덕사라는 절을 짓고 낙성회를 하였다. 외교적 관계에 있던 당나라를 위해 지은 절이었으므로 왕이 직접 행차해서 불공을 드리는 것이 마땅한 일이었다. 그때 허름한 차림의 승려가 감히 국왕이 친히 베푸는 재에 참석하겠다고 나섰다. 효소왕이 보기에 얼마나 기가 막혔을까. 분수를 모르는 승려가 가소로웠을 것이다. 이에 효소왕은 좋은 날이므로 한껏 자비를 베푸는 심정으로 그 승려를 말석에 참여시켰다. 효소왕은 재가 끝나고 나서 허름한 승려에게 주제넘게 왕과 함께 불공을 드렸다는 말을 하고 다니지 말라고 주의를 주었다. 그런데 일이 터지고 말았다. 누추한 승려가 왕에게 감히 진신 석가를 만나 불공을 드렸다고 말하지 말라며 사라졌던 것이다.

이 이야기 역시 〈감통편〉에 수록되어 있는데, 여기서 인간의 '감'은 국가의 안녕을 위하여 사찰을 창건하고, 친히 재(齋)를 올린 국왕의 정성이었다. 부처의 '응'은 석가가 현신하여 직접 공양을 받는 것으로 나타났다. 불교도라면 누구나 진신 석가를 단 한 번만이라도 만날 수 있다면, 당장 죽어도 여한이 없을 것이라고 말할 것이다. 그런데 효소왕은 누구나 만나고 싶어 하던 진신 석가를 눈앞에서 보고도 공경은커녕 조롱하고 말았다. 그 부끄럽고 당황스러웠을 모습이 눈에 선하다. 겉모습으로 사람을 판단하는 것은 시대와 장소와 신분에 상관없이 인간의 공통된 습성인가 보다. 물질만능주의에 깊이 빠져있는 오늘의 세태에 경종을 울리는 이야기라 아니할 수 없다.

범일과 생의가 본 돌부처

경흥 스님과 효소왕은 부지불식간에 부처를 만났다. 그래서 아쉽고도 안타까운 마음이 더욱 컸다. 이와는 다른 양상으로 부처를 만난 이들도 있었다. 경이로운 마음이 더 컸다. 〈감통편〉이 아닌 〈탑상편〉에 수록되어 있는 이야기이니만큼 이야기의 양상이 사뭇 다르다. 〈감통편〉의 이야기는 인간이 지극정성이 하늘에 통하여 응답을 받았다는 내용들이다. 이에 비해 〈탑상편〉의 이야기는 탑이나 불상에 얽힌 일화들이다. 따라서 여기서는 탑이나 불상이 조성된 유래를 밝히는 가운데 부처가 현신하고 있다.

범일이 본 돌부처 이야기가 그러하였다.

굴산조사(崛山祖師) 범일(梵日)이 태화 연간에 당나라에 들어갔다. 명주(明州) 개국사(開國寺)에 이르자 왼쪽 귀가 잘린 중이 있었다. 여러 중들이 있는 맨 끝자리에 앉아 있었다.

그가 조사에게 말하였다.

"저도 신라 사람입니다. 집은 명주 익령현(翼嶺縣) 덕기방(德耆坊)에 있습니다. 조사께서 후일에 본국으로 돌아가시거든 반드시 제 집을 지어주십시오."

이윽고 조사는 승려들이 모인 곳을 두루 다니다가 염관에게 법을 얻고, 회창 7년 정묘에 고국으로 돌아왔다. 먼저 굴산사(崛山寺)를 세우고 불교를 전하였다.

대중 12년 무인 2월 15일 밤에 꿈을 꾸었다. 전에 보았던 중이 창문 밑에 와서 말하였다.

"전에 명주 개국사에서 조사와 언약이 있어 이미 승낙을 얻었는데, 어찌 실천이 늦습니까?"

조사가 놀라 깨어 수십 명을 데리고 익령(翼嶺) 가까이에 가서 그가 사는 곳을 찾았다. 한 여인이 낙산 아랫마을에 살고 있었다. 그 이름을 물으니 덕기(德耆)라 하였다. 그 여인에게 한 아들이 있었는데, 나이 겨우 여덟이었다. 그는 늘 마을 남쪽 돌다리 가에 나가 놀았다.

아들이 어머니에게 알렸다.

"나와 함께 노는 아이 중에 금빛이 나는 아이가 있습니다."

그의 어머니가 조사에게 이 사실을 말하였다. 조사는 놀랍고 기뻐하여 그녀의 아들을 데리고 그 아이가 놀던 다리 밑에 가서 찾았다. 물속에 돌부처 하나가 있었다. 꺼내어 보니 왼쪽 귀가 떨어져 나가 있었는데, 전에 본 중과 같았다. 이것이 곧 정취보살(正趣菩薩)의 불상이었다. 이에 점치는 댓가지를 만들어 절 지을 곳을 점쳐보니 낙산 위가 좋다 하였다. 불전 세 칸을 지어 그 불상을 모셨다.

(『삼국유사』 권3 탑상4 낙산이대성 관음 정취 조신)

　범일은 통일신라 말에 지금의 강릉인 명주에서 태어났다. 그 어머니가 해가 뜬 물을 떠서 마시고 잉태하여 범일(泛日)이라 이름하였다. 그는 15세에 출가하여 당나라에 유학을 다녀왔다. 귀국하여 굴산사를 창건한 조사가 되었으며, 국왕들이 제안한 국사 자리도 사양한 선승이었다. 죽어서 대관령국사성황신이 되어 지역 수호신이 되었다고 전해온다. 오늘날 대관령산신과 더불어 강릉단오제의 주신으로 모셔지고 있어 그의 위상을 가늠해 볼 수 있다.

　범일이 당나라로 유학 갔을 때의 일이었다. 그 당시 일반적인 학문도 그러하였지만, 불교 역시 중국을 통해 들어왔기에 그곳에 가서 본격적인 공부를 해야겠다는 이들이 많았다. 물론 불교의 발상지인 인도도 있었지만, 넓은 중국 땅을 가로질러야만 도달할 수 있는 먼 곳이었기에 대부분의 사람들은 인도로 유학 갈 엄두를 내지 못하였다. 범일도 당나라로 유학을 갔다. 그리고는 개국사에서 왼쪽 귀가 없는 스님을 만나 사찰창건 요청을 받았다. 모르긴 몰라도 그는 그 요청을 대수롭지 않게 여겼을 것이다. 처음 만난 승려인데다 몸도 온전치 않은 승려가 난데없이 한 말이었기 때문이다.

　그러나 그 승려는 범일이 귀국한 뒤에 꿈에 다시 나타나 옛일을 상기시켰다. 심상치 않게 여긴 범일은 그가 산다던 마을에 찾아갔다. 거기서 그는 귀 없는 승려가 일러준 지명과 이름이 같은 여인을 만났다. 그리고 마침내 그녀의 아들이 매일 함께 놀았다던 금빛 나는 아이를 찾아 나선 끝에 귀 없는 돌부처를 발견하였다. 당나라에서 만났던 스님과 같은 모습이었다. 범일은 맹렬하게 정진하던 시기에 정취보살을 만났던 것이다.

이 이야기의 제목은 〈낙산이대성 관음 정취 조신〉이다. 낙산에 두 성인인 관음보살과 정취보살이 있었다는 뜻이다. 예전에 의상이 낙산에 관음보살이 산다는 말을 듣고 찾아갔다. 산 밑으로 뚫린 동굴 속에서 7일 동안 재개를 하고는 관음보살을 만났다. 그 관음보살이 산꼭대기 위에 절을 지으라고 하여 만든 절이 낙산사였다. 그래서 낙산사에 관음보살을 모시게 되었다. 그 뒤에 범일이 그곳에 다시 정취보살을 모셨던 것이다.

범일은 현신한 부처를 알아보지 못하였다. 당연한 일이었다. 귀 하나가 없는, 그저 그런 스님이 건넨 말이니 귀담아 듣지 않았던 것이다. 만약 그때 그 승려가 부처인줄 알았다면 어찌 그렇게 담담하게 있었을까. 엎드려서 공경의 예를 표하고, 자신을 이끌어달라고 간청하였을 것이다. 그러나 범일은 뒷날 돌부처를 통해 부처를 다시 만나는 기쁨을 누렸다. 그로 인해 그는 더욱 정진하여 큰스님이 되는 계기를 마련하였는지도 모른다.

마찬가지로 돌부처를 통해 신비한 체험을 한 승려가 또 있었다. 바로 생의였다. 이 이야기 역시 〈탑상편〉에 실려 있다.

> 신라 선덕여왕 때의 중 생의(生義)는 언제나 도중사(道中寺)에 살았다. 어느 날 꿈에 한 중이 그를 데리고 남산에 올라갔다. 풀을 묶어 표를 하게 한 후, 산 남쪽 골짜기에 와서 말하였다.
>
> "내가 이곳에 묻혀 있으니, 스님은 이를 꺼내어 고개 위에 편하게 묻어주시오."
>
> 꿈을 깨자 그는 친구를 데리고 표해둔 곳을 찾아갔다. 그 골짜기에 이르러 땅을 파보니 돌미륵이 있었다. 그것을 삼화령(三花嶺) 위로 옮겼다.
>
> 선덕여왕 13년 갑진에 그곳에 절을 지어 거주하였다. 후에 절 이름을 생의사

그분이 오셨어요

(生義寺)라 하였다. 충담사(忠談師)가 해마다 3월 3일과 9월 9일에 차를 달여서 공양한 이가 곧 이 부처님이었다.

(『삼국유사』 권3 탑상4 생의사 석미륵)

경주의 남산은 신라 불교의 메카라 할 수 있다. 지금도 그곳에 상당히 많은 절과 탑과 불상들이 남아 있다. 생의는 꿈속에서 어느 승려에 이끌려 바로 그 남산으로 갔던 것이다. 그리고는 자신을 편히 묻어달라는 요청을 받았다. 우리의 옛날이야기에 종종 등장하는 친숙한 모티프다.

옛날에 어느 선비가 과거를 보러 한양으로 가는 길이었다. 날이 어두워졌는데, 깊은 산속이라 인가는 보이지 않았다. 선비의 등으로 식은땀이 배어나왔다. 호랑이, 늑대, 여우, 승냥이 같은 산짐승들에게 많은 사람이 목숨을 잃던 시절이었으니 그럴 만도 하였다. 그때 저 멀리서 불빛이 반짝였다. 선비는 이제 살았다는 심정으로 부리나케 달려갔다. 문 앞에서 "이리 오너라!" 하였더니 고래 등 같은 집에서 웬 여인이 나왔다. 여인은 마치 나그네를 기다렸다는 듯이 상냥하게 맞이하였다. 선비는 이상하다는 생각이 들었다. 첩첩산중에 기와집이 있다는 것도 그렇고, 여인 혼자서 집을 지키고 있는 것도 그러하였다. 하지만 찬밥 더운밥 가릴 처지가 아니었다. 인가에서 하룻밤 묵을 수 있다는 것이 그저 고마울 뿐이었다. 방에 들어가자 여인이 마치 미리 준비라도 하였던 것처럼 진수성찬을 내왔다. 선비는 허겁지겁 음식을 먹고 나자 곧 피곤이 몰려와 쓰러져 잠이 들었다. 그런데 비몽사몽간에 여인의 말소리가 들렸다. "사실은 제가 지금 저기 노천에 묻혀 있습니다. 제 뼈를 잘 수습해서 묻어주세요. 은혜를 잊지 않겠습니다. 이번에 과시장에 가시면 이런 시제가 나올 것입니다. 그러면 이렇게 쓰세요." 다음 날 아침, 선비가 일어났더니 고래 등 같은 기와집은 온데간

데없었다. 풀 위에 누워 있는 자신을 보고 깜짝 놀랐다. 누워 있던 발치에다 허물어진 무덤이 보였다. 선비는 그제야 어젯밤 여인의 말이 어렴풋이 떠올랐다. 선비는 뼈를 잘 수습해서 봉분을 만들어 놓고 간단하게나마 제사를 올려주었다. 그 뒤 과거시험을 보러 올라간 선비의 눈이 휘둥그레졌다. 꿈결에 들었던 문제가 그대로 나왔던 것이다. 선비는 망설임 없이 일필휘지로 답을 써냈다. 결과는 장원급제였다. 선비는 고향으로 내려가는 길에 다시 그 무덤에 들려 예를 표하였다.

　생의 스님의 이야기가 낯설지 않은 옛날이야기와 흡사하다. 그는 잠에서 깨자마자 꿈에 풀을 묶어서 표시한 곳을 찾아갔다. 아니나 다를까. 그곳에서 돌미륵을 발견하였던 것이다. 제27대 선덕여왕 때에 그렇게 모시게 된 돌미륵은 제35대 경덕왕 때의 충담사가 차 공양을 드리는 일화로 이어졌다. 궁중에 호국신인 오악과 삼산의 신들이 종종 출현하자 경덕왕은 그 변괴를 없애고자 충담사를 불렀는데, 그가 매년 차 공양을 올린다던 부처가 바로 그 돌미륵이었던 것이다. 이 이야기를 보면 사람이든 동물이든, 아니면 절대자든 간에 만남은 인연 속에서 이루어지는 듯하다. 그래서 그러한 인연을 숙명이라고 부르는 모양이다. 옷깃만 스쳐도 인연이라고 이야기한다. 불교에서는 옷깃을 한 번 스치는 데에도 전생에 500겁의 인연이 있어야 한다고 하였다. 장시(長時)나 대시(大時)로 번역되는 겁(劫)은 통상적인 시간의 단위로 잴 수 없을 만큼 긴 세월을 가리키는 말이다. 천지가 한 번 개벽한 때부터 다음 개벽할 때까지의 계산할 수 없는 무한히 긴 시간인 것이다.

　그처럼 깊은 인연으로 인해 오매불망하던 성인 내지 신을 만났으니 얼마나 기가 막힌 일이었을까. 그러한 만남은 원해서 되는 일도 아니고, 노력해서 되는 일도 아니기 때문이다. 그런데 경흥과 효소왕은 멀쩡하게 깨어 있을 때 부처를 만나고도 알아보지 못하였다. 반면에 범일과 생의는 꿈 속에서 부처를 만났으나 깨닫지 못하였고, 꿈에서 깨어나서야 돌부처를 통해 다시 만났다. 전자는 안타까움과 한숨을 남겼고, 후자는 놀라움과 기쁨을 남겼다는 차이가 있다. 하지만 그러한 만남을 통해 수행하던 이들이 큰 깨우침을 얻었다는 데에서는 둘이 다르지 않다. 일연이 언급하였듯이 부처가 사물에 감응하는 방법은 여러 가지였으니 말이다.

나의 멘토와 멘티

한 평생 승려로 살았다면 누구나 부처를 꿈꾸었을 것이다. 신라 때의 자장은 그처럼 고대하던 부처를 두 차례나 만나는 영광을 얻었다. 그러나 세 번째 만남을 기약하고는 목전에서 알아보지 못하는 실수를 저질렀다. 그는 안타까움과 아쉬움을 이기지 못하고 끝내 부처의 자취를 찾다 세상을 떠나고 말았다. 참으로 기막힌 이야기다.

신라의 자장대덕(慈藏大德)은 김씨로 본래 진한의 진골인 소판 무림(茂林)의 아들이다. 그의 아버지는 중요한 관직을 지냈으나, 뒤를 이을 아들이 없었다. 이에 삼보에 귀의하여 천부관음보살에게 나아가서 자식을 낳게 해달라고 빌었다.
"만약 아들을 낳게 되면 내놓아서 법해(法海)의 재목으로 삼겠습니다."
갑자기 그 어머니 꿈에 별이 떨어져 품안으로 들어왔다. 이로 말미암아 태기가 있었다. 자식을 낳으니 석가세존과 생일이 같았으므로 이름을 선종랑(善宗

郞)이라 하였다. 정신과 마음이 슬기로우며, 문장의 구상이 날로 풍부해졌다. 그러나 속세의 취미에는 물들지 않았다. 양친을 일찍 여의었다. 속세의 시끄러움을 꺼려 처자식을 버리고 전원을 희사하여 원녕사(元寧寺)를 만들었다.

홀로 깊숙하고 험준한 곳에 있으면서 이리나 범을 피하지 않았다. 고골관(枯骨觀)을 닦으면서 조금 피곤하다 싶으면 작은 집을 지어 가시덤불로 둘러막았다. 그 속에 알몸으로 앉아서 움직이면 곧 가시에 찔리도록 하였다. 그리고 머리는 들보에 매달아 혼미한 정신을 없앴다.

때마침 조정에서 재상 자리가 비어 있어 자장이 문벌(門閥)로서 물망에 올랐다. 여러 번 부름을 받았으나 나가지 않았다.

왕이 이에 명령하였다.

"나오지 않으면 목을 베겠다."

자장이 듣고 말했다.

"차라리 하루 동안 계율을 지키다 죽는 한이 있더라도 백 년 동안 계율을 어기고 살기를 원하지 않소."

이 말이 위에 들리자 왕은 그의 출가를 허락하였다. 이에 여러 바위 사이에 깊이 숨어 사니 아무도 양식을 도와주지 않았다. 이때 이상한 새가 과실을 물어다가 바쳤으므로 손으로 받아먹었다. 갑자기 꿈에 천인(天人)이 와서 오계(五戒)를 주므로 그제야 비로소 산골짜기에서 나왔다. 마을의 남녀들이 다투어 와서 계를 받았다.

자장은 변방인 신라에서 자란 것을 스스로 탄식하여 중국으로 가서 불교의 교화를 구하였다. 인평 3년 병신에 칙명을 받아 문인(門人)인 중 실(實) 등 십여 명과 함께 서쪽 당나라로 들어가서 청량산(淸凉山)을 찾아갔다. 이 산에는 만수대성(曼殊大聖)인 문수보살의 소상이 있었다.

그 나라 사람들이 서로 전해 말하였다.

그분이 오셨어요

"제석천(帝釋天)이 장인을 데리고 와서 조각한 것이다."

자장은 소상 앞에서 기도하고 명상하였다. 꿈에 소상이 이마를 만지며 범어로 된 게(偈)를 주었다. 깨어나서 궁리해도 그 의미를 알 수 없었다.

이튿날 아침에 이상한 중이 와서 해석해주면서 말하였다.

"비록 만 가지의 가르침을 배운다 하더라도 이 글보다 나은 것은 없소."

그리고 가사와 사리 등을 그에게 주고 사라졌다. 자장은 이미 만수대성의 기별을 받았음을 알았다. 이에 북대(北臺)에서 내려와 태화지(太和池)에 다다랐다. 당나라 도읍에 들어갔다. 태종이 칙사를 보내어 위무하고, 승광별원(勝光別院)에 있게 하였다. 총애하여 내린 물건이 매우 많았다.

… 자장이 신라에 돌아오자 온 나라가 환영하였다. 왕은 그를 분황사(芬皇寺)에 살게 하였다. 물건과 시중드는 사람을 주어 극진히 대접하였다.

… 만년에는 도읍을 하직하고 강릉부에 수다사(水多寺)를 세우고 거기에 살았다. 다시 꿈에서 이상한 중을 보았다. 그 모습이 당나라 북대에서 본 중과 같았다.

그가 와서 말하였다.

"내일 너를 대송정(大松汀)에서 만나겠다."

놀라 일어나 일찍 나가서 송정에 이르렀다. 과연 문수보살이 감응하여 와 있었다. 그에게 법요를 묻자 답하였다.

"태백산 갈반지(葛蟠地)에서 다시 만나자."

마침내 형체를 숨기고 나타내지 않았다.(송정에는 지금도 가시나무가 나지 않고, 매와 새매 등이 깃들지 않는다고 한다.) 자장이 태백산에서 그를 찾다가 큰 구렁이가 나무 밑에 서리고 있는 것을 보았다.

그가 시종에게 말하였다.

"이곳이 이른바 갈반지다."

이에 석남원(石南院)을 세우고 문수대성이 내려오기를 기다렸다. 이에 어떤 늙은 거사가 남루한 옷을 입고 칡으로 만든 삼태기에 죽은 강아지를 담아 메고 왔다.

그가 시종에게 말하였다.

"자장을 보려고 왔다."

시종이 말하였다.

"내가 좌우에서 모신 후로 아직 우리 스승님의 이름을 부르는 자를 보지 못했다. 너는 어떤 사람이기에 이처럼 미친 말을 하느냐?"

거사가 말하였다.

"다만 너의 스승에게 아뢰기만 하라."

시종이 들어가서 아뢰었다. 자장도 이를 깨닫지 못하고 말하였다.

"아마 미친 사람인가?"

문인이 가서 꾸짖어 내쫓았다. 거사가 말하였다.

"돌아가겠다, 돌아가겠다. 자기 형상에 집착하는 자가 어찌 나를 볼 수 있겠는가?"

그리고 삼태기를 거꾸로 터니 개가 변하여 사자보좌(獅子寶座)가 되었다. 거사는 거기에 올라앉자 빛을 나타내고 사라졌다. 자장은 이 말을 듣고 그제야 위의를 갖추었다. 그 빛을 찾아 서둘러서 남쪽 고개에 올라갔다. 벌써 까마득하여 따라가지 못하고, 마침내 쓰러져 세상을 떠났다. 시체는 화장하여 유골을 굴속에 안치하였다.

(『삼국유사』 권4 의해5 자장정률)

자장은 두 차례나 문수보살을 만났다. 그러한 광영은 그가 기이한 태몽으로 잉태되어 석가가 태어난 날에 진골의 신분으로 출생하였다는 데에서도 어느 정도 암시되고 있었다. 재상 벼슬도 마다하고 출가하여 용맹 정진한 그였다. 훗날 최치원이 졸음을 쫓기 위해 상투를 대들보에 묶고 가시로 허벅지를 찌르며 학업에 열중하였다는 일화도 자장의 수도법에서 유래된 것이 아닐까 하는 생각이 들 정도였다. 그처럼 수도하는 데 매진하였으므로 그는 문수보살을 두 번씩이나 만나는 영광을 입었던 것이다.

그는 문수보살을 만났을 뿐만 아니라, 당 태종으로부터 극진한 대접을 받다가 귀국하여서는 선덕왕의 후한 대접을 받았다. 마침내 대국통(大國統) 자리에 오른 그는 이를 계기로 불교를 널리 전파함으로써 신라사람 열에 아홉이 불법을 받들게 하였다. 만년에는 당나라에서 만났던 문수보살을 다시 만났다. 그리고 말년에 늙은 거사로 현신한 문수보살을 알아보지 못하는 과오를 범하고 말았던 것이다. 부처를 만나겠다는 집착에 사로잡혀 정작 자신의 울타리 속에 갇혔던 것이다. 자장은 불교를 널리 포교하는 업적을 남겼기에 그의 이야기는 고승대덕들의 포교에 관한 이야기를 담고 있는 〈의해편〉에 수록되어 있다.

우리는 종종 외양으로, 겉차림으로 사람을 판단하고는 한다. 문제는 허름한 차림을 한 사람 가운데 우리가 오매불망 만나고자 하는 사람이 있다는 사실을 깨닫지 못한다는 데에 있다. 오늘날 현명하고 신뢰할 수 있는 스승, 또는 지혜와 신뢰로써 인생을 이끌어 주는 지도자를 멘토라고 부른다. 그의 지도를 받는 상대자는 멘티라고 칭한다. 모든 구도자들은 성인이나 신을 만나서 돈오(頓悟), 즉 한 번에 깨우치는 일을 꿈꾸었을 것이다. 옛날에 유학을 신봉하던 선비들은 군자 내지 대장부가 되는 높은 이상을 품었다. 그래서 그들은 성인을 그들의 멘토로 삼았다. 요임금, 순임금, 우왕, 탕왕, 문왕, 무왕, 주공, 공자와 같은 성인들이 그러하였다. 삶의 전범으로서 그들의 뒤를 좇고자 하였던 것이다.

이와 마찬가지로 『삼국유사』에 등장하는 많은 인물들은 부처를 만나 깨우침을 얻어 열반의 경지에 이르기를 바랐고, 서방정토에 가기를 소망하였다. 그 꿈과 이상을 성취하기 위하여 그들에게는 멘토가 필요하였다. 지혜로써 삶을 이끌어주는 존재, 다시 말해 그를 닮아서 그대로 살고자 하는 존재가 필요하였던 것이다. 그들의 멘토는 다름 아닌 부처였다. 그 멘토는 지극정성을 다하는 멘티들의 열망을 외면하지 않았다. 어느 날 갑자기 그들 앞에 나타난 부처를 알아보지 못하였든 혹은 알아보았든 간에 그들은 그 일을 계기로 크게 깨우쳤다. 인간이 어떻게 살아가야 하는지, 사람답게 살기 위해서는 어떻게 해야 하는지를 대오각성하였던 것이다. 그 일로 인하여 그들은 하나 같이 더욱 정진하여 온전한 길에 들어서게 되었다. 지성이면 감천이라는 말이 그르지 않았다.

　오늘 우리의 멘토는 누구인가. 우리가 닮고 싶은 인물은 누구인가. 물론 그 멘토의 위상과 신분과 모습은 그를 추종하는 멘티에 따라 각양각색일 것이다. 하지만 이 대목에서 우리가 역으로 반문해보아야 할 점이 있다. 우리는 언제까지 멘티로만 살 것인가. 우리는 누구의 멘토가 될 수는 없는 것일까. 나약하고 불완전한 인간이기에 멘토를 세워 온전한 길로 나아가는 것이 마땅하고 옳은 일이다. 겸손하게 자신을 낮추며 부단하게 배우고자 하는 자세로 말이다. 그러나 이를 뒤집어 생각하면, 우리는 누군가의 멘토가 될 수도 있다. 누군가에게 희망을 주는, 현명하고 신뢰할 수 있는 존재가 될 수 있는 것이다. 이러한 포부는 어떤 색으로 세상을 물들일 것인가 하는 청운의 꿈과 무관하지 않다. 오늘을 살아가는 우리는 누구의 선행자가 될 것인가. 우리는 누구를 닮아 무엇이 되려 하는가 하는 화두와 더불어 곰곰이 생각하게 된다.

양평 신화리 금동불입상 金銅 佛 立像   한국(韓國)-고구려(高句麗)

1976년에 경기도 양평군 강상면 신화리의 한강변에 흔적만 남은 절터에서 발견된 불상이다.
앞선 시기의 불상에 비해 앞에서 보는 것뿐 아니라 옆이나 뒤에서 볼 것을 생각하여 한결 입체로 만들었다.
몸에는 거의 굴곡이 없어 기둥과 같은 모습인데, 이러한 신체의 표현은 중국 수대의 불상에서도 볼 수 있는 특징이다.

08

가까이 하기엔 너무 먼 당신
▶ 같지만 다른 길

08

가까이 하기엔 너무 먼 당신
▶ 같지만 다른 길

노힐부득과 달달박박을 찾아온 여인

이슬비 내리는 이른 아침에 우산 셋이 나란히 걸어갑니다
파란 우산 깜장 우산 찢어진 우산 좁다란 학교길에 우산 세 개가
이마를 마주대고 걸어갑니다
(윤석중 작사, 이계석 작곡 〈우산〉)

나는 파란 우산인가, 깜장 우산인가, 찢어진 우산인가. 나는 어떤 성향을 지닌 어떤 모습의 사람인가. 모든 사람들은 자기만의 색깔이 있고, 자기만의 모습이 있다. 같은 뜻을 지녔지만, 다른 색깔과 모습으로 살았던 신라의 노힐부득과 달달박박의 이야기가 흥미롭다.

선천촌(仙川村)에 두 사람이 살고 있었다. 한 사람은 노힐부득(努肹夫得)이니 그의 아버지는 월장(月藏)이요, 어머니는 미승(味勝)이었다. 또 한 사람은

달달박박(怛怛朴朴)이니 그의 아버지는 수범(修梵)이요, 어머니는 범마(梵摩)였다.(두 사람의 이름은 우리말이니 두 집에서 각각 두 사람의 심행이 등등(騰騰)하고 고절(苦節)하다는 뜻에서 지은 것이다.) 두 사람은 모두 풍골이 평범하지 않았고, 속세를 초월하는 높은 생각이 있어 서로 잘 지냈다.

　나이 스물이 되자 마을 동북쪽의 고개 밖 법적방(法積房)에서 함께 머리를 깎고 중이 되었다. 얼마 후 서남쪽의 치산촌 법종곡 승도촌의 옛 절이 정신을 수련할 만하다는 말을 듣고 같이 갔다. 대불전, 소불전 두 마을에서 각각 살았다. 부득은 회진암에서 살았고, 박박은 유리광사에 살았다. 모두 처자를 데리고 가서 살면서 생계를 경영하였다. 서로 왕래하며 정신을 수련하고 마음을 편안하게 지니면서도 속세를 떠날 생각은 잠시도 버리지 않았다.

　어느 날 신세의 무상함을 느껴 서로 말하였다.

　"기름진 땅과 풍년이 든 해가 참으로 좋다. 하지만 옷과 음식이 생각하는 대로 생기고 절로 배부르고 따뜻함을 얻는 것만 못하다. 부녀와 집이 참으로 좋지만, 연화장에서 여러 부처님과 함께 놀고 앵무새, 공작새와 서로 즐기는 것만 못하네. 더군다나 불도를 배우면 마땅히 부처가 돼야 하고, 진심을 닦으면 반드시 진리를 얻어야 함에 있어서는 말해 무엇하리오. 지금 우리들은 이미 머리를 깎고 중이 되었으니 마땅히 몸에 얽매인 것을 벗어버리고, 더할 나위 없는 도를 이루어야 한다. 어찌 풍진에 골몰하여 세속의 속된 무리들과 다름이 없어서야 되겠는가?"

　드디어 인간 세상을 버리고, 장차 깊은 산골에 숨으려 하였다. 어느 날 밤 꿈에 흰 빛이 서쪽에서부터 왔다. 빛 가운데서 금빛 팔이 내려와 두 사람의 이마를 만져주었다. 잠을 깨어 꿈을 이야기하니 두 사람이 서로 꼭 같았다. 모두 한참 동안 감탄하였다. 드디어 백월산 무등곡으로 들어갔다. 박박은 북쪽 고개의 사자암을 차지하여 판잣집 여덟 자 방을 지어 살았으므로 판방(板房)

이라 하였다. 부득은 동쪽 고개의 돌무더기 아래 물 있는 곳을 차지하여 역시 승방을 만들어 살았으므로 뇌방(磊房)이라 하였다. 이처럼 각각 다른 암자에 살면서 부득은 미륵불을 열심히 구하였고, 박박은 아미타불을 경배하며 염송하였다.

3년이 채 못 된 경룡 3년 기유 4월 8일, 신라 성덕왕 즉위 8년이었다. 날이 바야흐로 저물려 하였다. 나이 스물쯤 된 아름다운 자태를 한 낭자가 난향과 사향을 풍기면서 불현듯 북암에 와서 재워주기를 청하였다.

그녀는 이내 글을 지어 바쳤다.

'나그네 길 더뎌 해 지니 온 산이 저물고
 길 멀고 성이 아득해 외롭기 그지없네
 오늘 암자에 기숙하고자 하니
 자비로운 스님은 성내지 마시라'

박박은 말하였다.

"사찰은 깨끗해야 하니 그대가 가까이 올 곳이 아니오. 이곳에서 지체하지 마시오."

박박은 문을 닫고 들어가 버렸다.(기(記)에서는 나는 모든 잡념이 없어졌으니 혈낭(血囊)으로 나를 시험하지 말라고 하였다.)

낭자는 남암으로 찾아가서 또 앞서와 같이 청하였다. 부득은 말하였다.

"그대는 이 밤에 어디서 왔소?"

"맑기가 태허와 같은데, 어찌 오고 가는 것이 있겠습니까? 다만 어진 선비의 소원이 깊고 덕행이 높다는 말을 듣고, 보리를 이루어 드리려 할 뿐입니다."

이에 게송 한 수를 지어 바쳤다.

'해는 온산 길에 저물었으니
 가도 가도 외롭기 그지없네

송죽 그늘은 더욱 그윽한데

골짜기 시냇물 울리는 소리 오히려 새롭구나

기숙하길 청하는 건 길을 잃음이 아니라

존귀한 스님을 인도하고자 함이네

원하건대 내 청만 들어주고

장차 누구인가는 묻지 마시라'

부득은 그 말을 듣고 매우 놀라면서 말하였다.

"이곳은 부녀와 함께 있을 데가 아니오. 그러나 중생의 뜻에 따르는 것도 또한 보살행의 하나지요. 더욱이 깊은 산골짜기에서 밤이 어두우니 어찌 소홀히 대접할 수 있겠소?"

이에 읍하고 암자 안으로 맞아들였다. 밤이 되자 부득은 마음을 맑게 하고 지조를 가다듬었다. 희미한 등불이 비치는 방에서 염불하기를 쉬지 않았다.

이윽고 밤이 끝나려 하자 낭자는 부득을 불러 말하였다.

"내가 불행히도 마침 아기를 낳으려고 합니다. 스님께서 짚자리를 좀 준비해 주십시오."

부득은 불쌍히 여겨 거절하지 못하고, 촛불을 은근하게 밝혔다. 낭자는 해산을 마치자 목욕하기를 청하였다. 부득은 부끄러움과 두려움이 마음 속에 얽혔으나, 가엾은 심정이 더욱 커졌다. 목욕통을 준비해서 낭자를 그 안에 앉히고, 물을 끓여 목욕시켜 주었다. 얼마 후에 통 속의 물에서 향기가 강렬하게 풍기더니 그 물이 금빛으로 변하였다. 부득이 크게 놀랐다.

낭자가 말하였다.

"우리 스님께서도 여기에서 목욕하십시오."

부득은 마지못해 그 말에 따랐다. 문득 정신이 상쾌해지는 것을 느끼게 되고, 살결이 금빛으로 변하였다. 옆을 돌아보니 문득 연화대가 생겼다.

낭자는 부득에게 거기 앉기를 권하였다.

"나는 관음보살인데, 이곳에 와서 대사를 도와 보리를 이루어준 것이다."

말을 마치자 보이지 않았다.

한편 박박은 생각하였다.

"부득이 오늘 밤에 반드시 계를 더럽혔을 것이니 내가 가서 그를 비웃어 주리라."

박박이 가서 보니 부득은 연화대에 앉아 미륵존상이 되어 광채를 내쏘고 몸은 금빛으로 물들어 있었다. 박박은 그만 머리를 숙이고, 그에게 예를 갖추면서 말하였다.

"어떻게 이렇게 되셨습니까?"

부득은 그 연유를 자세히 말하였다. 박박은 탄식하였다.

"나는 마음에 장애가 너무 겹쳐서 요행히 부처님을 만나고서도 도리어 만나지 못한 것이 되었습니다. 대덕지인(大德至仁)께서는 나보다 먼저 뜻을 이루었으니 부디 옛날의 교분을 잊지 마시고 나도 함께 하게 도와주십시오."

"통에 아직 금물이 남아 있으니 목욕할 수 있습니다."

박박도 목욕을 하자 부득처럼 무량수불이 되어 두 부처가 서로 엄연히 마주앉았다. 산 아래 마을 백성들이 이 소식을 듣고 다투어 와서 우러러보고 감탄하여 참 드문 일이라 하였다. 두 부처는 불법의 요체를 설파하고는 구름을 타고 가버렸다.

… 논평해 말한다. "낭자는 부녀의 몸으로 중생을 자비로 교화하였다고 할 수 있다. 『화엄경』에 보면 마야부인(摩耶夫人)은 선지식이었으므로 십일지(十一地)에 살면서 부처를 낳아 해탈문을 보인 것과 같다 하였다. 이제 낭자가 순산한 미묘한 뜻도 여기에 있었던 것이다. 그녀가 준 글은 애절 완곡하여 사랑스러우며 순탄 원활하여 천선(天仙)의 지취가 있다. 아! 낭자가 중생을 따

라서 다라니로써 말할 줄 몰랐더라면 이같이 할 수 있었겠는가? 박박에게 준 끝 구절에 마땅히 '맑은 바람의 한자리함을 꾸짖지 마오'라고 할 것이었다. 하지만 그렇게 말하지 않음은 대개 세속의 말처럼 하고 싶어 하지 않았기 때문이다."

기린다.

'푸른빛 아롱지는 바위 앞에 문 두드리는 소리
 누가 해 저무는데 외딴 빗장 문 당기나
 남쪽 암자 가까우니 마땅히 거기 찾아가고
 푸른 이끼 밟아 내 뜰을 더럽히지 마오'
이것은 북암을 기린 것이다.

'골짜기 어둡고 해 저물었거늘 어디로 가리오
 남쪽 창에 자리가 있으니 잠시 머무르시오
 밤은 깊은데 백팔 염주 굴리고 또 굴려
 다만 시끄러워 나그네 잠 깨울까 저어하노라'
이것은 남암을 기린 것이다.

'십 리 소나무 그늘에 길을 잃어
 한밤에 절 승려를 찾아와 시험하였네
 세 통의 목욕이 끝나 장차 날 밝으려 하는데
 두 아이 낳아놓고 서쪽으로 날아갔네'
이것은 관음보살 낭자를 기린 것이다.

(『삼국유사』 권3 탑상4 남백월이성 노힐부득 달달박박)

노힐부득과 달달박박이라는 이름의 뜻은 일연이 붙인 주를 통해 잘 드러난다. 두 사람의 이름은 방언으로서 각기 심행이 '등등(騰騰)' 하고, '고

절(苦節)'하다는 것이다. '등등(騰騰)'은 기세가 빼어나게 높다는 뜻으로 의기충천하고 자신만만하다는 의미다. 일연은 노힐부득(努肹夫得)의 '득(得)'을 '등(等)'이라고도 한다는 주를 붙임으로써 '등등(騰騰)'의 의미를 더욱 확고하게 만들었다. 이에 비해 '고절(苦節)'은 곤란과 고통을 겪으면서도 지조를 꺾지 않고 끝내 지켜 나가는 굳은 절개라는 뜻이다. 이러한 의미는 달달박박의 아버지 이름이 수범(修梵)이고, 어머니 이름이 범마(梵摩)라는 데에서 더욱 강하게 부각되고 있다. 달달박박 부모의 이름은 곧 우주의 최고원리이자 우주 만유의 근본인 '범(梵)'을 갈고 닦는다는 뜻을 지니고 있어 고절(苦節)의 뜻과 상응하고 있다. 이렇게 볼 때, 방언 이름인 노힐부득은 기세등등하게 자유롭게 노닌다는 뜻이고, 달달박박은 몹시 속을 태우며 조급하게 안달복달한다는 뜻이다.

　노힐부득과 달달박박이 지니고 있는 이름의 뜻은 수행 중에 만난 여인에 대한 태도에서도 그대로 드러난다. 어여쁜 낭자가 해질 무렵에 홀로 암자에서 수행하던 두 사람을 차례로 방문하여 하룻밤 묵기를 청하였다. 그러자 달달박박은 단호하게 거절하고 문을 닫아버렸다. 거절이라기보다는 질타라는 표현이 맞을 정도로 곤궁에 처한 여인에게 냉혹하게 대하였다. 여인이 산속에서 밤중에 동물들에게 해를 입으리라는 걱정보다 자신이 수도하고 있는 청정한 곳을 더럽힐 수 없다는 굳은 결의 때문이었다. 어떠한 상황에서도 자신의 절개를 지키고자 하는 마음이 마치 얼음장과 같았다. 이러한 달달박박의 고절한 마음은 이 이야기 끝에 '푸른 이끼 밟아 내 뜰을 더럽히지 마오'라는 일연의 찬시(讚詩)에서도 그대로 드러난다. 여인으로 인해 그간의 노력이 물거품이 될까 저어하는 자리적(自利的) 태도였다. 달달박박은 불의의 욕정으로 인해 파계할지 모른다는 두려움이 앞서 여인의 곤궁함을 외면하였던 것이다. 그는 자신의 구제와 해탈이 우선이기에 남을 돌아볼 여력이 없었던 소승적 수행자였다.

반면 노힐부득은 여인의 청을 듣고는 보살행을 실천하기 위해 자신의 방에 맞아들였다. 파계의 위험을 감지하였음에도 불구하고, 자신이 그간 쌓아온 원력으로써 이겨내고자 하는 마음이었다. 외딴 암자에서 여인과 한 방에 기거하며 육욕과 싸워야 한다는 두려움보다 곤경에 처한 여인의 안위가 우선이었다. 자신감이 없다면 그간의 수행이 하루아침에 허사가 될 수도 있는 모험이었다. 밤새 육욕과 맞서는 노힐부득의 모습은 '밤은 깊은데 백팔 염주 굴리고 또 굴려 / 다만 시끄러워 나그네 잠 깨울까 저어하노라'라는 일연의 찬시에서 생생하게 묘사되고 있다. 예견된 유혹을 이겨내려는 노힐부득의 인간적인 모습이 실감나게 표현되고 있다. 그러나 그러한 자신과의 싸움이 타인에게 폐가 되지나 않을까 염려하는 대목에서는 노힐부득의 기세등등한 면모를 엿볼 수 있다. 밤새 쉬지 않고 염불할 정도로 파계에 대한 경계심이 있었다. 하지만 그는 곤경에 처한 여인을 내칠 수 없다는 이타적(利他的) 보살행을 택한 대승적 수행자였다.

두 인물의 수행태도가 상이하다는 것은 그들이 기거하는 암자의 위치에서도 암시되고 있다. 〈향전〉에 의하면 달달박박의 거처는 남암, 노힐부득의 거처는 북암이라 하였다. 일연은 달달박박의 거처를 북암으로, 노힐부득의 거처를 남암으로 고증하고 있다. 일연은 무려 세 차례에 걸쳐서 〈향전〉이 그릇되었다고 강변하며 이를 수정하고 있다. 이는 암자의 위치가 이 이야기에서 중요한 의미를 띠고 있다는 것을 내포하고 있다. 다시 말해 암자의 위치가 두 수행자의 성향 내지 수행방식과 연관이 있었던 것이다.

단정할 수는 없지만, 일연은 북암에서 수행하는 달달박박의 성향이 점오(漸悟)를 내세웠던 신수(神秀)의 북종선에 들어맞고, 남암에서 수행하는 노힐부득의 성향이 돈오(頓悟)를 표방한 혜능(慧能)의 남종선에 부합한다고 여긴 듯하다. 고절한 태도를 취하다 점진적으로 깨우친 북암의 달달박박은 북종선의 지향점에 들어맞고, 반면에 자유로운 태도를 취하다 순간적으로 깨우친 남암의 노힐부득은 남종선의 지향점에 들어맞기 때문이다. 이러한 면은 북종선이 신라에 전래되었다는 흔적만 있을 뿐 그 자취가 오래 지속되지 못한 데 반해, 남종선은 도의(道義)가 당에서 귀국한 헌덕왕 13년인 821년에 전래되어 크게 발흥하여 신라의 선문을 형성하였다는 데에서도 그 실마리를 찾을 수 있다. 신라 불교가 남종선의 우위 속에서 전개되었으므로 득도하는 데 있어서 달달박박보다 노힐부득이 우선시된 것은 당연하였다. 그러나 두 인물 모두 서방정토로 가고 있다는 점에서 어느 쪽의 수행방법 내지 수행태도가 우월하거나 최선이라고 단정할 수는 없는 일이다.

한편 관음보살은 삼 년간 수도하고 있던 두 수행자를 돕기 위해 나그네 여인으로 현신하였다. 그들이 대오의 경지에 도달하였는지를 시험하기 위해서였다. 관음보살은 우선 달달박박에게 현신하여 하룻밤 투숙하길 청하였다. 여기서 눈에 띄는 것은 관음보살이 '자비로운 스님은 성내지 마시라' 하였다는 대목이다. 외딴 암자에 나타난 여인은 수행에 방해만 될 존재였으니 달달박박이 성을 내는 것은 당연하였다. 달달박박의 성향을 통찰한 관음보살은 그런 상황을 예견하고 있었으므로 그리 말하였던 것이다. 관음보살은 고절하게 소승적 수행방식을 고수하고 있던 달달박박에게 젊고 아리따운 여인의 본색을 드러내었던 것이다. 자신을 지키기 위해 안달복달하고 있던 달달박박의 눈에 곤궁에 처한 여인이 들어올 리 없었다. 스무 살의 자태가 빼어난, 난향과 사향을 풍기는 매혹적인 여인만 존재할 뿐이었다. 자신을 파계시킬 만한 여인에게 자비를 베풀 수는 없는 일이었다. 그는 찰나의 고민도 없이 여인을 꾸짖었다. 자신의 암자는 청정한 곳이며, 자신은 온갖 잡념이 없으니 여인의 육체로 시험하지 말고 지체 없이 떠나라며 강력하게 대응하였다. 관음보살은 달달박박에게 성적 매력이 넘치는 유혹 여인으로 현신하여 그를 시험하였던 것이다.

이에 반해 관음보살은 노힐부득에게 다른 모습을 보였다. 노힐부득에게 보리를 이루어주려 왔다고 직접적으로 말하였던 것이다. 뿐만 아니라 그녀는 자신이 투숙하고자 청하는 것은 길을 잃어서가 아니라 노힐부득을 인도하기 위해서라고 덧붙였다. 여인으로 현신한 관음보살의 명백한 언질이 있었던 것이다. 그러므로 노힐부득이 그 말을 듣고 놀라는 것은 당연하였다. 이에 노힐부득은 자신의 암자를 부녀가 더럽힐 곳이 아니라고 잠시 망설였다. 하지만 이내 중생을 따르는 것이 보살행의 하나라고 하며, 여인에게 읍하고 맞아들였다. 여인은 경계의 대상이 아니라, 공경의 대상이었다. 다시 말해 노힐부득이 보기에 암자를 찾아온 이는 자태가 빼어나고 난향과 사향을 풍기는 스무 살의 매혹적인 여인이 아니라, 곤궁에 처한 가련한 여인이었던 것이다. 여인을 방에 들인 노힐부득은 여인의 청에 따라 출산을 돕고 목욕하는 것을 도왔다. 오로지 불쌍하고 가련한 마음 때문이었다. 결국 여러 차례에 걸쳐 중생의 뜻에 따르며 자비를 베푼 노힐부득은 꿈에 그리던 왕생의 이상을 성취하였다. 관음보살은 노힐부득에게 도움이 절실한 가련 여인으로 현신하여 그를 시험하였던 것이다.

관음보살은 계율에 맞춰 외곬으로 수도하는 소승적 수행자인 달달박박에게는 정도로써 시험하였다. 반면 틀에서 벗어나 변통성 있게 수도하는 대승적 수행자인 노힐부득에게는 임기응변의 권도로써 시험하였다. 즉 자신에게 엄격한 달달박박에게는 승려로서 지켜야 할 냉혹한 계율이 요구되었고, 포용적인 노힐부득에게는 계율을 지키는 승려이기 이전에 인간으로서 지녀야 할 따스한 자비심이 요구되었던 것이다. 두 사람의 성향에 따라 관음보살의 시험방식이 달랐던 것이다.

그러나 흥미로운 것은 두 사람이 모두 이상을 성취하였다는 점이다. 이는 두 사람이 모두 관음보살의 시험에 통과하였다는 것을 의미한다. 달달박박의 경우는 얼핏 보면 관음보살의 시험에 실패한 듯하다. 그는 미륵불이 된 노힐부득에게 자신이 관음보살을 만났음에도 불구하고 막힘이 있어 깨닫지 못하였다고 토로하고 있기 때문이다. 그러나 달달박박이 진정 관음보살의 시험에 실패하였다면, 그는 결코 무량수불이 되어 노힐부득과 나란히 구름을 타고 서방정토로 갈 수 없었을 것이다. 즉 달달박박이 그러하였듯이 노힐부득 역시 그의 수행방식에 따른 관음보살의 시험에 통과하였던 것이다.

노힐부득과 달달박박은 같은 목표를 지녔다. 그러나 그 성향과 태도는 달라서 다른 길을 걸을 수밖에 없었다. 목적지는 같았지만, 어떤 길을 어떻게 걷느냐에 따라 도달하는 시기와 방법은 달랐던 것이다. 우리는 어떤 성향과 태도를 지니고 있는가. 아니 어느 쪽에 더 가까운가. 달달박박 쪽이라고 해서 잘못되었다고 할 수도 없고, 노힐부득 쪽이라고 해서 더 낫다고 할 수도 없다. 시간의 차이는 있었지만, 두 사람 모두 성불하였기 때문이다. 자신이 달달박박과 같은 성향을 가지고 있는데, 노힐부득을 부러워하며 그처럼 살기를 바랄 일이 아니다. 반대로 나 자신이 노힐부득과 같은 성향을 지니고 있는데, 굳이 달달박박처럼 살려고 애쓸 필요도 없다. 하늘이 내려준 자신만의 성향에 맞게 잘 살고자 한다면 그것으로 족하지 않을까. 이 대목에서 자신의 눈으로 남의 삶을 판단하는 것이 얼마나 어리석은 일인지를 깨닫게 된다.

광덕과 엄장의 여인

노힐부득과 달달박박은 서로 다른 방식으로 수행하였지만, 마침내 둘 다 득도하여 서방정토로 갔다. 이렇게 보면 사람이 어떤 성향을 지니고 어떤 태도로 사느냐가 중요한 것이 아니라 어떤 길을 선택하여 어떤 마음으로 걷느냐가 더 중요한 게 아닌가 하는 생각을 하게 된다. 광덕과 엄장도 이와 흡사한 인물들이다.

신라 문무왕(文武王) 때 중 광덕(廣德)과 엄장(嚴莊)이 살았다. 두 사람이 서로 친하여 밤낮으로 약속하였다.

"먼저 서방 극락으로 가는 이는 마땅히 서로 알리세."

광덕은 분황사(芬皇寺) 서쪽 마을에 살면서 신 삼는 것을 직업으로 하여 처자를 데리고 살았다. 엄장은 남악에 암자를 짓고 살면서 숲의 나무를 베어 불살라 경작하였다. 해 그림자는 붉은빛을 띠고, 소나무 그늘이 고요히 저문 날이었다.

창 밖에서 소리가 나면서 알렸다.

"나는 이미 서쪽으로 가네. 그대는 잘 있다가 속히 나를 따라오게."

엄장이 문을 열고 나가서 보았다. 구름 밖에서 하늘의 음악소리가 들리고, 광명이 땅까지 뻗쳐 있었다. 이튿날 엄장이 광덕이 살던 곳을 찾아가보니 과연 그가 죽어 있었다. 이에 그의 아내와 함께 광덕의 유해를 거두어 장사지냈다.

장례를 마치고 엄장이 광덕의 아내에게 말하였다.

"남편이 죽었으니 나와 함께 사는 것이 어떠하오?"

"좋습니다."

그는 드디어 그 집에 머물렀다. 밤에 잘 때 서로 관계하려고 하였다. 부인은

가까이 하기엔 너무 먼 당신

그것을 부끄럽게 여기면서 말하였다.

"스님께서 서방정토에 가기 바라는 것은 마치 나무에 올라가 물고기를 구하는 것과 같습니다."

엄장은 놀라고 의아해서 물었다.

"광덕도 이미 그랬는데, 나 또한 무엇을 거리끼겠소?"

광덕의 아내가 말하였다.

"남편은 나와 십여 년이나 함께 살았지만, 하룻밤도 잠자리를 같이해본 적이 없는데 어떻게 서로 관계했겠습니까? 다만 밤마다 단정히 앉아 한결같은 소리로 아미타불만 불렀습니다. 혹은 십육관(十六觀)을 지어 미혹을 깨치고 진리를 달관함이 이미 이루어지자 밝은 달이 창에 비치면 그 빛에 가부좌로 앉았습니다. 정성이 이와 같았으니 비록 서방정토로 가지 않으려고 해도 그곳을 가지 않고 어디로 가겠습니까? 대개 천 리를 가는 사람은 그 첫걸음으로써 알 수 있는 것입니다. 지금 스님의 방식은 동방으로 가는 것이지 서방으로 갈 수는 없는 것입니다."

엄장은 부끄러워서 물러나왔다. 그 길로 원효법사(元曉法師)의 처소에 가서 가르침을 간곡하게 청하였다. 원효는 정관법(淨觀法)을 만들어 그를 지도하였다. 엄장은 이에 몸을 깨끗이 하고 전의 잘못을 뉘우쳐 스스로를 꾸짖고, 한마음으로 관을 닦았다. 그러므로 그 또한 서방정토로 가게 되었다. 정관법은 『원효법사본전』과 『해동고승전』 안에 실려 있다.

그 부인은 즉 분황사의 종이니 대개 관음보살 십구응신(十九應身)의 하나였다. 광덕에게는 일찍이 노래가 있었다.

'달님이시여

이제 서방까지 가셔서

무량수불전에

말씀 빠짐없이 아뢰소서
서원 깊으신 부처님을 우러러 바라보며
두 손 곧추 모아
원왕생 원왕생
그리워하는 사람이 있다고 사뢰소서
아아, 이 몸 남겨두고
사십팔대원을 이루실까'

(『삼국유사』 권5 감통7 광덕 엄장)

 광덕과 엄장은 이미 이름에 그들의 성향이 드러나 있다. '광덕(廣德)'은 '넓은 덕'이라는 뜻으로 얽매이지 않는 포용력이 있다는 뜻이다. 반면에 '엄장(嚴莊)'은 '엄하고 단정하다'는 뜻으로 위엄 있고 엄숙하다는 의미다. 이름에서 풍기는 이미지는 그들의 수행에서도 그대로 드러나고 있다. 엄장은 승려의 신분에 걸맞게 남악에 암자를 짓고 독수공방하며 홀로 수행하였다. 자신을 지키기 위해 독신을 고수하며 산속에서 십 년간 수행한 인물이었다. 그 이름처럼 엄격한 마음으로 자리적(自利的)이고 소승적인 방법 내지 태도로 수도하였던 것이다. 이러한 수행방식은 여인의 유혹을 원천봉쇄하고 고절하게 수도하였던 달달박박의 경우와 흡사하다.

 반면에 광덕은 분황사 인근마을에 살며, 분황사의 여종을 아내로 삼아 수도한 인물이었다. 그 이름처럼 넓은 마음으로 이타적(利他的)이면서도 대승적인 방법 내지 태도를 지니고 있었다. 광덕은 분황사의 여종을 유혹 여인이 아닌 가련 여인으로 여겼기에 십 년간이나 통정하지 않고 함께 지낼 수 있었다. 말하자면 광덕의 부부생활에는 자비심이 전제되어 있었으며, 중생에 따르는 보살행이 개입되어 있었던 것이다. 따라서 광덕은 훗날 그의 아내가 밝힌 것처럼 십 년 동안 함께 살면서 몸을 섞지 않고, 매일 밤 아미타불을 외우거나 십육관을 지어 가부좌할 수 있었다. 이러한 수행방식은 자신을 지키기보다는 곤궁한 여인의 처지를 먼저 살피며 수도하였던 노힐부득의 경우와 비슷하다.

이렇게 보면, 광덕은 자신만만한 태도로 거침없이 자유롭게 수행하는 변통적 유형의 인물이었다. 이에 비해 엄장은 어려움을 겪으면서도 한눈 팔지 않고 굳게 지조를 지키며 수행하는 경직된 유형의 인물이었다.

이 이야기에서 눈에 띄는 것은 엄장이 실수한 대목이다. 엄장이 여인과 잠자리를 하려고 한 것은 단순한 욕정이 아니라, 광덕의 자유롭게 열린 수행방식을 따르고자 하였기 때문일 것이다. 십 년간이나 고절하게 홀로 수행하던 엄장은 평소에 여인과 함께 살며 자유롭게 수행하는 광덕을 보며, 자신이 먼저 서방정토에 가리라는 자신감을 지니고 있었는지도 모른다. 그러나 그처럼 느슨하게 보이던 광덕이 먼저 이상을 성취하자 엄장은 자신의 수행방법 내지 수행태도를 바꾸기로 결심하였을 가능성이 크다. 여인과 동거하면서 통정하지 않은 광덕의 수행방식이 얼마나 어려운 일인지를 미처 깨닫지 못하였던 것이다.

결국 엄장은 여인과 육체적인 관계를 가지려다 질타를 받은 후에야 자신이 광덕의 수행방식에 대해 오해하였다는 것을 깨달았다. 엄장은 자유롭게 보이는 수행방식을 오해함으로써 관음보살의 첫 시험에서 좌절하고 말았던 것이다. 관음보살의 현신인 여인이 통렬하게 꾸짖은 것은 정도를 고수하던 엄장이 비록 잠깐이라고는 하지만, 그 길에서 벗어난 것에 대한 질타였다. 십 년간 한눈 한 번 팔지 않고 지조를 지키며 외곬으로 살아온 엄장에게는 승려로서 지켜야 할 엄격한 계율이 요구되었던 것이다. 분황사 종으로 현신한 관음보살은 달달박박과 마찬가지로 용맹정진하며 수행하던 엄장에게는 유혹 여인으로 나타나 승려로서 지켜야 할 엄정한 계율을 요구하였다. 반면 노힐부득과 마찬가지로 자비심으로 포용력 있게 수행한 광덕에게는 가련 여인으로 나타나 계율보다는 자비심을 요구하였던 것이다.

결국 실수를 깨달은 엄장은 광덕이 행하였던 방식의 요체를 배우고자 하였다. 자신의 자리적이고 소승적인 수행방식을 포기하고, 이미 득도한 광덕의 이타적이고도 대승적인 수행방식을 배우고자 하였다. 이러한 면은 엄장이 여인과 통정하고자 하였던 사실을 부끄럽게 여기고 난 뒤, 지도받고자 한 인물이 바로 거침없는 수행방식으로 자타가 공인하는 원효였다는 데에서 잘 드러난다. 마침내 엄장은 원효의 정관법으로 수행하여 광덕과 마찬가지로 극락왕생할 수 있었다.

광덕과 엄장의 수행방식 중 어느 쪽이 더 우월하다고 단정할 수는 없다. 이 이야기에서는 자비심을 겸비한 대승적 성향의 수행자 광덕이 자신이 우선 성불하고자 하는 소승적 성향의 수행자 엄장보다 우선 득도하고 있다. 그러한 결과는 당시에 엄장이 행한 소승적 수행방법 내지 수행태도보다는 광덕이 행한 대승적 수행방법 내지 수행태도를 높이 평가한 데에서 비롯된 것이다. 그렇다고 해서 소승적 수행방식에 대해 부정적인 태도를 보인 것은 아니었다. 소승적 수행방식 역시 의미를 지니고 있기에 그 방법을 고수했던 엄장 역시 광덕에 이어 곧바로 득도할 수 있었던 것이다. 득도를 위한 수행방법은 시대상황과 종단의 선택 및 개인의 기질에 따라 최고선이 결정된다. 하지만 이러한 대승적 수행방식이 우위에 놓였던 것은 이 이야기를 만들어내고 전승하던 향유층의 태도에서 비롯된 것이다. 자신의 성향과 태도로 남의 삶을 판단하는 것이 얼마나 어리석은 일인지를 다시 한 번 깨닫게 한다.

가까이 하기엔 너무 먼 당신

나의 꿈과 이상

　인류 역사상 같은 시기에 살며 같은 곳을 바라보았던 이들이 많았다. 설화 속의 노힐부득과 달달박박, 광덕과 엄장이 그랬던 것처럼 실제 인물인 원효와 의상도 그러하였다. 그들은 득도하여 열반의 경지에 이르고자 하였지만, 삶의 방식은 달랐다. 의상과 원효의 대비적인 모습은 여인에 대한 태도에서 잘 드러나고 있다.

　의상이 당나라에 가서 공부할 때, 양주성에 있는 어느 신도의 집에 머물게 되었다. 집주인의 딸 선묘가 의상을 사모하였으나, 의상은 의연하게 대하였다. 선묘는 의상의 굳은 의지에 '영원히 스님의 제자가 되어 공부와 교화, 불사에 도움을 드리겠다.'는 원을 세웠다.

　공부를 마친 의상은 그 신도의 집에 들러 인사하고 귀국길에 올랐다. 뒤늦게 소식을 들은 선묘는 미리 준비한 법복과 여러 가지 용품을 함에 담아 해안으로 달려갔다. 그러나 의상이 탄 배는 벌써 멀리 사라져가고 있었다. 선묘는 가져온 함을 바다로 던지며 배에 닿기를 기원하고, 용으로 변하여 대사를 모시고 불도를 이루게 해달라는 주문을 외웠다.

　신라에 귀국한 의상은 중생을 교화하던 중, 문무왕 16년 태백산의 한 줄기에 절터를 발견하였다. 사람들은 산적이 들끓는 곳이라 하여 만류했으나, 의상은 직접 산적들을 만나 선하게 살 것을 당부하고 절을 짓게 해달라고 하였다. 산적들은 화가 나서 의상을 죽이려 하였다.

　이때 갑자기 선묘용이 나타나 번갯불을 일으키고, 봉황이 나타나 큰 바위를 세 차례나 공중에 들었다 놓았다. 이에 놀란 산적들이 굴복하고, 모두 의상의 제자가 되어 불사를 도왔다. 돌이 공중에 떴다고 해서 절 이름을 부석(浮石)이라 짓고, 봉황이 나타났다 해서 산 이름을 봉황산이라 불렀다. 부석은 부석사 무량수전 서쪽 암벽 밑에 있으며, 선묘용은 주불 아래 있는 석등 밑에 묻혀 절의 수호신이 되었다.

(경상북도 영주시 <부석사 창건설화>)

진골 출신이었던 의상은 승려로서 정통적인 길을 걸었다. 두 차례에 걸친 시도 끝에 당나라 유학에 성공하여 『화엄경』의 오묘한 뜻을 깨우치고 귀국하였다. 의상은 곧 사찰 열 곳에 가르침을 전하였다. 아울러 오진(悟眞), 지통(智通), 표훈(表訓), 진정(眞定), 진장(眞藏), 도융(道融), 양원(良圓), 상원(相源), 능인(能仁), 의적(義寂) 등 소위 성인에 버금가는 아성(亞聖)이라 불리는 열 명의 대덕을 제자로 두었다. 의상은 승려로서 불교의 교리와 계율에서 한 치의 어긋남이 없는 곧고 바른 길을 걸었던 것이다.

이러한 면모는 선묘라는 여인과의 관계에 있어서도 마찬가지였다. 의상이 당에 도착한 뒤 아리따운 소녀가 유혹하였지만, 그의 마음은 돌처럼 조금도 움직이지 않았다. 결국 여인은 도심으로 발원하여 의상이 공부하는 동안 뒷바라지하였다. 그가 신라로 돌아올 때에는 큰 용이 되어 호위하였다. 이후 부석사를 창건할 때에는 큰 돌로 변해 그를 도왔다. 의상은 자신을 유혹하는 여인을 불법 수호자로 탈바꿈시킬 정도로 꿋꿋한 마음을 지니고 있었던 것이다. 정도를 걸었던 의상의 면모가 그대로 드러나는 대목이다.

이에 반해 원효의 삶은 확연히 달랐다.

원효는 어느 날 춘심이 돌아 거리에서 노래를 불렀다.
'누가 자루 빠진 도끼를 허락하려나

가까이 하기엔 너무 먼 당신

내가 하늘을 버틸 기둥을 깎아보리라'

사람들이 모두 그 뜻을 알지 못하였다. 그때에 태종(太宗)이 듣고 말하였다.
"이 스님이 귀부인을 얻어 현자를 낳고자 하는구나. 나라에 큰 현자가 있으면 그 이득이 막대하다."

마침 요석궁(瑤石宮)에 홀로된 공주가 있었다. 왕은 신하를 시켜 원효를 찾아 요석궁으로 맞아들이게 하였다. 궁의 관리가 칙명을 받들어 원효를 찾으려 하였는데, 벌써 남산에서 내려와 문천교(蚊川橋)를 지나오므로 만나게 되었다. 원효는 일부러 물속에 떨어져 옷을 적셨다. 궁의 관리는 원효를 요석궁으로 인도하여 옷을 말리게 하니 그곳에서 머물게 되었다. 공주는 과연 아기를 배더니 설총(薛聰)을 낳았다. 설총은 지혜롭고 민첩하여 경사(經史)에 널리 통하니 신라 열 명의 현자 가운데 한 사람이었다.

(『삼국유사』 권4 의해5 원효불기)

원효는 요석공주를 맞이하기 위해 길에서 사람들이 알아듣지 못하는 노래를 부르고 다녔다. 이 노래에서 기다란 막대기 모양의 자루인 '가(柯)'는 남성을 비유하고, 가운데에 구멍이 뚫린 모양의 도끼인 '부(斧)'는 여성을 비유한다. 그러므로 자루 빠진 도끼라는 뜻의 '몰가부(沒柯斧)'는 남편이 없는 여인을 의미한다. 이는 곧 과부로 혼자 살고 있던 요석공주를 지칭하는 말이었다. 태종 춘추공만 이 노래의 의미를 알아듣고 원효를 요석공주와 합방시켜 설총을 낳게 하였던 것이다.

육두품 출신이었던 원효는 승려 신분으로 이처럼 거침없는 노래와 행동을 마다하지 않았다. 뿐만 아니라 승려로서의 계율을 깨뜨린 원효는 승복을 벗고 촌락을 다니며 가무하여 부처의 이름을 알렸다. 그때 들고 다녔던 큰 박의 이름을 무애(無㝵)라 칭하였다. 이는 『화엄경』의 '일체의 막

힘이 없는 사람은 하나의 도로써 생사를 벗어난다(一切無碍人 一道出生死)'
는 말에서 딴 것이었다. 그야말로 원효는 무엇에 얽매이거나 무엇을 거리
끼지 않는 인물이었다. 이러한 원효의 자유분방한 성향은 일연이 『삼국유
사』를 편찬하면서 그의 전기 제목을 구속받지 않는다는 의미의 '원효불기
(元曉不羈)'라고 정한 데에서도 잘 드러난다.

또한 『송고승전』의 〈당신라국황룡사원효전〉에서 '원효가 마음 내키는
대로 하여 도무지 일정한 법식이 없었으며, 처음에 원효의 행적에 일정함
이 없어 사람들을 교화하는 데에 고정됨이 없었다.'고 한 데에서도 그의
성향이 여실히 드러난다.

이처럼 대비적인 삶을 살았던 의상과 원효는 관음보살을 직접 만나보는
것이 바람이었다. 삶의 방식은 달랐지만, 눈은 한 곳을 향하고 있었던 것
이다.

옛날 의상법사(義湘法師)가 처음으로 당나라에서 돌아와 관음보살 진신이
이 해변의 굴 안에 산다는 말을 듣고, 그로 인하여 낙산(洛山)이라 하였다. 대
개 서역에 보타락가산(寶陁洛伽山)이 있는 까닭이다. 이를 소백화(小白華)라
하였는데, 백의보살의 진신이 머물러 있는 곳이므로 이를 빌려 이름한 것이다.
의상이 재계한 지 이레 만에 방석을 새벽 물 위에 띄웠더니 용중(龍衆)과 천
중(天衆) 등 팔부 시종이 굴속으로 그를 인도하였다. 공중을 향하여 참례하니
수정염주 한 꾸러미를 내어주므로 의상법사가 받아가지고 물러나왔다. 동해
의 용이 또한 여의보주 한 알을 바치자 의상법사는 받아가지고 나왔다. 다시
이레 동안 재계하니 마침내 관음의 용모를 보았다. 관음보살이 말하였다.
"앉은 곳 산꼭대기에 한 쌍의 대나무가 솟아날 것이다. 그 땅에 불전을 짓
는 것이 마땅하다."

가까이 하기엔 너무 먼 당신

　법사는 그 말을 듣고 굴에서 나오니 과연 대나무가 땅에서 솟아나왔다. 이에 금당을 짓고 관음상을 만들어 모셨다. 그 원만한 얼굴과 고운 자질이 마치 천연적으로 나온 것 같았다. 그리고 그 대나무는 없어졌다. 그제야 그곳에 관음 진신이 거주함을 알았다. 이로 인하여 그 절 이름을 낙산사(洛山寺)라 하였다. 법사는 그가 받은 두 구슬을 성전에 모셔두고 떠나갔다.

　후에 원효법사가 뒤이어 와서 예를 드리려고 하였다. 처음에 남쪽 교외에 이르렀는데, 논 가운데 흰옷을 입은 여인이 벼를 베고 있었다. 법사가 장난삼아 그 벼를 달라고 하였다. 그러자 여인도 벼가 흉작이라고 장난삼아 대답하였다. 법사가 또 가다가 다리 밑에 이르자 한 여인이 개짐을 빨고 있었다. 법사가 먹을 물을 달라고 청하자 여인은 그 더러운 물을 떠서 바쳤다. 법사는 그 물을 엎질러버리고 다시 냇물을 떠서 마셨다.

　이때 들 가운데 서 있는 소나무 위에서 파랑새 한 마리가 말하였다.

　"제호 스님은 멈추시오."

　말을 마치고 갑자기 숨더니 보이지 않았다. 그 소나무 아래에 신 한 짝이 벗겨져 있었다.

　법사가 절에 이르자 관음보살상의 자리 밑에 앞서 보았던 신 한 짝이 벗겨져 있었다. 그제야 전에 만났던 성녀(聖女)가 관음 진신임을 알았다. 그러므로 사람들이 그 소나무를 관음송이라 하였다.

　법사가 굴에 들어가서 다시 관음의 진용을 보려고 하였다. 그러나 풍랑이 크게 일어나 들어가지 못하고 떠났다.

(『삼국유사』 권3 탑상4 낙산이대성 관음 정취 조신)

　처음에 의상과 원효는 당나라 유학을 함께 떠났다. 가는 도중에 원효는 크게 깨달은 바가 있어서 되돌아왔다. 의상은 결심대로 당나라에 가서 유학하고 돌아왔다. 한국 불교를 대표하는 두 승려의 삶은 거기에서부터 완전히 달라졌던 것이다.

의상은 귀국한 뒤, 관음진신이 해변굴 안에 산다는 말을 듣고 그곳을 낙산이라 이름하였다. 그는 칠 일간 재계한 뒤 용천팔부시종의 안내로 굴 속에 들어가 수정염주 한 꾸러미를 받았다. 또한 동해용으로부터 여의보주 하나를 받아가지고 나왔다. 그리고는 재차 칠 일간 재계하여 마침내 진신을 친견하기에 이르렀다. 의상은 몸 하나 가릴 곳 없는 해변에서 두 차례의 재계로써 지극정성을 드렸던 것이다. 이러한 용맹 정진하는 수행태도는 그가 당나라 지엄(智儼)에게 『화엄경』의 오묘한 뜻을 배우기 위해 목숨 걸고 두 차례나 길을 나섰을 뿐만 아니라, 수십 일간 첩자 혐의로 투옥되었음에도 불구하고 끝내 굴복하지 않았다는 데에서도 잘 드러나고 있다. 이처럼 의상은 고절하게 앞만 보며 정도를 걸은 수행자였다.

이에 비해 원효는 관음 진신을 친견하기 위해 해변굴로 가는 도중에 논에서 벼를 베는 여인과 생리대를 빠는 여인을 만나 희롱하였다. 그 후 소나무 아래 놓였던 신발을 관음보살상 아래에서 다시 보고 나서야 앞서 만났던 여인들이 관음진신이었음을 깨달았다. 원효는 해변굴에 들어가 다시 진신을 만나고자 하였으나, 풍랑이 일어 들어가지 못하였다. 흥미로운 것은 원효가 진신 친견을 하기 위한 의도를 지니고 있었음에도 불구하고 어떠한 지극정성도 드리지 않았다는 점이다. 참으로 이상한 대목이다. 그는 의상처럼 간절한 태도가 아니라, 오히려 길에서 만난 여인들을 희롱하며 나아갔다. 원효는 특이하게도 여인에게 거침없이 다가가 막힘없이 말을 주고받음으로써 그의 진심을 전하였던 것이다. 이러한 원효의 자유분방한 태도는 그가 태어나면서부터 빼어나 스승에게 배우지 않았다는 점뿐만 아니라, 의상과 함께 당나라 유학길에 올랐지만 도중에 스스로 크게 깨우쳐 되돌아왔다는 데에서도 잘 드러나고 있다. 그는 대부분의 사람들이 행하는 정통적이고도 규범적인 태도가 아닌, 누구도 감히 엄두내지 못하고 답습하지 못하는 그만의 수행방식을 지니고 있었다. 원효는 격식에 얽매이지 않는 자유롭고 변통적인 수행자였던 것이다.

관음보살은 진골 출신으로 정통적인 수행의 길을 엄격하게 걸었던 의상에게는 특별한 공간에서 정도로써 응대하였다. 반면 육두품 출신으로 어디에도 얽매이지 않는 수행의 길을 자유분방하게 걸었던 원효에게는 일상의 공간에서 임기응변의 권도로써 응대하였다. 즉 정통적인 승려의 길을 걸었던 의상에게는 성스러운 공간에서 공식적인 재계를 요구하였던 반면, 일탈적인 승려의 길을 걸었던 원효에게는 세속의 공간에서 비공식적인 일상을 요구하였던 것이다. 원효가 『금강삼매경론』에서 '참된 일이 아닌 것은 속된 것이 되지 않고, 속된 이치가 아닌 것은 참된 것이 되지 않는다(非眞之事未始爲俗 非俗之理未始爲眞也)'고 한 것처럼, 이는 그의 성향에 딱 들어맞는 응대였던 것이다.

여기서 눈에 띄는 것은 원효가 해변굴에 들어가 다시 관음진신을 친견하려 하였지만, 풍랑이 크게 일어 들어가지 못하고 떠나갔다는 점이다. 원효는 의상과 달리 이상을 성취하지 못한 듯이도 보이기 때문이다. 그러나 이러한 현상은 원효가 이미 관음진신을 친견하였기에 또 다른 친견 시도는 불필요하다고 여긴 결과라 보는 것이 타당하다. 이와 같은 예로 미륵선화의 일화를 들 수 있다.

> 신라 진지왕(眞智王) 때, 흥륜사(興輪寺)의 중 진자(眞慈)가 항상 미륵상 앞에 나아가 서원하였다.
>
> "부처님! 화랑으로 현신하여 이 세상에 나타나 제가 항상 얼굴을 가까이하

고 시중들게 하소서."

그 간곡한 정성과 지극히 기원하는 마음이 나날이 두터워졌다. 어느 날 밤 꿈에 한 중이 나타나 말하였다.

"네가 웅천(熊川) 수원사(水源寺)에 가면 미륵선화(彌勒仙花)를 볼 수 있을 것이다."

진자가 깨어 놀라 기뻐하여 그 절을 찾아 열흘길을 갔다. 걸음마다 절하면서 그 절에 이르렀다. 절 문밖에 한 소년이 있어 반가운 눈웃음과 입맵시로 맞이하였다. 작은 문으로 인도하여 객실에 이르렀다.

진자가 올라가서 읍하며 말하였다.

"그대가 일찍이 나를 모르는데, 어찌 나를 접대함이 이렇게 은근한가?"

소년이 대답하였다.

"나 역시 도읍의 사람입니다. 대사가 멀리서 오는 것을 보고 위로하고 영접할 뿐입니다."

소년이 조금 있다가 문밖으로 나갔는데, 그 간 곳을 알 수 없었다. 진자는 그저 우연한 일이라고 생각하여 매우 이상하게는 여기지 않았다. 다만 그 절의 중에게 전날의 꿈과 온 뜻을 말하였다.

"잠시 저 걸상에서 미륵선화를 기다리고자 하니 어떠합니까?"

절의 중이 그 사정이 허무한 것을 알면서도 그 간절함을 보고 말하였다.

"여기로부터 남쪽으로 가면 천산(千山)이 있습니다. 예로부터 현명하고 어진 이가 머물러 있어 은밀한 감응이 많다고 합니다. 어찌 그곳에 가지 않습니까?"

진자가 그 말대로 산 아래로 갔다. 산신령이 노인으로 변하여 나와 맞아 일렀다.

"여기 와서 무엇을 하려 하느냐?"

진자가 대답하였다.

"미륵선화를 뵙고 싶습니다."

노인이 일렀다.

"전에 수원사 문밖에서 이미 미륵선화를 보았는데, 다시 무엇을 구하러 왔느냐?"

진자가 듣고 놀라 빨리 본 절로 돌아갔다. 그 뒤 한 달이 지나 진지왕이 그 소문을 듣고 진자를 불러 그 사유를 묻고 말하였다.

"소년이 자칭 도읍의 사람이라 하였다. 성인은 거짓말을 하지 않거늘 어찌하여 성 안을 찾아보지 않느냐?"

진자가 왕의 뜻을 받들어 무리를 모아 여염집을 찾아다녔다. 그때 화려하게 단장하고 얼굴이 수려한 소년이 영묘사(靈妙寺) 동북쪽 길가 나무 밑에서 거닐며 놀고 있었다.

진자가 놀라 맞아 말하였다.

"이 분이 미륵선화다. 낭의 집은 어디 있으며, 이름은 무엇인지 듣고자 원합니다."

소년이 대답하였다.

"내 이름은 미시(未尸)인데, 어려서 부모를 여의었으므로 성은 무엇인지 모르오."

이에 가마에 태워가지고 들어가 왕에게 보였다. 왕이 경애하여 받들어 국선(國仙)을 삼았다.

(『삼국유사』 권3 탑상4 미륵선화 미시랑 진자사)

이미 미륵선화를 본 진자가 다시 그를 보려고 하는 것이 의미가 없다고 한 이 일화는 원효에게도 적용된다. 길에서 여인으로 현신한 관음보살을 이미 두 차례나 보았는데, 해변굴에 들어가 다시 볼 이유가 없었던 것이다.

원효와 의상 중 어느 쪽의 수행방식이 우월하거나 최선이라고 단정할 수는 없다. 『삼국유사』 동경흥륜사금당십성 에 따르면 의상과 원효가 모두 신라의 십성(十聖)으로 받들어지고 있기 때문이다.

또한 『삼국유사』 의상전교 조에서 의상은 부처의 현신인 '금산보개(金山寶蓋)'로 칭하여졌고, 〈원효불기〉 조에서 원효는 거룩한 스님인 '성사(聖師)'라 불렸기 때문이다. 그들의 성향만큼이나 다른 독특한 수행방식에 대하여 모두 긍정적인 평가를 하였던 것이다. 결국 이상을 성취하고자 하는 이들의 수행방식이나 수행태도가 중요한 것이 아니라, 그 이상을 이루기 위한 지극한 마음이 요체였던 것이다.

우리는 노힐부득과 달달박박, 광덕과 엄장, 그리고 원효와 의상과 같은 대비적 인물들처럼 원대한 꿈과 희망을 가슴에 품고 있는지 돌아보게 된다. 달달박박이나 엄장이나 의상처럼 힘은 들지만 계율을 철저히 지키며, 대나무처럼 곧게 나를 지키면서 원칙적으로 살아갈 것인가. 아니면 노힐부득이나 광덕이나 원효처럼 다소 위험은 뒤따르지만 얽매이지 않고 자유분방하게, 또한 계율보다 인간에 대한 애정을 중시하며 살아갈 것인가. 참으로 판단하기 어렵고, 선택하기 곤란한 문제다. 하지만 자신만의 성향에 따라 자신만의 길을 진정성 있게 걷는다면, 그것이 바르고 옳은 길이 되는 것은 아닐까. 인생에 정답은 없으니 말이다. 이 세상에서 단 하나의 독특한 개성을 지닌 존재로서 가치 있고 의미 있는 삶을 살고자 하는 열정이 무엇보다 필요한 까닭이다. 우리는 지금 어떠한 꿈과 이상을 품고 있는가, 그리고 그 꿈과 이상을 이루기 위해 어떤 길을 어떻게 걷고 있는가.

무령왕릉 수대문경 獸文鏡   한국(韓國)-신라(新羅) <5-6세기>

무령왕릉의 청동거울은 널방 안에서 발견되었는데 왕쪽에서는 방격규구신수문경과 의자손 수대경이, 왕비쪽에서는 수문경이 나왔다. 같은 틀에서 만들어져 똑같은 모양을 하고 있는 거울들이 우리나라와 일본 고분에서 발굴되는 것으로 보아 청동거울이 국가 간의 교류를 통해 전파되었음을 알 수 있다. 수대문경은 거울 중앙의 꼭지를 중심으로 9개의 작은 돌기가 있다. 안쪽에는 크고 작은 원이 있고 그 사이에 7개의 둥근 돌기와 네 명의 신선, 세 마리의 상서로운 동물무늬가 가는 선으로 새겨져 있다.

09

죽기 아니면 까무러치기
▶ 물러서지 않기

09

죽기 아니면 까무러치기
▶ 물러서지 않기

혜통의 불타는 항아리

푸른 하늘 은하수 하얀 쪽배엔 계수나무 한 나무 토끼 한 마리
돛대도 아니 달고 삿대도 없이 가기도 잘도 간다 서쪽 나라로
(윤극영 작사 작곡 〈반달〉)

이 노래에서 읊고 있는 서쪽 나라는 어디일까. 누구나 가고 싶어 하는 이상향일지도 모를 일이다. 『삼국유사』에 등장하는 대부분의 인물들은 서쪽에 있다고 알려진 서방정토를 꿈꾸었다. 아미타불이 상주하는 극락정토로서 서쪽으로 10만 억 국토를 지나서 존재하는, 즐거움만 있는 세계 말이다. 반면에 도교에서는 삼신산을 이상향이라 여겼다. 『사기』 열자 에 따르면, 발해의 동쪽 수억만 리에 봉래, 방장, 영주라는 세 산이 있다고 하였다. 그 삼신산에는 신선들이 살았으며, 주옥으로 된 나무가 우거져 있었다. 그 나무의 열매를 먹으면 늙지 않고, 죽지 않는다고 하였다.

진나라 시황이 온 천하를 손에 넣고 죽을 수는 없는 일이었다. 그래서 불로초를 구하기 위해 남녀 500명을 짝을 맞추어 배에 태워 보냈다. 하지만 그들은 결국 돌아오지 않을 운명이었다. 만약 불로초를 못 찾았다면, 문책당할까 두려워 돌아오지 않았을 것이기 때문이었다. 설령 불로초를 찾았다 하더라도 그들은 안 돌아왔을 것이다. 그곳에서 불로초를 먹고 신선이 되어 살면 그만이기 때문이었다. 삼신산에 대한 믿음은 우리나라에서도 뿌리 깊게 남아 있었다. 봉래산은 금강산으로, 방장산은 지리산으로, 영주산은 한라산으로 비정되었던 것이다. 그만큼 이상향에 가서 살고자 하는 열망이 컸다.

동양에서는 일반적으로 이상향을 무릉도원이라고 칭하였다. 도연명(陶淵明)의 글에 그 면모가 구체적으로 묘사되었다.

> 진(晉)나라 태원 연간에 무릉(武陵)이란 곳에 고기잡이하는 사람이 있었다. 어느 날 작은 강물을 따라 배를 타고 상류로 올라가는데, 자기가 얼마나 왔는지 잊어버렸다. 홀연히 복숭아나무숲을 만났다. 물길 양편으로부터 안쪽으로 수백 걸음에 이르도록 펼쳐져 있었다. 중간에 다른 나무는 없었다. 향기 나는 풀들은 선명하고 아름다웠고, 떨어지는 꽃들은 이리저리 나부꼈다. 어부는 매우 기이하게 느껴 숲의 끝까지 가보고자 하였다.
>
> 숲의 끝부분에 물길의 발원지가 있었다. 산 하나가 나타났는데, 그곳에 작은 구멍이 뚫려 있었다. 어슴푸레한 빛이 있는 것 같았다. 어부는 배에서 내려서 그 구멍을 통해 들어갔다. 처음에는 무척 좁아서 사람 하나 간신히 통과할 수 있을 정도였다. 수십 걸음을 더 가자 갑자기 눈앞이 탁 트이면서 넓어졌다.
>
> 땅은 평탄하고 넓었으며, 가옥들은 가지런하게 놓여 있었다. 비옥한 밭과 아름다운 연못과 뽕나무와 대나무 등도 있었다. 밭 사이의 길은 사방으로 통하

였고, 개 짖는 소리와 닭 우는 소리도 들렸다. 그 안에서 왔다 갔다 하며 농사 짓고 밭일하는 남녀가 입은 옷들이 모두 외부 사람과 같았다. 노인과 어린아이가 서로 기뻐하며 즐겁게 지내고 있었다.

그들은 어부를 보자 깜짝 놀라며 어디서 왔냐고 물었다. 어부가 상세하게 대답해주자 그들의 집으로 초대하였다. 술을 차리고, 닭을 잡아 어부를 대접하였다.

마을에 이런 사람이 왔다는 소문을 듣고 모두 몰려와 자세히 물었다.

그들은 자신들에 대해 말하였다.

"우리 조상이 진(秦)나라 때의 혼란을 피해 아내와 아이들 및 고을 사람들을 데리고 세상과 격리된 이곳으로 왔소. 이후 다시는 밖으로 나가질 않아서 결국 외부 세계와 단절되었소."

그러면서 그들은 지금이 어느 시대냐고 물었다. 위(魏)나라와 진(晉)나라는 커녕 한(漢)나라가 있었다는 것도 모르고 있었다. 어부가 들은 바를 하나하나 자세하게 말해주자 모두 감탄하며 탄식하기를 금치 못하였다. 마을 사람들은 자청하여 어부를 자기 집에 초대하였고, 모두 술과 음식을 내와 대접하였다. 어부는 그곳에서 며칠 머물다가 작별을 고하였다.

마을사람이 그에게 말하였다.

"바깥사람들에게 이야기할 것이 못 됩니다."

어부는 그곳에서 나와 타고 왔던 배를 발견하였다. 이전의 길을 따라 내려오면서 곳곳에 표시를 해두었다. 어부는 무릉군에 도착해서 태수를 찾아가 이와 같은 사정을 이야기하였다. 태수는 곧장 사람을 파견하여 그가 온 곳을 따라 표시한 곳을 찾았다. 그러나 끝내 길을 잃고 찾지 못하였다.

남양(南陽)의 류자기(劉子驥)는 고상한 선비인데, 이 이야기를 듣자 기쁜 마음으로 가보고자 하였다. 그러나 끝내 찾지 못하고 이로 인해 죽고 말았다. 이

> 후로는 아무도 이를 묻는 이가 없었다.
>
> (도연명 <도화원기(桃花源記)>)

이상향은 누구에게나 매력적인 곳이었다. 그러나 그러한 열망만큼 이상향을 찾는 일은 결코 쉽지 않았다. 웬만한 결심과 노력으로는 도달할 수 없는 곳이었던 것이다.

그리스도교에서는 하느님 나라 또는 천국을 이상향으로 여겼다. 완전한 초자연적인 행복의 장과 상태를 그렇게 지칭하였던 것이다. 그러한 행복은 본질적으로는 하느님을 직접 인식하고 만나는 지복직관(至福直觀), 그리고 하느님과의 일치에서 오는 영원한 사랑을 통해 얻는다고 하였다. 즉 신을 알고, 그와 하나가 되는 장소 내지 상태를 이상향으로 보았던 것이다.

서양에서는 일반적으로 이상향을 유토피아라고 칭하였다. 영국의 토머스 모어는 1516년에 『최선의 국가 형태와 새로운 섬 유토피아에 관하여』라는 두 권의 책을 썼다. 일명 『유토피아(Utopia)』라고 칭해지는 책이었다. 재미있는 것은 유토피아가 그리스어로 '아무 데에도 없는 나라'라는 뜻이었다. 그런데도 불구하고 우리는 끊임없이 유토피아, 즉 세상 어디에도 없는 나라를 그리워하고, 또 그것을 찾고자 노력하여 왔다. 토머스 모어는 유토피아를 6시간만 노동하는 나라, 종교적 관용이 있는 나라, 평화주의가 통용되는 나라, 그리고 남녀가 교육을 평등하게 받을 수 있는 나라 등으로 묘사하였다.

그가 지금으로부터 500년 전에 꿈꾸었던 유토피아는 지금 이 땅에서 어느 정도 실현되고 있을까. 그가 언급하였던 조건들을 상기하여 보면 대체적으로 근접하고 있다고 해도 과언이 아니다. 그러나 현재의 대한민국이 유토피아라고 말하는 이는 거의 없다. 유토피아는 그 말뜻처럼 세상 어디에도 없는 나라이기 때문이다. 가령 500년 전에 꿈꾸었던 유토피아의 모습이 지금 이곳에 온전히 갖추어졌다 하더라도, 우리는 이 시점에서 또 다른 이상향을 꿈꿀 것이다. 유사 이래로 수많은 이들이 그러하였듯이 말이다.

신라의 혜통도 그런 꿈을 이루기 위해 전력투구하였던 인물 중 한 명이다.

중 혜통(惠通)은 그 씨족을 자세히 알 수 없다. 속인으로 있을 때, 그의 집은 남산의 서쪽 기슭 은천동(銀川洞) 동구에 있었다. 어느 날 집 동쪽 시내 위에서 놀다가 수달 한 마리를 잡아 죽여서 그 뼈를 동산 안에 버렸다. 그 이튿날 새벽에 그 뼈가 없어져서 핏자국을 따라 찾아가 보았다. 그 뼈가 예전에 살던 구멍으로 되돌아가 새끼 다섯 마리를 안고 앉아 있었다. 낭은 그것을 바라보며 한참 동안 놀라워하고 이상히 여겼다. 감탄하고 망설이다가 문득 집을 버리고 중이 되어 이름을 혜통이라고 고쳤다.

당나라로 가서 무외삼장(無畏三藏)을 찾아 배우기를 청하였다. 삼장이 말하였다.

"신라 사람이 어찌 불도를 수행할 만한 그릇이 되겠는가?"

그는 마침내 가르쳐주지 않았다. 혜통은 쉽사리 물러가지 않고 삼 년이나 섬겼다. 그래도 허락하지 않았다. 혜통은 이에 분하고 애가 타서 뜰에 서서 머리에 불이 담긴 동이를 이고 있었다. 조금 후에 정수리가 터졌는데, 우레 같은 소리가 났다. 삼장이 그 소리를 듣고 와서 보고는 불이 담긴 동이를 치웠다. 손가락으로 터진 곳을 만지며 신주(神呪)를 외우니 상처가 아물어 그전처럼 되었다. 그러나 흉터가 생겨 왕(王)자 무늬와 같았다. 이로 말미암아 왕스님이라 불렀다. 재기를 깊이 인정하였으므로 삼장은 도통을 그에게 전해주었다.

이때 당나라 황실의 공주가 병이 났다. 고종은 삼장에게 치료해주기를 청하였다. 삼장은 혜통을 대신 천거하였다. 혜통은 명령을 받고 따로 거처하며, 흰 콩 한 말을 은그릇 속에 넣고 주문을 외웠다. 그러자 그것이 변해서 흰 갑옷을 입은 병사가 되어 병마를 쫓았으나 이기지 못하였다. 다시 검은 콩 한 말을 금그릇에 넣고 주문을 외웠다. 그러자 그것이 변해서 검은 갑옷 입은 병사가 되었다. 두 빛깔의 병사를 합하여 병마를 쫓으니 갑자기 교룡(蛟龍)이 달아나 병이 드디어 나았다.

용은 혜통이 자기를 내쫓은 것을 원망하여 신라의 문잉림(文仍林)으로 가서 인명을 크게 해쳤다. 그때 정공(鄭恭)이 사신으로 당나라에 갔다.

그가 혜통을 보고 말하였다.

"스님이 쫓은 독룡이 본국에 와서 해를 끼치고 있습니다. 속히 가서 그것을 없애주십시오."

혜통은 이에 정공과 함께 인덕 2년 을축에 본국으로 돌아와서 용을 쫓아버렸다. 용은 또 정공을 원망하여 버드나무로 태어나 정공의 문밖에 나 있었다. 정공은 그것을 알지 못하고, 다만 그 무성한 것만 좋아하고 매우 사랑하였다. 신문왕이 세상을 떠나고 효소왕이 왕위에 올랐다. 산에 능을 만들고 장례길을 닦는데, 정공 집의 버드나무가 길을 가로막고 서 있었다. 유사가 그것을 베려하였다.

정공이 노하여 말하였다.

"차라리 내 머리를 베었으면 베었지 이 나무는 베지 말라."

유사가 이 말을 위에 알렸다. 왕은 크게 노하여 법관에게 명령하였다.

"정공이 왕화상의 신술을 믿고 장차 불손한 일을 도모하려 하는구나. 왕명을 거슬러 제 머리를 베라고 하니 마땅히 제 좋을 대로 해주어야겠다."

이에 그를 베어 죽이고, 그 집을 묻어버렸다. 조정에서 논의하였다.

죽기 아니면 까무러치기

"왕화상이 정공과 매우 교분이 두터웠습니다. 그러므로 반드시 꺼리고 싫어함이 있을 것입니다. 마땅히 먼저 그를 제거해야 합니다."

이에 갑옷 입은 병사를 시켜 잡게 하였다. 혜통은 왕망사(王望寺)에 있다가 갑옷 입은 병사가 오는 것을 보고 지붕에 올라갔다. 사기병과 붉은 먹을 묻힌 붓을 들고 있었다.

혜통이 그들에게 외쳤다.

"내가 하는 것을 보라."

곧 사기병 목에 한 획을 칠하면서 말하였다.

"너희들은 각기 자신의 목을 보라."

그들이 자신의 목을 보니 모두 붉은 획이 그어져 있었으므로 서로 쳐다보고 놀랐다. 혜통은 또 외쳤다.

"만약 병목을 자르면 너희 목도 잘릴 텐데 어찌하겠느냐?"

병사들이 달아나 붉은 획이 그어진 목을 왕에게 보였다. 왕이 말하였다.

"화상의 신통력을 어찌 사람의 힘으로 도모하겠느냐?"

이에 내버려두었다. 왕의 딸에게 갑자기 병이 나서 왕이 혜통을 불러 치료하게 하였다. 그리하여 병이 나았으므로 왕이 크게 기뻐하였다.

혜통은 말하였다.

"정공은 독룡의 해를 입어 애매하게 나라의 형벌을 받았습니다."

왕은 그 말을 듣고 마음속으로 뉘우쳐서 정공의 처자에게 죄를 면해주었다. 그리고 혜통은 국사로 삼았다.

(『삼국유사』 권5 신주6 혜통항룡)

혜통은 불도를 닦기 위해 당나라로 유학을 갔다. 그러나 스승으로 모시고자 한 무외삼장은 신라에서 온 그를 제자로 받아주지 않았다. 당나라고승의 입장에서 보면 변방의 소국인 신라에서 온 중이 불법을 크게 일으킬 수 없다고 얕보았던 것이다. 하지만 혜통은 포기하지 않고 무심한 스승을 삼 년간이나 지극정성으로 모셨다. 그럼에도 불구하고 무외삼장이 마음을 돌리지 않자 혜통은 극단의 방법을 택하였다. 불이 담긴 동이를 머리에 이고 섰던 것이다. 정수리가 터지는 것은 당연한 일이었다. 뜻을 이루지 못한다면 그 자리에서 죽기로 결심하였던 것이다.

　삼장법사는 그런 그의 굳은 결의를 보고 마침내 마음을 돌렸다. 도통을 전해주었을 뿐만 아니라, 당 고종의 공주를 치료할 절호의 기회를 혜통에게 넘겨주기까지 하였다. 그 일로 인해 혜통은 마침내 신라에 돌아와 국사의 자리에 오르게 되었다. 그야말로 죽기 아니면 까무러치기의 심정이 그의 꿈과 이상을 이루는 결정적인 계기가 되었던 것이다. 한 치의 물러섬도 없이 죽을 각오로 온 힘을 다 쏟은 결과였다.

　혜통이 불동이를 머리에 이는 행위는 자기 몸을 불살라 부처 앞에 바치는 소신공양과 흡사하였다. 김동리의 단편소설이 그러한 소신공양을 대중에게 널리 알렸다. 소신공양으로 성불한 등신불(等身佛) 이야기가 흥미롭다.

　　<만적선사소신성불기(萬寂禪師燒身成佛記)>를 읽었다. 만적은 법명이요, 속명은 기, 성은 조씨다. 금릉서 태어났지만, 아버지가 어떤 사람인지는 잘 모른다. 어머니 장씨는 사구라는 사람에게 개가를 하였다. 사구에게 한 아들이 있어 이름을 신이라 하였다. 나이는 기와 같은 또래로 모두 여남은 살 되었다.
　　하루는 어미가 두 아이에게 밥을 주는데, 신의 밥에 독약을 가만히 감추었다. 기가 우연히 이것을 엿보게 되었다. 기는 어머니가 자신을 위하여 사씨 집의 재산을 탐내 전실 자식인 신을 없애려고 하는 짓이라 생각하였다. 기가 슬

죽기 아니면 까무러치기

픈 마음을 참지 못하여 스스로 신의 밥을 먹으려 하였다. 그때 어머니가 보고 크게 놀라 질색을 하였다.

어머니가 그것을 빼앗으며 말하였다.

"이것은 너의 밥이 아니다. 어째서 신의 밥을 먹느냐?"

신과 기는 아무도 대답하지 않았다. 며칠 뒤 신이 자기 집을 떠나서 자취를 감춰버렸다.

기가 말하였다.

"신이 이미 집을 나갔으니 제가 반드시 찾아 데리고 돌아오겠습니다."

기가 곧 몸을 감추어 중이 되고, 이름을 만적이라 고쳤다. 처음에는 금릉에 있는 범림원에 있었다. 나중에는 정원사 무풍암으로 옮겨서 혜각선사에게 법을 배웠다.

만적이 스물 네 살 되던 해 봄에 결심하였다.

'나는 본래 도를 크게 깨칠 인재가 못된다. 내 몸을 공양하여 부처님의 은혜에 보답함과 같지 못하다.'

만적이 몸을 태워 부처님 앞에 바쳤다. 마침 비가 쏟아졌으나, 만적의 타는 몸을 적시지 못하였다. 뿐만 아니라 점점 더 불빛이 환해지더니 홀연히 보름달 같은 원광이 비치었다. 사람들이 이것을 보고 부처의 은혜를 크게 느껴 모두 제 몸의 병을 고쳤다.

무리들이 말하였다.

"이는 만적의 법력 때문이다."

사람들이 다투어 사재를 던져 돈이 쌓였다. 그 새전으로 만적의 탄 몸에 금을 입히고 절하여 부처라 하였다. 그 뒤 금불각에 안치하였다. 때는 당나라 중종 16년 성력 2년 삼월 초하루다.

(김동리 <등신불>)

소설을 간추린 이 이야기는 예로부터 전해오는 이야기를 생동감 있게 꾸며 살리고 있다. 실제로 동남아시아에 등신불이 된 이들을 안치한 사찰들이 있어 소설의 내용이 더욱 사실적으로 다가온다. 몸에 기름을 바르고 불동이를 머리에 이어 몸 전체가 불에 타 마치 미라처럼 남은 형상이 바로 등신불인 것이다. 부처를 향한 지극한 신심, 열반의 경지에 이르고자 하는 극한적 열망이 없다면 불가능한 일이다. 아니 꿈도 꿀 수 없는 일이다. 죽기로 각오한다는 것이 무엇인지, 간절함의 끝이 어디인지를 새삼 되새겨보게 된다.

우리는 종종 불굴의 의지를 이야기하고는 한다. 자신이 세운 큰 뜻을 이루기 위해 비장한 결의를 한 인물들의 이야기를 하고는 한다. 신라의 자장법사는 도를 닦기 위해 조그만 오두막 하나를 지어놓고 거기에 가시로 사방을 두르고, 알몸으로 앉아 있었다. 게다가 머리는 대들보에 묶어놓고 있었다. 몸을 움직일 수도 없었고, 졸거나 잠잘 수도 없었다. 그렇게 비장한 결의로 수도하였기에 문수보살이 감동하여 그의 앞에 현신하였던 것이다.

이러한 일화는 신라 최고의 문장가였던 최치원도 마찬가지였다. 육두품 출신인 최치원은 국내에서는 뜻을 펼칠 수가 없어 열두 살 때 당나라 유학길에 올랐다. 그의 아버지는 유학길에 오르는 아들에게 "10년 안에 과거에 합격하지 못하면, 나를 아버지라고 부르지 말라."고 하였다. 어린 나이에 외국에 간 최치원은 상투를 대들보에 묶어 잠을 쫓고, 그래도 잠이 오면 바늘로 허벅지를 찌르며 학업에 몰두하였다. 그 결과 최치원은 당나라에 유학한 지 7년만인 874년에 18세의 나이로 과거에 합격하였다. 중국에서 외국인을 상대로 실시하던 과거인 빈공과(賓貢科)에 당당히 합격하였던 것이다. 그야말로 전심전력을 다하여 공부에 매진한 결과였다. 뜻을 세우고 죽기 살기로 노력한 사람들, 아니 죽을 각오로 매진하였던

죽기 아니면 까무러치기

이들의 삶을 보며 오늘의 우리를 추스르게 된다. 우리는 얼마나 치열하게 살아가고 있는가.

조신의 하룻밤 꿈

큰 뜻을 세우고 정진하는 사람이라고 해서 마음이 늘 청정하지만은 않았다. 마음이 어수선하여 주의가 흐트러지는 분심(分心)이 들고는 하였던 것이다. 낙산사에서 수도하던 신라의 조신이라는 스님도 그러하였다. 그의 꿈 이야기가 남의 일 같지만은 않다.

옛날 서라벌이 도읍이었을 때, 세달사(世達寺)의 장원이 명주 내리군에 있었다. 본 절에서 중 조신(調信)을 보내어 장원 관리인으로 삼았다. 조신이 장원에 와서 태수 김흔공(金昕公)의 딸을 좋아하여 그녀에게 깊이 빠졌다. 여러 번 낙산사 관음보살 앞에 나아가서 그 여자와 관계를 맺기를 몰래 빌었다. 그런데 몇 년 사이에 그 여자에게 배필이 생겼다. 조신은 불당 앞에 가서 관음보살이 자기의 소원을 이루어주지 않은 것을 원망하였다. 그는 날이 저물도록 슬피 울다가 그리운 정에 지쳐서 옷을 입은 채 그 자리에서 잠이 들었다.

문득 꿈에 김씨 낭자가 기쁜 낯을 하고 문으로 들어왔다. 그녀가 반가이 웃으며 말하였다.

"저는 일찍이 스님을 잠깐 보고 알게 되어 속으로 사모하였습니다. 아직까지 잠시라도 잊지 못하고 있었습니다. 그런데 부모의 명령에 못 이겨 억지로 다른 사람에게 시집갔습니다. 그러나 이제 부부가 되고 싶어 왔습니다."

조신은 매우 기뻐하여 함께 마을로 돌아갔다. 사십여 년을 같이 살며 자녀 다섯을 두었다. 그러나 집은 다만 벽뿐이요, 거친 밥조차 대지 못하였다. 마침내 지독한 가난이 들어 서로 이끌고 사방으로 다니며 입에 풀칠하기조차 바빴다. 이렇게 십 년이나 초야를 두루 돌아다니다 보니 갈가리 찢어진 옷은 몸뚱이를 가릴 수조차 없었다.

때마침 명주 해령(蟹嶺)을 지나는데, 열다섯 살 된 큰아이가 갑자기 굶어죽어 통곡하며 길가에 묻어주었다. 그리고 나머지 네 자녀를 데리고 우곡현(羽曲縣)에 이르러 길가에 오두막을 짓고 살았다. 그들 부부는 늙고 병들었으며, 또 굶주려서 일어나지도 못하였다. 열 살 난 딸아이가 밥을 얻으러 다니다가 마을 개에게 물렸다. 딸이 아프다고 울부짖으며 앞에 와서 누웠다. 부모도 흐느껴 목이 메어 눈물이 끊임없이 흘렀다.

부인은 눈물을 훔치면서 갑자기 말하였다.

"내가 처음 당신을 만났을 때는 얼굴도 아름답고 나이도 젊었습니다. 의복도 많고, 깨끗했지요. 한 가지 음식이라도 당신과 나누어 먹었고, 얼마 안 되는 의복도 당신과 나누어 입었습니다. 함께 산 지 십오 년에 정이 맺어져 매우 친밀해졌습니다. 은혜와 애정도 굳게 얽혀졌으니 두터운 인연이라고 할 수 있었습니다. 그러나 근년에 와서는 쇠약해져 생긴 병이 해마다 더욱 심해졌습니다. 굶주림과 추위가 날로 더욱 닥쳐오니 곁방살이와 보잘것없는 음식도 남에게 빌 수 없게 되었습니다. 여러 집에 걸식하는 그 부끄러움은 산더미를 진 것보다 더 무겁습니다. 아이들이 추위에 떨고 굶주려도 미처 돌보지 못하는데, 어느 틈에 부부의 애정을 즐길 수 있겠습니까? 혈색 좋던 얼굴과 어여쁜 웃음도 풀 위의 이슬처럼 사라져 버렸습니다. 난초와 지초와 같은 백년가약도 버들개지가 바람에 날리듯 없어져 버렸고요. 당신은 나 때문에 괴로움을 받고, 나는 당신 때문에 근심이 됩니다. 옛날의 기쁨을 곰곰이 생각해보니 그것이

죽기 아니면 까무러치기

바로 우환의 터전이었습니다. 당신과 내가 어찌해서 이 지경에 이르렀는지요. 뭇 새가 함께 굶어 죽는 것보다는 차라리 짝 잃은 난새가 거울을 향하여 짝을 부르는 것만 못할 것입니다. 역경을 당하면 버리고, 순풍에 친하고 하는 것은 인정상 차마 못할 짓입니다. 하지만 행하고 그치고 하는 것은 인력으로 되는 것이 아닙니다. 헤어지고 만나고 하는 것도 운수가 있는 것입니다. 그러니 제발 지금부터 헤어집시다."

조신은 이 말을 듣고 크게 기뻐하였다. 각기 아이 둘씩을 맡아 바야흐로 떠나려 하였다. 여인이 말하였다.

"저는 고향으로 가겠습니다. 당신은 남쪽으로 가십시오."

막 헤어져 길을 떠나려 할 때, 그만 꿈을 깨었다.

이때 등잔불은 깜박거리고, 밤이 바야흐로 새려 하였다. 아침이 되니 수염과 머리털은 모두 희어졌다. 전혀 세상에 뜻이 없어져 사는 것도 싫어졌다. 마치 한평생 괴로움을 다 겪은 것 같았다. 탐욕의 마음도 깨끗이 얼음 녹듯 사라져 버렸다. 이에 관음보살의 상을 대하기가 부끄러워져서 잘못을 뉘우쳤다.

돌아와 해현에 묻은 아이를 파보니 그것은 바로 돌부처였다. 그것을 물로 씻어 부근의 절에 모셨다. 도읍으로 돌아가 장원의 소임을 그만두었다. 사재를 들여 정토사(淨土寺)를 세우고, 착한 일을 근실히 닦았다. 그 후에 세상을 어디서 마쳤는지 알 수 없다.

평해서 말한다.

"이 전기를 읽고서 책을 덮고 지나간 일을 생각해보니 하필 조신의 꿈만이 그렇겠는가. 지금 모든 사람들이 속세의 즐거움만 알고서 기뻐 날뛰고 애쓰고 있다. 그러나 이것은 다만 깨닫지 못했기 때문이다."

(『삼국유사』 권3 탑상4 낙산이대성 관음 정취 조신)

조신은 여느 수도승들이 그러하듯이 도를 닦아 열반의 경지에 이르고자 하였던 인물이다. 그러나 그런 그에게도 세속의 연정은 남아 있었다. 출가하면서 세웠던 이상에 도달하기 위해서는 도심으로써 아리따운 여인과의 사랑을 포기해야만 하였다. 그러나 그는 수도승이기 이전에 감정을 지닌 한 인간이었기에 속세의 욕망에 빠지고 말았다. 마침내 꿈에서나마 그러한 욕구를 채웠지만, 지나고 나니 모든 것이 허망하다는 깨우침을 얻었다. 잠시의 분심은 깨우침을 얻어 다시 용맹 정진하기 위한 뒷걸음질이었던 것이다. 개구리가 보다 멀리 뛰기 위해 몸을 움츠리는 행위와도 같았다.

이 이야기는 꿈을 소재로 한 몽자류 소설의 원류가 되었다. 주인공이 꿈 속에서 다른 인물로 태어나 새로운 삶을 경험한 후, 다시 꿈에서 깨어나 심오한 깨달음을 얻는 소설의 원류가 되었던 것이다. 조신 이야기는 그만큼 연원이 깊고, 널리 알려진 이야기인 것이다. 남가일몽(南柯一夢)이라는 말의 연원이 된 순우분의 꿈 이야기도 이와 흡사하다.

당나라 덕종(德宗) 때 광릉(廣陵)에 순우분(淳于棼)이라는 사람이 살았다. 그의 집 남쪽에 큰 느티나무가 있었다. 어느 날 그는 술에 취해 그 나무 밑에서 잠이 들었다.

그때 보랏빛 옷을 입은 두 사나이가 나타나서 말하였다.

"괴안국 임금님의 명령으로 당신을 모시러 왔습니다."

순우분이 그 사자를 따라 느티나무 구멍 속으로 들어갔다. 커다란 성문 앞에 다다르자 '대괴안국(大槐安國)'이라는 금 글자로 쓴 현판이 걸려 있었다. 국왕은 순우분에게 자기 딸을 주어 사위를 삼았다. 순우분은 평범한 시골 사람에서 갑자기 부마가 되어 부귀와 영예를 누리는 신분이 되었다.

그러던 어느 날 왕이 말하였다.

죽기 아니면 까무러치기

"외직에 한번 나가 보는 것이 어떤가? 마침 남가군(南柯郡) 태수 자리가 비어서 누굴 보낼까 생각 중인데 말일세."

남가군은 도성에서 멀리 떨어진 지역으로 괴안국 안에서도 가장 땅이 넓고 인구가 많은 요지였다. 그런데 그동안 거쳐 간 태수들이 정치를 잘못하는 바람에 문제 지역으로 전락해 있었다. 순우분은 두말없이 승낙했다. 순우분은 거기서 친구인 주변과 전자화를 만나 부하로 삼았다. 남가 태수로 부임한 그는 법을 공명정대하게 집행하고, 백성들의 세금과 부역을 가볍게 해주는 등 선정을 베풀었다. 그 결과 남가군은 불과 2년 만에 안정을 되찾았다. 백성들은 송덕비를 세우고, 감사와 칭송의 노래로써 그 은혜에 보답하였다.

이러한 치적이 조정에 알려지자 왕은 기뻐하며 순우분을 불러 올려 재상에 앉혔다. 그는 남가군에서의 경험을 살려 나무랄 데 없이 국정을 잘 이끌어 나갔다. 그러다 보니 그의 명성은 높아졌고, 영향력은 왕을 능가할 정도였다. 그러나 단라국(檀羅國)이 쳐들어왔을 때, 일이 터졌다. 대장인 주변은 적을 얕보다 패하고, 등창을 앓다가 죽었다. 그의 아내도 병으로 죽었다. 패전의 충격으로 여론이 뒤숭숭해지자 순우분에 대해서 아무 말도 못하던 자들이 들고 일어났다. 신하들이 이구동성으로 순우분을 헐뜯고 나서자 왕 역시 그를 연금할 수밖에 없었다. 결국 왕은 순우분에게 고향으로 돌아가라고 하였다.

바로 그때 순우분이 느티나무 아래서 잠이 깨었다. 나무 밑에 큰 구멍이 하나 있었다. 파 보니 개미들이 가득 모여 있었고, 커다란 개미 두 마리가 있었다. 거기가 괴안국의 도읍이며, 커다란 두 개미는 국왕 부처였다. 또 한 구멍을 찾아 들어갔다. 남쪽 가지 사십 척쯤 올라간 곳에 또 개미떼가 있었다. 거기가 순우분이 다스리던 남가군이었다. 그는 구멍을 원래대로 고쳐 놓았다.

이튿날 아침에 가보니, 구멍은 밤에 내린 비로 허물어지고 개미도 없어졌다. 그제야 그간의 부귀영화와 우여곡절이 한낮의 긴 꿈이었음을 깊이 깨달았다.

224

순우분은 집으로 돌아와 두문불출하였다. 그리고는 평생 삶의 모든 쾌락을 멀리한 채 도학에 정진하였다.

(이공좌 『남가기(南柯記)』)

한바탕의 꿈처럼 헛된 영화나 덧없는 일을 의미하는 일장춘몽(一場春夢)이라는 말이 사실적으로 다가오는 이야기다. 큰 뜻을 세우고 정진하는 이들도 때로는 분심이 들기 마련인가 보다. 온 정신을 다해서 앞으로 나아가다가도 때로는 마음이 흐트러지는 경우가 왜 없을까. 목표를 세우고 정진하니까 분심도 생기는 것이고, 반대로 분심이 생기니까 더욱 정진하는 것이리라.

원효가 설파한 것처럼 성스러운 것과 속된 것이 둘이 아닌 것과 같은 이치다. 조신과 순우분은 꿈속에서 평소 그토록 원했던 세속의 일을 유감없이 경험하였다. 하지만 꿈을 깨고 나서 그것이 얼마나 덧없는 일인가를 곧 깨달았다. 지금 바로 간절하게 소망하는 일을 죽기 아니면 까무러치기의 심정으로 해야 하는 이유가 바로 거기에 있다. 우리는 오늘 무엇을 갈망하며 살아가고 있는가.

나의 의지와 투지

김유신에 관한 이야기는 『삼국유사』에 수록되어 있지만, 소년시절의 일화는 전해오지 않는다. 반면 『삼국사기』에는 그의 어릴 적 일화가 자세하게 소개되고 있어 흥미롭다. 삼국을 통일하고자 하는 바위와 같은 굳은 의지와 이를 이루기 위한 불굴의 투지가 배어나온다.

공은 나이 열다섯 살에 화랑이 되었다. 그때 사람들이 기뻐하여 복종하였으며, 그들을 용화향도(龍華香徒)라 이름하였다. 건복 33년 신미에 공이 나이 열일곱 살이었다. 고구려, 백제, 말갈이 신라의 영토를 침범하여 노략질하였다. 공이 이를 보고 강개하여 외적을 평정할 뜻을 세웠다. 홀로 중악의 석굴로 들어가서 재계하였다.

공이 하늘에 아뢰어 맹세하였다.

"적국이 무도하여 승냥이와 범이 되어 우리 강토를 침략하니 거의 편안한 해가 없습니다. 저는 한낱 보잘것없는 신하지만, 재주와 힘을 헤아리지 않고 환란을 없애려고 마음먹고 있습니다. 하늘께서는 이를 살피셔서 제게 손을 빌려주시옵소서."

나흘이 지나서 갑자기 한 노인이 갈포옷을 입고 와서 말하였다.

"이곳에는 독한 벌레와 사나운 짐승이 많으므로 두려워할 곳이다. 그런데 귀한 소년이 와서 홀로 있으니 무슨 까닭인가?"

유신이 대답하였다.

"어른께서는 어디서 오셨으며, 존함은 어찌 되시는지 알고 싶습니다."

노인이 말하였다.

"나는 거주하는 곳도 없으며, 가고 그침을 인연에 따라 한다. 이름은 난승(難勝)이다."

공이 이 말을 듣고 그가 비상한 사람이라는 것을 알았다. 두 번 절하며 앞으로 나아가서 말하였다.

"저는 신라 사람입니다. 나라의 원수를 보고 마음이 상하고 머리가 아파 이곳에 와서 만나는 분이 있기를 기다렸습니다. 삼가 원합니다. 어른께서는 제

정성을 불쌍히 여겨 방술을 가르쳐주십시오."

노인은 잠잠히 말이 없었다. 공이 눈물을 흘리면서 간절히 청하기를 그치지 않았다. 그렇게 예닐곱 차례에 이르렀다.

노인은 그제야 말하였다.

"그대는 나이가 어리면서도 삼국을 통일하려는 마음을 가졌으니 어찌 장하지 않은가?"

이에 비법을 가르쳐주며 말하였다.

"이 비법은 부디 함부로 남에게 전하지 마라. 만약 불의한 일에 이를 쓴다면 도리어 그 앙화를 받을 것이다."

말을 마치자 작별하였다. 2리쯤 가다가 쳐다보았으나, 보이지 않았다. 다만 산 위에 빛이 있었는데, 찬란하여 오색광채와 같았다.

건복 34년에 이웃 나라의 적이 한층 더 핍박해오므로 공은 더욱 웅대한 뜻을 나타냈다. 홀로 보검을 가지고 인박산(咽薄山)의 깊은 골짜기 속에 들어갔다. 향불을 피워놓고 하늘에 아뢰어 빌기를 중악에서 한 것과 같이 하였다.

맹세하고 이내 기도하였다.

"천관신(天官神)은 빛을 내리시어 보검에 영험을 나타내주소서."

사흘째 되는 날 밤이었다. 허성(虛星)과 각성(角星) 두 별의 빛이 환하게 빛났다. 그 빛이 칼에 내려오자 칼이 움직이는 듯하였다.

(『삼국사기』 권41 열전1 김유신 상)

열일곱 살 난 화랑 김유신은 외적의 침입에 비분강개하며 병란을 평정하고자 하는 큰 뜻을 세웠다. 그리고는 독한 벌레와 사나운 짐승들이 우글거리는 산속에 홀로 들어가 비법을 구하였다. 그는 비법을 일러줄 만한 인물을 만나자 눈물로써 애절하게 하소연하였다. 이듬해에는 장수의 무기인 보검에 영험한 기운을 받기 위해 또 다시 깊은 골짜기에 들어가 간절한 기도를 올렸다. 그는 자신이 세운 뜻을 이루기 위해 그야말로 무모하리만큼 용감하게 남들이 가지 않는 길을 걸었다. 아니 그보다는 자신이 세운 이상을 성취하기 위하여 목숨을 걸었다는 표현이 옳았다.

'생즉사 사즉생(生卽死 死卽生)'이라고 한다. 살고자 하면 죽고, 죽고자 하면 산다는 뜻이다. 종종 그러한 사례를 주변에서 확인하고는 한다. 목숨은 살아 있지만, 차라리 죽은 것만 못한 삶이 있다. 죽어 가는 사람들을 외면한 채, 자신만 혼자 살자고 몸부림쳐서 목숨을 구한 경우가 그러하다. 살긴 살았지만, 죽은 것만 못한 인생이 된 것이다. 바로 생즉사의 경우다. 이와 반대로 살아있는 것보다 더 소중한 죽음도 있다. 나라를 위해서 몸을 던져 순국하고, 종교를 위해서 목숨을 내놓아 순교하며, 자신이 맡은 직분을 위해 애쓰다 순직한 이들이 그러하다. 그들은 모두 세상을 떠났지만, 영원한 생명을 얻은 인물들이다. 바로 사즉생의 경우다.

사람에게 있어서 목숨보다 귀한 것은 없다. 누구나 탐하는 재물이나 권세나 명예가 아무리 귀하다고 해도 목숨에 앞설 수는 없다. 소설이나 영화에 등장하는 악당의 최후를 보면 실감이 난다. 온갖 못된 짓을 하며 자신의 탐욕을 채워오던 악당이 죽음을 앞두고 하는 말이 한결같으니 말이다.

"제발 목숨만 살려줘! 내 모든 것을 다 줄 테니……"

평생 추구해 온 재산과 권세와 명예도 죽으면 아무 소용이 없다. 인간은 누구나 빈손으로 왔다가 빈손으로 돌아간다는 공수래공수거(空手來空手去)의 진리가 실현되는 순간이다. 그만큼 생명은 그 무엇에도 견줄 수 없이 귀하다. 그러므로 목숨을 바쳐 어떤 일을 하였다는 것은 위대하다는 뜻과 통하게 된다. 순국, 순교, 순직 등이 거룩하고도 장엄한 까닭이다.

혜통은 불법을 전수받기 위해 죽기를 각오하고 불 항아리를 머리에 이고 나서야 그 뜻을 이루었다. 또한 소년 김유신은 죽음을 무릅쓰고 홀로 깊은 산 속에 들어가 간절하게 기원한 후에야 삼국통일의 위업을 달성할 수 있는 힘을 얻었다. 반면에 세속의 욕심을 품었던 조신은 그러한 욕망이 한갓 꿈에 지나지 않는 허망한 일이라는 것을 깨달은 뒤에 비로소 수도승이 가야 할 참된 길에 매진할 수 있었다.

오늘 우리에게 목숨을 걸 만한 일이 있는가. 지금 우리는 그 목표에 도달하기 위해 목숨을 걸고 있는가. 꿈과 희망을 이루기 위해서 얼마나 비장하게 살고 있는지, 그 꿈과 이상을 성취하기 위해 한 치의 물러섬도 없이 용감무쌍하게 살고 있는지 묻게 된다. 죽기 아니면 까무러치기라는 말처럼, 무엇인가를 간절하게 소망하며 죽기를 작정하고 매진하고 있는지 되새기게 된다.

천마총 유리잔 天馬塚 琉璃盞 한국(韓國)-신라(新羅) <5-6세기>

우리나라에서 유리 제작 기술은 기원 전후한 시점에 도입되었으며, 천하석제 옥과 함께 장신구로 많이 활용되었다. 유리로 만든 그릇은 삼국 중에서도 신라의 왕족 무덤에서만 출토되고 있으며, 신라 왕실과 지배층의 독특한 장례문화와 연관된다. 유리 제품은 신라에서 자체적으로 제작하기도 하였지만, 황남대총에서 출토된 봉수병이나 유리잔의 사례와 같이 유라시아 대륙과 중국 등을 거쳐 수입된 것도 상당수 있었음을 알 수 있다. 봉수병에서 부러진 손잡이를 금실로 감아 보수한 흔적이 있는 점에서 미루어 볼 때 유리 제품을 매우 귀중하게 다루었을 가능성이 높다.

10

햇님과 내님만 보신다면야
▶ 모함 이겨내기

10

햇님과 내님만 보신다면야
▶ 모함 이겨내기

추남의 양심과 김유신

송알송알 싸리잎에 은구슬 조롱조롱 거미줄에 옥구슬
대롱대롱 풀잎마다 총총 방긋웃는 꽃잎마다 송송송
(권오순 작사, 안병원 작곡 〈구슬비〉)

과연 우리는 대자연의 은구슬, 옥구슬처럼 그렇게 맑게 살아갈 수 있는가. 주변의 환경에 물들지 않고 청정하게 자신을 지켜낼 수 있는가. 어느 신부의 시 한 편이 잔잔한 파문을 일으킨다.

외딸고 높은 산 골짜구니에 살고 싶어라
한 송이 꽃으로 살고 싶어라
벌 나비 그림자 비치지 않는 첩첩산중에
값없는 꽃으로 살고 싶어라

햇님만 내님만 보신다면야 평생 이대로
숨어 숨어서 피고 싶어라

(최민순 <두메꽃>)

　화려하지도 않고, 또 드러나지도 않는 두메꽃처럼 산골짜기에서 이름 모르는 꽃으로 살고자 하는 마음이 잘 드러나 있다. 다만 햇님만 내님만 나를 알아준다면 평생 그렇게 살아갈 수 있다는 사제의 다짐이 배어나온다. 가정을 꾸리지 않고 궁극적 존재를 위해 자신의 모든 것을 오롯이 내놓고자 하는 삶이다. 남이 알아주는 삶보다 값이 없어 보이지만 가치가 있는 삶을 살고자 하는 마음이 절절하다.
　그러나 세상은 자신만의 노력으로 평정심을 지키며 유유자적하며 살아갈 수는 없는 일이다. 관계적 존재인 인간은 타인과의 만남 속에서 의도하지 않은 일들을 겪기 마련이다. 삼국통일의 주역이었던 김유신 역시 그러하였다. 어린 나이에 화랑이 되어 삼국통일의 염원을 세우고 정진하였던 그도 음해세력과 맞서야만 하였다.

　　김유신(金庾信)은 나이 18세 되던 임신년에 검술을 닦아 화랑이 되었다. 이때 백석(白石)이라는 어디서 온지도 모르는 자가 있어 여러 해 동안 낭도로 있었다. 유신공이 고구려와 백제를 치려고 밤낮으로 깊이 도모하고 있을 때였다.
　　백석이 그 일을 알고 공에게 말하였다.
　　"저와 함께 몰래 저쪽을 먼저 탐색한 후에 도모하는 것이 어떻겠습니까?"
　　공이 기뻐하여 친히 백석을 데리고 밤에 떠났다. 고개 위에서 막 쉬고 있었다. 그때 두 여자가 나타나 공을 따라 왔다. 골화천(骨火川)에 이르러 묵으려 하였다. 그러자 또 한 여자가 홀연히 왔다. 공이 세 낭자와 함께 기쁘게 이야기하였다. 그때 여자들이 맛난 과일을 주었다. 공이 받아먹고 마음으로 서로 허락하고, 그 속내를 이야기하였다.

여자들이 말하였다.

"공이 말하는 것은 이미 알고 있습니다. 원컨대 백석을 떼어놓고 우리와 함께 수풀 속에 들어가면 사실을 말하겠습니다."

김유신이 함께 숲에 들어갔다. 여자들이 문득 신이 되어 말하였다.

"우리들은 내림(奈林), 혈례(穴禮), 골화(骨火) 세 곳의 호국신이다. 지금 그대는 적국의 사람이 유인하는 것을 알지 못하고 따라가고 있다. 그러므로 우리가 그대를 멈추게 하려고 이곳에 온 것이다."

말을 마치자 보이지 않았다. 공이 듣고 놀라 쓰러지며 두 번 절하고 나왔다.

골화관에 묵을 때, 백석에게 말하였다.

"지금 가면서 중요한 문서를 놓고 왔다. 함께 집에 돌아가서 가지고 오자."

드디어 함께 집에 돌아와서 백석을 결박하고 사실을 물었다. 백석이 말하였다.

"나는 본래 고구려인인데, 우리나라의 여러 신하들이 말하길 '신라의 유신은 우리나라의 점쟁이인 추남(楸南)의 화신이다.'라고 했소. 하루는 국경에서 물이 거꾸로 흘러 그에게 점을 치게 했소. 그러자 추남이 아뢰길 '대왕의 부인이 음양의 도리를 역행하므로 이런 징표가 나타난 것입니다.'라고 했소. 대왕은 놀라 괴이하게 여겼으나, 왕비는 크게 노하여 '이것은 요망한 여우의 말이다.'라고 했소. 그리고 왕에게 고하여 '다시 다른 것으로 시험하여 그 말이 맞지 않으면 중형에 처합시다.'라고 했소. 이에 쥐 한 마리를 상자 속에 감추고 묻기를 '이것이 무슨 물건이냐?'고 했소. 추남이 아뢰길 '그것은 틀림없이 쥐인데, 여덟 마리입니다.'라고 했소. 이에 말이 틀린다 하여 장차 죽이려 하자 추남이 맹세하였소. '내가 죽은 뒤에 대장이 되어 반드시 고구려를 멸망시키겠다.'고 말이오. 곧 목을 베어 죽이고, 쥐의 배를 갈라보니 새끼가 일곱 마리 있었소. 그제야 그의 말이 맞았다는 것을 알았소. 그날 밤에 대왕의 꿈에 추남이 신라 서현공 부인의 품속으로 들어가는 것을 보았소. 대왕이 여러 신하에게 이야기하자 모두 말하길 '추남이 맹세하고 죽더니 이 일이 과연 맞았다.'고 하였소. 그것 때문에 나를 보내 이렇게 일을 꾀하게 된 것이오."

공이 백석을 처형하였다. 온갖 음식을 갖추어 삼신(三神)에게 제사를 지내니 모두 나타나 흠향하였다.

(『삼국유사』 권1 기이1 김유신)

이 이야기는 김유신이 고구려를 정벌해야 하는 당위성을 언급하고 있다. 김유신은 고구려의 추남이라는 점쟁이의 화신이었던 것이다. 언뜻 보면 김유신을 대단히 높이 평가하는 이야기처럼 여겨진다. 삼국통일의 위업을 달성하는 주인공이 되리라는 예언적 이야기인 듯이 보이기 때문이다.

그러나 뒤집어서 생각해보면 이 이야기는 김유신을 폄하하는 내용으로도 해석할 수 있다. 김유신은 원래 점쟁이에 불과한 인물, 더욱이 적국인 고구려 출신의 인물이었다는 점 때문이다. 가락국 왕족의 후손이자 화랑의 우두머리였던 김유신이 대단히 미미하고 부정적인 존재로 변용되고 있는 것이다. 물론 신라의 호국신인 삼산의 신들이 그를 가호하고 있다고는 하지만 말이다.

결국 이 이야기는 김유신이 삼국통일의 주역이 되어야만 하는 필연성을 드러내고 있다고 보는 것이 타당하다. 하지만 그러한 절대적 위상을 지니고 있는 김유신을 폄하하거나 모함하고자 하는 불순한 의도가 다소 개입되어 있다는 사실을 간과할 수는 없다. 신라나 김유신의 입장에서 볼 때, 추남 일화는 썩 기분 좋은 대목은 아니기 때문이다. 이러한 부정적인 면은 김유신이 세상을 떠난 후에 직접적으로 표면화되므로 더욱 그러한 느낌을 지울 수 없다.

제13대 미추이질금(未鄒尼叱今)은 김알지(金閼智)의 7세손이다. 대대로 현명하고 성덕이 있었으므로 점해(沾解)의 뒤를 이어 비로소 왕위에 올랐다.(지금 미추왕의 능을 시조당이라고 하는 것은 김씨로서 처음으로 왕위에 올랐기 때문이다. 후대의 김씨 왕들이 모두 미추를 시조라고 하니 당연한 일이다.) 재위 23년에 죽었다. 능은 흥륜사(興輪寺) 동쪽에 있다.

제14대 유리왕(儒理王) 때에 이서국(伊西國) 사람들이 와서 금성을 공격하였다. 아군도 크게 일어나 막았으나, 오래 버티기 어려웠다. 홀연히 이상한 군사가 와서 도왔다. 모두 대나무 잎을 귀에 꽂고 아군과 힘을 합해 적을 물리쳤다. 군사가 물러간 후에는 모두 어디로 갔는지 알 수가 없었다. 다만 대나무 잎이 미추왕릉 앞에 쌓여 있는 것을 보고 비로소 선왕이 몰래 도와준 공인 줄 알았다. 이로 인하여 그 능을 죽현릉(竹現陵)이라고 불렀다.

제36대 혜공왕(惠恭王) 때 홀연히 김유신의 무덤에서 돌풍이 불었다. 그 가운데 한 사람은 준마를 탔는데, 장군과 같았다. 또한 갑옷과 무기를 든 40명 가량이 그 뒤를 따라 죽현릉으로 들어갔다. 잠시 후 능속에서 마치 흐느껴 우는 듯한 소리가 났다.

때로 호소하는 듯한 소리도 들렸다.

"저는 평생토록 나라를 환란에서 구하고 바로잡는 공이 있었습니다. 지금 죽어 혼백이 되었어도 나라를 진호하여 재앙을 물리치고 환난을 구하고자 하는 마음은 잠시도 변함이 없습니다. 그런데 경술년에 제 자손이 죄 없이 죽음을 당했습니다. 이는 지금 임금과 신하들이 모두 제 공을 생각지 않는 것입니다. 제가 차라리 다른 곳으로 옮겨가서 다시는 힘들이지 않겠습니다. 왕께서는 허락해주십시오."

왕이 대답하였다.

"나와 공이 이 나라를 수호하지 않는다면, 저 백성들은 어떻게 할 것인가? 공은 다시 예전처럼 노력하라."

미추왕은 세 번이나 청하였다. 그러나 김유신은 세 번 모두 받아들이지 않았다. 이에 돌풍이 돌아갔다.

혜공왕이 이를 듣고 김경신(金敬信)을 유신공의 능에 보내 사죄하였다. 공을 위해 공덕보전(功德寶田) 30결을 취선사(鷲仙寺)에 내려 명복을 빌게 하였다. 이 절은 공이 평양을 토벌한 후에 복을 빌기 위해 세운 것이었다.

미추왕의 영혼이 아니었다면, 김유신의 분노를 막지 못하였을 것이다. 미추왕이 나라를 진호함이 컸다. 그러므로 나라 사람들이 미추왕의 덕을 생각하여 삼산(三山)과 더불어 제사 드리기를 게을리하지 않았다. 그 차례를 오릉(五陵)의 위에 놓아 대묘(大廟)라 칭하였다.

(『삼국유사』 권1 기이1 미추왕 죽엽군)

김유신은 삼국통일의 주역으로 사후에 신라의 호국신으로 받들어졌다. 심지어 그는 수미산(須彌山) 꼭대기에 있다고 전해지는 삼십삼천(三十三天) 또는 도리천의 아들로 묘사되었다. 그런 그의 자손이 통일 이후에 수난을 당하였던 것이다. 이는 곧 김유신의 위상을 폄하하는 것과 다를 바 없는 조치였다. 이미 죽은 김유신이 무덤에서 나와 미추왕 능에 찾아가 억울함을 호소할 만한 대목이었다. 신라의 호국신으로서 나라를 떠나겠다고 울분을 터뜨릴 만한 상황이었다. 이처럼 황당한 사태가 도대체 어떻게 일어난 것일까.

신라의 삼국통일은 김유신과 태종무열왕 김춘추가 손을 잡음으로써 본격화되었다. 김유신과 김춘추의 밀월 관계는 이들의 생전에 국한되지 않았다. 이후 삼국통일을 완수하였던 문무왕 대, 그리고 김유신의 맏아들인 삼광(三光)과 맏손자인 윤중(允中)의 도움을 받아 강력한 전제왕권을 확립하려 하였던 신문왕 대에까지 지속되었다. 그러나 삼국통일을 이룬 직후부터 분위기가 달라졌다. 통일전쟁을 수행하면서 분산되었던 힘을 집중하기 시작하였던 것이다. 이러한 왕실중심적 통치체제는 김유신 일가뿐만 아니라 다른 귀족들을 배척할 수밖에 없었다. 중앙집권적 체계를 구축하는 데 있어서 귀족과 지방호족들이 걸림돌이 되었던 것이다. 이에 따라 점차 김유신의 지위는 폄하되기 시작하였고, 김유신 후손들의 입지는 좁아졌다. 결국 김융(金融)을 비롯한 김유신 일가는 그에 대한 불만으로 혜공왕 때 반란을 도모하였다. 그러나 거사에 실패하여 죽임을 당하고 말았다.

이처럼 김유신 자손들은 그의 사후에 대접은커녕 수난을 당하는 지경에 이르렀다. 날쌘 토끼가 죽으니 사냥개는 소용없이 되어 마침내 삶아먹는다는 토사구팽이 따로 없었다. 상황이 이렇게 되자 김유신은 자신의 무덤에서 나와 미추왕의 무덤인 죽현릉으로 달려갔던 것이다. 김유신이 미추왕을 찾아간 이유는 자명하였다. 미추왕은 신라에서 김씨로서 첫 왕이 된 인물이었기 때문이다. 신라는 1대 박혁거세왕으로 시작하여 4대에 이르러 석탈해왕으로 이어졌다. 그리고 5대부터 다시 박씨로 계승되다가 13대에 와서 비로소 김씨가 왕으로 등극하였던 것이다. 김유신은 미추왕을 만나 자신의 위상이 급격하게 전락한 데 따른 억울함을 호소하였다. 살아 있을 때 그가 누렸던 명성을 생각하면 견딜 수 없는 일이었다. 급기야 호국신인 그가 신라를 떠나 다른 곳으로 가겠다고 청하였다. 호국신이 떠난 신라의 운명이 어찌될 것인지는 불을 보듯 자명한 일이었다.

미추왕은 이러한 사실을 당시의 임금이었던 혜공왕에게 전하였다. 이에 놀란 혜공왕은 김경신을 김유신의 능에 보내 사죄하고, 그의 명복을 빌게 하였다. 아울러 김씨 집안의 첫 왕인 미추왕을 신라 대사(大祀)의 대상신인 내림, 혈례, 골화의 삼산신과 더불어 제사지내 사태를 수습하고자 하였다. 만약 미추왕이 호국신인 김유신을 만류하지 않았다면, 신라는 미구에 멸망하였을지도 모를 일이었다. 그래서 혜공왕은 미추왕의 공을 기려 그 능을 신라시조인 혁거세왕의 오릉보다 높게 모셔 대묘라 칭하였던 것이다.

자유에는 크게 네 가지가 있다고 한다. 행동의 자유인 외적 자유, 의지의 자유인 내적 자유, 무엇을 하기 위한 적극적 자유, 억압이나 압박으로부터 벗어나고자 하는 소극적 자유가 그러하다. 우리는 진정한 자유를 누리기 위해 부당하거나 불의한 일 또는 그러한 세력에 대하여 얼마나 저항하고 있는가. 자신이 평생 쌓아온 위상이나 명예를 폄훼하고자 하는 불순한 세력의 중상과 모략, 그리고 부당한 억압이나 압박으로부터 벗어나고자 어떠한 노력을 하고 있는가. 부당함과 불의에 맞서 자유를 외치는 한편, 온전한 자유를 쟁취하기 위해 떨쳐 일어날 용기가 있는지 되돌아보게 된다.

진성여왕의 전횡과 왕거인

모함을 당해 억울하게 옥살이를 하였던 왕거인의 이야기가 극적이다. 죄 없는 사람들의 수난이 늘 그렇듯이, 나라가 혼란하던 때의 일이었다.

햇님과 내님만 보신다면야

　신라 제51대 진성여왕(眞聖女王)이 등극한 지 몇 해가 되었을 때였다. 유모인 부호부인(鳧好夫人)과 그의 남편 위홍잡간(魏弘匝干) 등 서너 총신들이 권세를 잡고 정사를 휘둘렀다. 그러자 도적들이 벌떼처럼 일어났다. 나라 사람들이 근심하여 다라니(陀羅尼) 은어를 지어 써서 길에 던졌다.
　왕과 권신들이 보고 말하였다.
　"왕거인(王居仁)이 아니면 누가 이런 글을 짓겠는가?"
　이에 왕거인을 잡아 옥에 가두었다. 거인이 시를 지어 하늘에 호소하였다. 그러자 하늘이 그 옥에 벼락을 쳐서 면하게 하였다.
　그 시는 다음과 같다.
　'연단(燕丹)의 피어린 눈물에 무지개가 해를 뚫고
　추연(鄒衍)이 머금은 슬픔에 여름에도 서리를 내린다
　지금 내 시름이 그와 같네
　황천이시어 어찌 아무런 징표도 없습니까'
　다라니에는 이렇게 쓰여 있었다.
　'나무망국찰니나제 판니판니소판니
　　우우삼아간 부이사바하'
　해석하는 자가 말하였다.
　'찰니나제는 여왕을 지칭한 것이고, 판니판니소판니는 두 소판을 말한 것이다. 소판은 직명으로 우우삼아간이었고, 부이는 부호를 말한다.'

(『삼국유사』 권2 기이2 진성여대왕 거타지)

　진성여왕의 유모인 부호부인과 그 남편인 위홍 잡간이 임금의 총애를 등에 업고 전횡을 하여 나라가 혼란하였다는 이야기다. 도적들이 벌떼처럼 일어나자 백성들은 살 수가 없었다. 그래서 누군가 여왕과 총신들이 망하리라는 경고의 글을 다라니 은어로 지어 유포하였던 것이다. 다라니는 신비한 힘을 지녔다고 여겨지는 주문인데, 정치적 징후를 암시하고 있을 뿐만 아니라 그 뜻이 쉽사리 드러나지 않는 글이었다. 따라서 참요 내지 참언과도 상통하였다.

이러한 글을 짓기 위해서는 깊은 지식과 고도의 문장력을 겸비해야 했다. 따라서 이처럼 불온한 다라니 은어가 세간에 퍼지자 왕실에서는 당대 최고의 문인이었던 왕거인을 용의자로 지목하였다. 왕거인에 대해서는 사료에 자세히 밝혀져 있지 않다. 다만 그가 성골이나 진골이 아닌 육두품 출신의 빼어난 문인이었을 것이라 추정할 뿐이다.

흥미로운 것은 그가 억울함을 호소하며 지은 시였다. 연단은 전국시대 연나라의 마지막 태자인 단(丹)이다. 그는 위나라의 자객인 형가(荊軻)를 시켜 진시황을 죽이려다 실패하였다. 이후 진나라가 침공하자 연나라의 부왕이 그를 베어 진나라에 바쳐 억울하게 세상을 떴다. 연원이 자세히 밝혀져 있지는 않지만, 그때 무지개가 해를 뚫었던 모양이다. 또한 전국시대 제나라의 음양오행가인 추연은 연나라의 혜왕 밑에게 벼슬하였던 인물이다. 충성을 다 바쳤으나, 주변의 모함으로 감옥에 갇혔다. 그가 하늘을 우러러 억울함을 호소하자 초여름인 음력 오월에 서리가 내렸다. 왕거인은 이처럼 억울함을 당한 연나라의 태자 단과 제나라의 추연처럼 그 심정을 노래하였던 것이다. 그러자 하늘에서 벼락이 떨어져 감옥이 부서지는 영험함이 일어났다. 그의 결백이 입증되는 순간이었다.

진실을 말하다가 죽임을 당한 경우는 역사상 비일비재하였다. 권세를 누렸던 이들은 대부분 듣기에는 거슬리지만 실제로는 유익한 쓴 소리를 꺼렸기 때문이다. 그보다는 거짓으로라도 듣기 좋은 달콤한 말을 즐겼던 것이다. 백제 멸망 무렵에 나타난 참언에 얽힌 이야기도 그러하였다.

햇님과 내님만 보신다면야

귀신 하나가 궁중에 들어와서 크게 외쳤다.

"백제(百濟)가 망한다, 백제가 망한다."

그리고 곧 땅 속으로 들어갔다. 왕이 괴이하게 여겨 사람을 시켜 땅을 파 보게 하였다. 깊이 세 자쯤 되는 데에서 한 마리의 거북이 나왔다.

그 등에 글이 쓰여 있었다.

'백제는 보름달과 같고, 신라는 초승달과 같다.'

왕이 이를 무당에게 물었다. 그가 대답하였다.

"보름달과 같다는 것은 찼다는 것이므로 곧 기울 것입니다. 초승달과 같다고 한 것은 아직 차지 않았다는 것이므로 점점 차게 될 것입니다."

왕이 노하여 그를 죽였다. 어떤 자가 다시 말하였다.

"보름달과 같다는 것은 번성을 의미한 것이요, 초승달과 같다는 것은 미약을 뜻한 것입니다. 생각건대 백제는 번성하고, 신라는 점점 미약해진다는 말입니다."

왕이 기뻐하였다.

(『삼국사기』 권28 백제본기6 의자왕)

의자왕 등극 20년 6월, 백제가 멸망할 무렵의 일이었다. 귀신이 멸망을 예언하는 말을 하고, 거북의 등에 멸망과 관련한 참언이 쓰여 있었다. '백제동월륜 신라여월신(百濟同月輪 新羅如月新)'. 백제는 바퀴처럼 둥근 달과 같고, 신라는 새로 생긴 달과 같다는 것이었다. 즉 백제는 보름달과 같고, 신라는 초승달과 같다는 뜻이었다. 무당은 앞일에 대하여 그 길흉을 예언한 이 참언을 보고 백제가 기울고 신라가 번성하리라고 있는 그대로 솔직하게 해석하였다. 그는 왕의 마음에 드는 답을 하지 않아 결국 억울하게 죽임을 당하였다. 진실을 말하였다가 억압받고, 정의 편에 섰다가 수난을 당한 경우였다. 그러나 그 뒤에 거짓을 고한 자, 사실을 왜곡한 자는 필시 의자왕으로부터 상을 받았을 것이다. 결국 진실을 외면한 의자왕은 망국으로 가는 지름길을 선택하였던 것이다.

의자왕은 의미가 확연히 드러나지 않는 참언을 무당이 어떻게 해석하느냐에 일희일비할 상황이 아니었다. 그보다는 그러한 황망한 참언이 나온 까닭이 어디 있으며, 당시 백제가 어떠한 상황에 놓여 있었는지를 냉철하게 분석하여 점검해야 할 시점이었다. 나라가 기울어간다면 어떻게 쇄신하여 발전적으로 변화할 것인지에 대한 깊은 고뇌가 뒤따라야만 하였다. 그러나 의자왕은 마음에 드는 달콤한 소리만 들으려 하였다. 따라서 그의 곁에는 직언하는 신하가 없었고, 상황을 개선할 기회도 없었다. 국정운영에 있어서 잘못된 점들을 고쳐 기울어져가는 나라를 다시 세울 수 없었던 것이다.

실제로 의자왕이 등극한 16년 3월에 왕이 궁인들과 더불어 주색에 빠져 술 마시기를 그치지 아니하였다. 그때 좌평 성충(成忠)이 이를 만류하자 왕이 노하여 감옥에 가두었다. 그 이후로는 감히 왕에게 간하는 자가 없었다고 한다. 의자왕은 진실을 말하는 이를 억압하거나 죽임으로써 백제 멸망의 장본인이자 백제의 말왕이 되고 말았다.

자신을 성찰하여 그릇된 것을 고치거나 변화시키려고 노력하는 사람, 모든 일을 자신의 탓으로 돌리고자 하는 사람은 그리 많지 않은 듯하다. 지금 벌어지고 있는 현상을 무조건 남의 탓으로 돌리거나, 그런 일이 벌어질 수밖에 없는 사정을 변명하기에 급급하다면 진실은 왜곡되기 마련이다. 모든 현상에 있어서 진실은 하나다. 하나의 현상을 놓고 이를 어떻게 해석하느냐가 관건이다. 세상을 어떤 눈으로 볼 것인가, 역사를 어떤 눈으로 볼 것인가에 달려 있다. 세계관과 사관이 무엇보다 중요한 까닭이다.

진실을 외면하여 국가가 멸망하는 이야기는 헌강왕 때에도 있었다.

신라 49대 헌강왕(憲康王)이 포석정에 행차하였을 때였다. 남산신(南山神)이 나타나 왕 앞에서 춤을 추었다. 좌우 사람들에게는 보이지 않고, 왕에게만 홀로 보였다. 사람이 앞에 나타나 춤을 추자 왕도 춤을 추어 그 형상을 보였다. 신의 이름을 상심이라 하였다. 그러므로 지금까지도 사람들이 그 춤을 전하여 어무상심(御舞祥審) 또는 어무산신(御舞山神)이라고 한다. 다른 말에는 신이 이미 나와 춤을 추자 그 모양을 살펴 공인에게 명하여 깎게 하여 후세에 보이게 하였으므로 상심이라 하였다고도 한다. 혹은 상염무(霜髥舞)라고도 하니 이것은 그 형상에 따라 이름을 지은 것이다.

　　또 왕이 금강령에 행차하였을 때였다. 북악신(北岳神)이 나타나 춤을 추었으므로 그 이름을 옥도령(玉刀鈴)이라 하였다. 또 동례전에서 연회를 할 때, 지신(地神)이 나타나 춤을 추었으므로 지백급간(地伯級干)이라 칭하였다.

　　『어법집』에 말하였다.

　　'그때 산신이 춤을 추고 노래하기를 지리다도파(智理多都波)라고 하였다. 이 말은 대개 지혜로 나라를 다스리는 사람이 미리 알고 많이 도망하여 도읍이 장차 무너진다는 뜻이다.'

　　즉 지신과 산신은 나라가 장차 망할 줄 알았으므로 춤을 추어 경계하였다. 그러나 사람들은 이를 깨닫지 못하였다. 오히려 상서가 나타났다고 하면서 더욱 탐락에 빠져 마침내 나라가 망했던 것이라 한다.

(『삼국유사』 권2 기이2 처용랑 망해사)

　　처용이 밤늦도록 밖에서 노닐다가 집에 들어와 보니 아내가 다른 남자와 누워 있었다. 처용은 화를 내지 않고 물러 나오면서 노래를 부르며 춤을 추었다. 이에 안에 있던 남자가 뛰어나와 무릎을 꿇고 말하였다. 자신은 역신이며, 처용이 노하지 않는 것을 보고 감복하였다고 하였다. 앞으로 처용의 얼굴 그림만 보아도 그 집에는 절대 들어가지 않겠다고 맹세하면서 말이다. 역신은 처용의 가무가 무엇을 의미하는지 알아차렸던 것이다.

가무의 원초적 의미는 부여의 영고, 고구려의 동맹, 예의 무천과 같은 제천의례에서 찾을 수 있다. 파종 직후인 음력 오월이나 추수 직후인 음력 시월에 남녀가 떼로 모여 사흘 밤낮을 쉬지 않고 음주가무하였다. 이는 풍요를 기원하는 한편, 풍요에 대한 감사였다. 가무는 원래 유흥적 성격이 아니라, 제의적 성격을 지니고 있었던 것이다. 이러한 점에서 역신 앞에서 가무하였던 처용을 무당으로 보기도 하는 것이다.

이에 반해 처용의 일화 바로 다음에 등장하는 대목은 상당히 다른 양상을 띠고 있다. 헌강왕이 포석정에 행차하자 남산신이 나타나서 춤을 추었다. 또 왕이 금강령에 행차하자 북악신이 나타나서 춤을 추었다. 이어 왕이 동례전에서 연회를 하자 지신이 나타나 춤을 추었다. 유사한 구조의 이야기가 세 번이나 연속해서 언급되고 있는 것이다. 흥미로운 점은 『삼국유사』를 편찬한 일연은 이 대목의 끝에 『어법집』을 인용하였다는 것이다. 그는 사람들이 지신과 산신이 경계의 의미로 춘 춤을 오해하여 나라가 망하였다고 결론지었던 것이다. 신라가 멸망하기에는 아직도 많은 시간이 남아있었음에도 불구하고 말이다.

일연이 이러한 결론을 내린 것은 가무가 제의가 아닌 유흥으로 변질된 것에 대한 비판이었다. 가무가 곧 제의라는 등식은 영원하게 유지되는 불변의 공식이 아니다. 어느 시기에 오면 깨어져 그 의미가 변질되고 말기 때문이다. 즉 제천의례를 비롯한 제의에서 집단적으로 행하여진 춤이 헌강왕대에 와서는 그 의미를 상실하였던 것이다. 가무가 단순히 연향의 의미로만 인식되었던 것이다. 남산신·북악신·지신과 같은 토속신들의 춤에 대한 나라 사람들의 인식 변화는 결국 집단무의식세계에 대한 인식의 변화였다. 일연은 이러한 사실에 주목하고 이 이야기의 말미에서 헌강왕 대가 '국종망(國終亡)', 즉 나라가 마침내 멸망하였다고 결론지었던 것이다.

이는 일연이 『삼국유사』 기이편 을 편찬한 이유가 한 국가의 존립과 멸망이 어디에 달려 있는가를 설파하기 위해서였다는 데에서 여실히 입증되고 있다. 또한 그는 망국의 원인으로 하나같이 집단무의식세계의 변질 내지 정신세계의 혼란과 파괴를 들고 있다는 점도 지나칠 수 없다. 즉 헌강왕 대의 '국종망'은 제천의례 때 가무를 통하여 신을 기쁘게 함으로써 풍요가 보장된다는 인식이 왜곡되어 나타난 결과였다. 우리 민족이 음주가무를 즐겼다는 것은 곧 하늘을 경외하는 한편, 신중하고 간절한 삶을 살았다는 의미였다. 그런데 어느 날 그러한 가무의 의미가 유흥으로 흐르면서 망국에 이르게 되었던 것이다. 시대의 징표를 냉철하고도 정확하게 읽어야 하는 까닭이다.

나의 억울함과 해소

신라 통일의 주역이 되었던 화랑제도가 있기 이전에 원화제도가 있었다. 그러나 원화제도는 여인들의 무모한 시기와 질투로 인해 폐지되고 말았다.

> 신라 24대 진흥왕(眞興王) 37년 봄에 비로소 원화(源花)를 받들게 되었다. 처음에 군신이 인재를 알지 못하는 것을 유감으로 여겼다. 이에 사람들을 모으고 떼 지어 놀게 하여 그 행실을 보아 기용하려 하였다.

드디어 미녀 두 사람을 가렸다. 하나는 남모(南毛)라 하고, 하나는 준정(俊貞)이라 하여 무리 삼백여 명을 모았다. 두 여자가 서로 어여쁨을 다투며 시기하였다. 준정이 남모를 자기 집으로 유인하여 억지로 술을 권하여 취하게 하였다. 그런 뒤 남모를 끌어다가 강물에 던져 죽여 버렸다. 준정도 이로 인해 사형 당하게 되었다. 무리는 화목을 잃어 해산되었다.

그 후 다시 외양이 아름다운 남자를 뽑아 곱게 단장하여 이름을 화랑(花郞)이라 하여 받들게 하였다. 무리가 구름같이 모여들었다. 서로 도의를 닦고, 서로 가락으로 즐거이 놀았다. 명산대천을 돌아다니어 멀리 가보지 아니한 곳이 없었다. 이로 인하여 그들 중에 나쁘고 나쁘지 아니한 것을 알게 되었다. 그 중의 착한 자를 가려 조정에 추천하게 되었다.

그런 까닭에 김대문(金大問)의 『화랑세기』에 말하였다.

'현자와 충신이 이로부터 솟아나고, 양장(良將)과 용졸(勇卒)이 이로 말미암아 나왔다.'

최치원의 난랑비서(鸞郞碑序)에 기록되어 있다.

'우리나라에 현묘한 도가 있으니 풍류라 이른다. 그 가르침의 기원은 선사(仙史)에 자세히 실려 있다. 실로 이는 삼교인 유불선을 포함하고 중생을 교화한다. 그리하여 집에 들어오면 효도하고, 나아가면 나라에 충성하는 것은 노사구(魯司寇) 공자의 가르침 그대로다. 또 그 함이 없는 일에 처하고, 말없는 가르침을 행하는 것은 주주사(周柱史) 노자의 종지 그대로다. 그리고 모든 악한 일을 하지 않고, 착한 일만을 행함은 축건태자(竺乾太子) 석가의 교화 그대로다.'

당나라 영호징의 『신라국기』에는 이렇게 쓰여 있다.

'귀인 자제 중 어여쁜 자를 뽑아 분을 바르고 곱게 단장하여 이름을 화랑이라 하였다. 나라 사람이 다 높이 섬긴다.'

(『삼국사기』 권4 신라본기4 진흥왕, 『삼국유사』 권3 탑상4 미륵선화 미시랑 진자사)

247

『삼국사기』와 『삼국유사』에 공히 수록되어 전해오는 이야기다. 진흥왕은 이 땅의 훌륭한 여인들을 모아서 큰 힘을 발휘할 수 있는 조직을 만들고자 하였다. 그래서 여인들을 뽑아서 함께 지내게 하였다. 함께 지내다 보면 그 장점과 단점이 드러나기 때문이었다. 그리고는 행실이 좋은 남모와 준정이라는 두 미녀를 선발하였다. 그런데 문제가 생겼다. 사람 사는 곳이면 어디에든 있는 경쟁심으로 인하여 다른 원화를 죽이는 사건이 벌어졌던 것이다. 그 일을 주도한 또 다른 원화 역시 사형을 당하고 말았다. 시기와 질투에서 비롯된 비극이었다. 사람을 속이고 세상을 속일 수는 있지만, 하늘을 속일 수는 없는 일이었다.

그 뒤 진흥왕은 아름다운 남자를 뽑아 화랑이라 칭하였다. 그들은 유, 불, 선을 아우르는 풍류도를 내세워 수련하였다. 안에서 효도하고 나아가 충성하는 유교의 가르침, 억지로 행하지 아니하고 자연스런 순리를 따르는 도교의 가르침, 그리고 악한 일을 하지 않고 착한 일을 가려서 하는 불교의 가르침을 익히게 하였다. 그들은 명산대천을 유오하며 심신을 단련하고 호연지기를 키웠다. 그러한 공부를 통해 화랑은 마침내 삼국통일의 주역으로 우뚝 서게 되었던 것이다.

온전한 교육의 지향점으로 흔히 지, 덕, 체 교육을 말한다. 지식을 쌓기 위한 공부뿐만 아니라 마음을 다스리는 공부와 몸을 단련하는 공부가 병행되어야 한다는 것이다. 그러한 교육을 통하여 전인적 인간이 육성될 수 있다는 것은 자명한 이치다. 아름다운 겉모습만을 추구하는 '얼짱'이 아니라, 육체와 더불어 얼을 지닌 존재로서 정신적인 면에서의 진정한 '얼짱'이 되어야 하는 것이다. 안에서 배어나오는 내면의 아름다움과 밖에서 표출되는 외면의 아름다움이 합치될 때, 최고의 아름다움으로 인정받을 수 있을 것이다. 신라의 화랑처럼 말이다.

시기와 질투 속에서 괴로움을 받았던 또 다른 인물로 고려 말엽의 균여 대사를 들 수 있다. 그는 향찰로서 11수의 향가인 〈보현십원가(普賢十願歌)〉를 창작하였다. 대중이 알기 쉬운 가까운 일에 기대어 생각하기 어려운 심원한 종지를 알게 하기 위함이었다. 균여의 우리 말과 글에 대한 인식은 대중들이 불교 경전을 쉽게 접하도록 하기 위한 것만은 아니었다. 향가 창작은 이에서 한 걸음 더 나아가 불교 경전을 토착화하는 데 기여하는 일이었다. 그는 한문으로 쓰인 〈보현행원품〉이라는 불경을 향찰로 바꾸어 표현함으로써 중국화한 불경을 고려화하는 작업을 하였다. 한문을 해독하지 못하는 일반 서민까지 〈보현행원품〉의 내용을 노래하게 하여 누구나 부처의 공덕을 이룰 수 있도록 하였던 것이다. 이러한 면에서 균여야말로 원효처럼 불교의 대중화에 지대한 공헌을 한 인물이라 할 수 있다. 고승대덕으로서 대접을 받았던 그가 세속의 도리인 노래와 미천한 언사인 향찰을 택하였던 이유가 바로 여기에 있었다.

균여는 왕권강화를 위한 개혁이 한창이던 광종(光宗) 때의 인물이었다. 그는 중앙왕실이 중심이 된 화엄종과 지방호족이 중심이 된 법상종을 아우름으로써 전제왕권을 확립하는 데 큰 역할을 하였다. 광종의 총애를 받으며 불교 정책을 좌지우지하던 위치에 있었던 것이다. 실제로 균여는 『균여전』에서 해당비구(海幢比丘), 의상(義湘)의 제7신(第七身), 법왕(法王), 비파시(毗婆尸)보살, 선재동자(善財童子), 지둔법사(支遁法師)로 비유되었을 뿐만 아니라, 성인(聖人)이라 호칭될 정도였다. 균여의 전기가 영웅의 일생 구조에 따라 전개되었던 것도 이와 같은 맥락이었다. 그런 까닭에 균여는 끊임없는 시기, 질투, 모함에 시달렸다.

어느 날 불일사(佛日寺)에 벼락이 떨어진 일이 있었다. 그때 재변을 없애기 위하여 균여가 나서서 강연하였다. 그러자 왕사 다음 직위에 있던 오현

(悟賢)이라는 선배 철달(徹達)이 질투심이 일어 비방하였다. 또한 귀법사(歸法寺)의 중인 정수(正秀)가 질투심에 못 이겨 균여가 반역을 꾀하고 있다고 왕에게 참소하였던 사건도 있었다. 그러나 균여는 하늘이 보호해주어 그러한 모함으로부터 빠져나올 수 있었다. 균여를 비방하던 오현에게 어떤 거사가 찾아가 "그는 그대의 종조인 의상(義相)의 제칠신(第七身)으로 불교를 널리 펴고자 온 것이오."라고 하였던 것이다. 그 뒤 오현이 크게 뉘우쳐 다시는 비방하지 않았다. 또한 정수가 참소하자 왕도 일시적으로 균여를 의심하였다. 권력자의 곁에 있는 심복이 반란을 일으키는 일이 비일비재하였기 때문이다. 하지만 신인(神人)이 왕의 꿈에 나타나 균여가 법왕(法王)이라고 일러주었다. 그 뒤 왕은 균여를 무고한 죄를 물어 정수를 처형하였다.

우리는 치열한 경쟁 속에서 살아가고 있다. 그에 따른 부작용이 만만치 않다. 시샘과 비방과 모함이 난무하고 있다고 한다. 경쟁자를 제거하기 위한 음모와 음해가 끊이지 않는다고 한다. 진실과 정의는 가려지고, 거짓과 불의가 판치는 세상이라고도 한다. 이러한 부정적인 상황에 어떻게 맞설지 당황스럽기 그지없다. 억울한 일을 당한 사람이 결백하다고 항변해서 될 일도 아닌 듯하다. 그렇다고 봉숭아꽃 씨방처럼 자신의 속을 세상에 드러내 보일 수도 없는 일이다.

자신이 진정 하늘을 우러러, 그리고 땅을 굽어보아 한 점 거리낄 것이 없다면 그것으로 족하지 않을까. '햇님만 내님만 보신다면야' 그러한 억울함을 견딜 수 있지 않을까. 모든 것을 다 알고 있는 하늘, 아니 적어도 나를 믿는 이들은 내가 겪고 있는 부당함을 알 테니 말이다. 자신을 알아주는 사람을 지기(知己) 또는 지음(知音)이라고 하였다. 『사기』 자객열전 에 '사위지기자사(士爲知己者死) 여위열기자용(女爲悅己者容)'이라는 글귀가 나온다. 선비는 자신을 알아주는 사람을 위하여 목숨을 바치고, 여인은 자신을 사랑해주는 사람을 위하여 얼굴을 꾸민다는 뜻이다. 지금 내 곁에 나의 속마음을 알아주는 존재가 있다면, 참으로 행복한 삶이라 할 수 있다.

이 대목에서 우리는 나 자신을 알아주기만을 원하고 있는 것은 아닌지 돌아보게 된다. 역으로 나를 알아주는 사람을 위해서, 나를 사랑해주는 사람을 위해서 그가 당하고 있는 부당한 고통을 헤아릴 준비가 되어 있는지, 그리고 그를 위하여 목숨까지도 내놓을 의향이 있는지 묻게 된다. 역지사지의 마음으로 말이다.

칠곡 송림사 오층전탑 사리장엄구 　松林寺 五層石塔 舍利器　　한국(韓國)-통일신라(統一新羅)

1959년 경상북도 칠곡군 송림사 오층전탑을 수리하는 과정에서 발견되었다. 전탑 안에 거북 모양의 석함(石函)이 안치되어 있었는데, 여기에서 전각형 사리탑(殿閣形舍利塔)과 유리잔, 사리병 등이 출토되었다. 사리탑은 금동으로 만들어졌다. 기단 위에 네 기둥을 세우고 보개(寶蓋)를 덮은 전각형이다. 보개는 2단으로 앙련판(仰蓮板), 사격자 투각판(斜格子透刻板) 등으로 장식되었다. 네 모서리에 수식(垂飾)이 늘어졌다. 추녀에는 여러 개의 영락(瓔珞)이 달려 있다. 기단 부분을 보면 넓은 받침 위에 단판(單瓣)의 연꽃 모양을 오려서 중판(重瓣) 형식을 만들었다. 그런 후에 다시 받침을 얹고, 그 위에 난간을 둘렀다.
난간에는 한 면에 두 개씩 중간 동자주(童子柱)를 세웠고, 만자(卍字) 모양의 투각(透刻)으로 장식하였다. 난간 안쪽의 공간에 연화대(蓮花臺)가 있다. 이 연화대 위에 유리잔이 얹혀져 있다. 유리잔은 약간 황색이 도는 투명한 녹색이다. 입이 밖으로 벌어졌고 밑에 작은 굽이 있는 주발 모양의 잔이다. 표면에는 드문드문 유리로 만든 고리가 12개 붙어 있다. 그 속에 옥과 진주를 붙였던 흔적이 남아 있다. 이러한 유리 제품은 아주 희귀한 것이다. 유리잔 안에 사리병이 보관되어 있었는데, 이것 역시 황색이 도는 투명한 녹색 유리로 만들었다. 목이 길고 보주형(寶珠形) 마개로 입을 막았다. 공 모양의 몸체를 하였고, 바닥은 평평하다. 함께 발견된 유물로는 《은제도금수형장식구》,《금제원형금구》,《비취곡옥》,《유리제곡옥》,《수정제절자옥》,《유리제옥》,《유리제곡옥》,《관옥》,《상감청자원형합》 등이 있다.

11

아! 아버지 어머니
▶ 가없는 은혜

11

아! 아버지 어머니
▶ 가없는 은혜

손순의 자식 묻기

> 햇볕은 쨍쨍 모래알은 반짝
> 호미 들고 괭이 메고 뻗어가는 메를 캐어
> 엄마아빠 모셔다가 맛있게도 냠냠
> (최옥란 작사, 홍난파 작곡 〈햇볕은 쨍쨍〉)

 엄마 아빠 모셔다 맛난 음식을 대접하고 싶은 마음을 어린이의 천진난만한 눈으로 그리고 있다. 우리는 아직도 이러한 순수한 마음을 지니며 살아가고 있는지 묻게 된다.
 우리가 지니고 있는 것 중에서 생명보다 더 소중한 것은 없다. 돈이나 지위나 명예가 중요하다고는 하지만, 생명이 없으면 물거품이 되기 때문이다. 그토록 소중한 생명이 누구로부터 비롯되었는지를 생각한다면 부모의 은혜를 어찌 잊을 수 있을까. 그러므로 부모와 자식의 관계는 생명을 주고받은 사이라고 정의해도 무방하다. 이보다 더 적절하고, 더 정확한 정의가 또 있을까. 이러한 점에서 부모와 자식 간에는 어떠한 벽도, 틈도 있을 수 없다. 그래서 예로부터 부자유친, 즉 부모와 자식 간에 친함이 있어야 한다고 하였던 것이다.

동서고금을 막론하고 생명의 근원인 부모에게 효심을 지녔던 자식들의 이야기가 다양하게 전해온다. 신라의 손순 이야기도 그중의 하나다.

손순(孫順)은 모량리(牟梁里) 사람인데, 그의 아버지는 학산(鶴山)이었다. 아버지가 세상을 떠나자 아내와 함께 남의 집에 가서 품을 팔았다. 그렇게 곡식을 얻어서 늙은 어머니를 봉양하였다. 어머니의 이름은 운오(運烏)였다. 손순에게는 어린아이가 있어 언제나 늙은 어머니의 음식을 빼앗아 먹었다.

손순은 이를 민망히 여겨 그 아내에게 말하였다.

"아이는 다시 얻을 수 있지만, 어머니는 다시 모시기 어렵소. 아이가 그 음식을 빼앗아 먹으니 어머니가 얼마나 배고프시겠소. 그러므로 이 아이를 땅에 묻고, 어머니가 배부르게 드시도록 합시다."

이에 아이를 업고 취산 북쪽 들로 가서 땅을 팠다. 그때 돌종을 얻었는데, 매우 기이하였다. 그들 부부는 놀라고 괴이하게 여겨 잠시 숲의 나무 위에 걸어놓고 두드려보았다. 그 소리가 은은하여 들을 만하였다.

아내가 말하였다.

"이 이상한 물건을 얻은 것은 아마 이 아이의 복인 듯합니다. 땅에 묻어서는 안 되겠습니다."

남편도 또한 그렇게 여겼다. 부부는 아이와 돌종을 지고 집으로 돌아왔다. 종을 들보에 달아 두드렸더니 그 소리가 대궐까지 들렸다.

흥덕왕이 그 소리를 듣고 측근의 신하에게 말하였다.

아! 아버지 어머니

"서쪽 교외에서 이상한 종소리가 나는구나. 맑고 멀리 들리니 보통 종이 아니다. 빨리 이를 알아보라."

왕의 사자가 그 집에 가서 알아보고 사실을 자세히 왕에게 아뢰었다. 왕이 말하였다.

"옛날에 곽거(郭巨)가 아들을 묻자 하늘이 금솥을 주었다. 이제 손순이 아이를 묻으려고 하자 땅에서 돌종이 솟아나왔구나. 전세의 효자와 후세의 효자를 천지가 똑같이 살피신 것이다."

이에 집 한 채를 내리고, 해마다 메벼 50섬을 주어 지극한 효도를 표창하였다. 손순은 자기 옛집을 내놓아 절로 삼았다. 절 이름을 홍효사(弘孝寺)라 하고, 돌종을 달아 두었다. 진성여왕 때에 후백제의 횡포한 도적이 그 마을에 쳐들어왔다. 그때 종은 없어지고, 절만 남아 있다.

(『삼국유사』 권5 효선9 손순매아 흥덕왕대)

손순은 아내와 함께 열심히 일하였지만, 워낙 가난한 탓에 양식은 턱없이 모자랐다. 그래서 밥을 지어 늙은 어머니에게만 드렸던 모양이다. 자기들은 일하는 집에서 잘 얻어먹고 왔다고 거짓말을 하면서 말이다. 젊은 부부는 입에 풀칠만 하며 굶다시피 하였다. 노모가 그런 사실을 모를 리 없었다. 그러니 끼니때마다 손자를 불러 곁에 앉혀놓고 그 밥을 다 먹였던 것이다. 부부는 아이가 할머니 방에 들어가지 못하도록 막기도 하였을 테지만, 배고픈 철부지는 할머니가 부르면 냉큼 뛰어들어 갔을 것이다. 노모는 참새 입 벌리듯이 하고 있는 손자에게 밥을 퍼 넣어주기 바빴을 테니 거의 굶다시피 하였을 터다. 결국 부부는 어머니를 살리기 위해 자식을 죽이기로 결심하였던 것이다. 하나밖에 없는 자식이 얼마나 귀엽고 예뻤을까. 하지만 어머니와 자식을 둘 다 살릴 수 없다면, 자식을 버리는 것이 옳다고 판단하였던 것이다.

　하늘은 젊은 부부의 갸륵한 마음을 외면하지 않았다. 마치 곽거라는 사람이 아들을 묻자 하늘에서 금솥을 내려준 것과 같은 일이 일어났던 것이다. 곽거는 후한 때 사람으로 중국 24명의 효자 가운데 한 사람이었다. 집안이 가난하였으나, 효성이 지극하였다. 그는 아내와 품팔이를 하여 어머니를 모셨다. 그런데 어머니가 식사 때마다 세 살 난 손자에게 음식을 나누어주자 걱정을 하였다. 아이는 다시 얻을 수 있지만, 어머니는 다시 얻을 수 없다며 아이를 땅에 묻으려고 하였다. 그때 돌 함 속에 황금이 가득 담긴 솥이 나와 아들 묻는 것을 단념하였다.

　손순도 곽거와 다르지 않았다. 이에 왕이 손순을 표창하여 먹고 살 수 있도록 하였던 것이다. 지극정성이면 하늘이 감동한다는 말이 딱 들어맞았다. 누군가는 이 이야기를 보며 어떻게 자기 자식을 산 채로 땅에 묻을 수 있냐며 항변할 수도 있다. 아무리 늙은 어머니를 살리기 위한 방편이었다고 해도 그럴 수는 없는 일이라고 열변을 토할 수도 있다. 그러나 소중한 두 사람을 모두 살리지 못할 형편이라면, 하나를 선택해야만 하였을 것이다. 사랑은 내리사랑이라고 하지만, 효자들은 자신과 자식에게 생명을 준 부모의 존재를 앞세웠던 것이다. 부모의 생명과 자식의 생명을 저울질할 수는 없는 일이다. 그럼에도 불구하고 손순 부부는 더 이상 미루거나 회피할 수 없는 지경에 이르러 최후의 결정을 내렸던 것이다.

　이러한 효심과 정반대가 되는 이야기도 전해온다. 고려장이 바로 그러하다. 늙고 병든 이를 산 채로 구덩이 속에 버려두었다가 죽으면 그대로 매장하였던 장례법이었다. 먹을 것이 넉넉지 않던 시절에 노인이 양식을 축낸다는 이유로 일정 나이가 되면 산에 내다버렸던 것이다. 실제로 그런 풍습이 있었는지에 대한 논란이 있기는 하지만 말이다.

아!
아버지
어머니

옛날에 어느 아들이 늙은 어머니를 고려장하기 위해 지게에 앉혀 지고 나갔다. 어머니도 국법이 지엄하다는 것을 알고 있었으니 어쩔 도리가 없었다. 혹시라도 어머니가 집으로 되돌아오면 안 되니까 먼 곳에 갖다버리려고 험한 산길로 올라갔다. 그런데 지게에 앉은 어머니가 등 뒤에서 자꾸만 움직였다. 아들은 가뜩이나 마음도 심란하고, 지게도 무거운데 어머니가 움직여 짜증이 났다.

마침내 깊은 산속에 도착하였다. 아들은 어머니를 지게에서 내려놓고, 며칠간 먹을 양식거리를 곁에 놓았다. 아들이 빈 지게를 지고 돌아설 때였다.

어머니가 말하였다.

"얘야, 조금 있으면 날이 어두워질 텐데, 길이나 제대로 잘 찾아 내려갔으면 좋겠구나. 그래서 내가 올라오면서 나뭇가지를 톡톡 부러뜨려 놓았다. 그러니 나뭇가지가 부러진 그 길만 따라 내려가면 집까지 무사히 갈게다."

아들은 어머니를 버리려고 왔는데, 어머니는 자식이 혹시라도 산에서 길을 잃어버릴까봐 노심초사하였던 것이다. 아들은 눈물을 흘리며 어머니를 다시 지게에 앉혀 집으로 돌아왔다. 그리고는 어머니를 아무도 모르게 골방에 감춰두고 봉양하였다.

그러던 어느 날이었다. 중국에서 사신이 왔는데, 희한한 문제를 하나 냈다. 조선이 손바닥만한 나라라 지혜로운 자가 없을 것이라며 깔보고 낸 문제였다.

'조선의 임금님께 바칠 코끼리를 데려왔는데, 이 코끼리의 무게가 얼마나 되는지 알 수 있습니까?'

신하들은 아무도 답하지 못했다. 그것을 잴만한 큰 저울이 없었기 때문이었다. 결국 조정에서는 문제를 맞히는 사람에게 큰상을 주겠노라는 방을 붙였다. 어머니를 몰래 숨겨두고 있던 아들도 장에 갔다가 그 방을 보고 돌아와 어머니에게 말하였다.

그러자 어머니는 대수롭지 않게 그 방도를 말하였다.

258

"우선 그 코끼리라는 동물을 배에 실으면 된다. 그러면 무게 때문에 배가 쑥 가라앉을 게 아니냐? 그럼 배가 가라앉은 곳에 표시를 하는 거야. 그리고 그 동물을 내리려무나. 그 다음에 표시한 데까지 가라앉도록 돌을 잔뜩 싣는 거야. 그리고는 돌을 하나씩 내려 저울에 달아서 합하면 되지."

아들은 무릎을 탁 치고는 바로 대궐로 달려가 그 답을 전하였다. 아들은 큰 상을 받아가지고 집으로 돌아왔다. 그런데 며칠 뒤에 다시 방이 붙었다. 중국 사신이 또 다른 문제를 냈으나, 알아맞히지 못하였던 것이다.

'크기가 똑같고, 색깔도 똑같고, 무늬까지 똑같은 두 마리 말 중에 어떤 것이 어미고 어떤 것이 새끼인지 알 수 있습니까?'

아들이 또 어머니에게 그 일을 말하였다. 그러자 어머니는 표정도 변하지 않고 즉시 대답하였다.

"먹이를 줘보면 알 수 있지. 먹이를 먼저 먹는 말이 새끼고, 나중에 먹는 말이 어미다."

아들은 대궐로 달려가 그 답을 말하여 다시 상을 받아가지고 왔다. 며칠 뒤 장에 또 다시 방이 붙었다.

'위아래의 굵기와 모양이 똑같은 나무토막이 있는데, 어디가 뿌리 쪽이고 어디가 가지 쪽인지 알 수 있습니까?'

또 다시 아들의 말을 전해들은 어머니는 주저하지 않고 답을 말하였다.

"나무토막을 물에 담그면 가라앉는 쪽이 뿌리 쪽이고, 뜨는 쪽이 가지 쪽이지."

아들이 다시 대궐에 가서 왕에게 답을 말하였다. 그 뒤 중국 사신은 조선을 두 번 다시 얕보지 못하였다. 왕은 평범한 농부가 어떻게 그 답을 다 알아맞혔는지 궁금하기 짝이 없었다. 그러자 그 아들은 이제까지의 있었던 일을 모두 이실직고하였다. 그리고는 국법을 어기고 노모를 감추어 둔 죄를 벌하여 달라고 땅에 엎드렸다.
　왕은 한참 동안 생각하다가 명령을 내렸다.
　"고려장을 폐지하라!"

　노인은 지혜로운 존재다. 『명심보감』 성심편 에 '한 가지 일을 겪지 아니하면, 한 가지 지혜가 늘어나지 않는다.(不經一事 不長一智)'는 구절이 있다. 노인은 살아오면서 많은 경험을 하였으므로 지혜도 그만큼 많이 쌓였다는 뜻이다. 늙은 어머니는 비록 서당 근처에도 못 가보았지만, 오랜 연륜에서 오는 지혜가 있었던 것이다. 노인을 지혜의 산증인이라고 이야기하는 까닭이 바로 거기에 있다. 자식은 자신을 낳아 길러준 어머니를 버리려고 아니 죽이려고 하였지만, 어머니는 오히려 어떻게 하면 자식을 살릴 수 있을지를 고민하였다. 부모의 무조건적인 무한한 사랑을 확인하게 되는 대목이다. 바로 그 지점에서 효도의 당위성을 찾아야 하지 않을까.

　진정한 효도란 무엇인가. 그 옛날, 겨울철에 개구리로 약을 달이거나 죽순을 먹으면 죽어가는 부모가 나을 수 있다는 이야기가 있었다. 고려의 서능(徐稜)의 어머니가 섣달에 목에 큰 종기가 나서 목숨이 위태로웠다. 서능은 산 개구리를 넣은 약으로 종기를 고칠 수 있다는 말을 듣고 한참 동안 소리 내어 울었다. 그러자 나무 위에서 산 개구리가 약탕기로 떨어졌다. 바로 약을 고아 종기에 붙여 마침내 어머니의 목숨을 구하였다. 또 오나라의 맹종(孟宗)의 이야기도 전해온다. 맹종의 어머니가 늙고 병이 들어 위독하였다. 그런데 어머니가 겨울철에 죽순 먹기를 원하자 맹종은 대숲에 들어가서 슬피 울었다. 그러자 땅에서 죽순 두어 줄기가 나왔고, 그것으로 국을 끓여 어머니에게 드리자 병이 나았다고 한다.

　부모를 위해서 자식을 죽인다는 이야기도 바로 이런 차원에서 생각해야 할 것이다. 심청이가 자신의 몸을 팔아서 아버지의 눈을 뜨게 해주고자 하였던 것처럼 말이다. 물론 눈먼 아버지를 두고 죽으려고 하였던 심청이가 진정한 효녀인가 하는 논란도 없지는 않다. 그럼에도 불구하고 부모를 위해 자식이 생명을 바치는 것, 반대로 자식을 위해 부모가 목숨을 내어놓는 일이 부모 자식 간의 관계가 아닌가 싶다. 부모와 자식은 생명을 주고받은 사이기 때문에 가능한 일이다.

지은의 몸 팔기와 진정의 출가

손순처럼 가난하였던 처녀가 정성을 다해 어머니를 봉양하였다는 이야기가 눈물겹다. 역시 신라 때 지은의 이야기다.

> 효종랑(孝宗郞)이 남산의 포석정에서 놀고 있을 때였다. 문도들이 그곳으로 빨리 달려갔는데, 오직 두 사람이 뒤늦게 왔다. 효종랑이 그 까닭을 묻자 대답하였다.
> "분황사의 동리에 어떤 여인이 있는데, 나이가 스무 살쯤 되었습니다. 그녀가 눈먼 어머니를 껴안고 서로 목 놓아 슬피 울고 있었습니다. 마을 사람들에게 그 이유를 물었더니 이렇게 말하였습니다.
> '이 여자의 집은 가난해서 음식을 빌어서 어머니를 봉양한 지 몇 해 되었습니다. 마침 흉년을 만나 걸식으로는 살아갈 수 없어서 남의 집에 품팔이로 팔려갔습니다. 곡식 30섬을 얻어서 주인집에 맡겨놓고 복역했습니다. 날이 저물면 쌀을 싸가지고 집으로 와서 밥을 지었습니다. 어머니와 함께 자고, 새벽이

면 주인집에 가서 복역했지요. 이렇게 한 지 며칠 만에 그 어머니가 지난날에는 거친 음식을 먹어도 마음이 화평했는데, 요즘은 좋은 쌀밥이 속을 찌르는 것 같으면서 마음이 편안하지 않으니 어찌 된 일이냐고 했습니다. 여인이 사실대로 말하자 어머니가 통곡하였습니다. 여인은 자기가 다만 어머니의 입과 배만 봉양하고 마음을 편안하게 하지 못하였다고 탄식하였습니다. 그래서 서로 붙잡고 우는 것입니다.'

저희는 그것을 보고 오느라 늦었습니다."

효종랑은 그 말을 듣고 눈물을 흘리며 곡식 1백 섬을 보냈다. 그리고 낭의 부모도 또한 옷 한 벌을 보냈으며, 낭의 많은 무리들도 조 1천 섬을 거두어 그녀에게 주었다. 이 사실이 왕에게 알려졌다. 진성여왕은 곡식 5백 섬과 집 한 채를 내려주고, 군사를 보내어 그 집을 호위해서 도적을 막게 하였다. 또 그 마을을 표창하여 효양리(孝養里)라 하였다. 후에 그 집을 내놓아 절로 삼고 절 이름을 양존사(兩尊寺)라 하였다.

(『삼국유사』 권5 효선9 빈녀양모)

이 이야기는 『삼국사기』 효녀지은 에도 수록되어 있다. 자신의 몸을 팔아 어머니를 봉양하고자 하였던 여인의 정성이 갸륵하다. 어머니는 딸이 차려주는 거친 밥을 달게 먹었지만, 기름진 쌀밥은 가슴을 찌르는 것 같다고 하였다. 궁핍한 살림살이에 난데없이 밥상에 오른 쌀밥이 의아하였던 것이다. 아무리 앞을 보지 못하는 처지라고 해도 그릇에 소복하게 담긴, 보기에도 먹음직스러운 기름진 쌀밥에 사연이 담겨있다는 것을 어찌 눈치채지 못하였을까. 사연을 들은 어머니가 통곡하는 것은 당연하였다. 시집도 가지 않은 멀쩡한 딸이 몸을 팔아 남의 집 종이 되었으니 그럴 만도 하였다. 처녀는 그제야 효도는 물질적인 풍요로움으로 하는 것이 아니라,

어머니의 마음을 편안하게 하는 것이 으뜸이라는 사실을 깨달았다. 어머니는 어머니대로, 딸은 딸대로 가슴이 미어질 수밖에 없는 순간이었다.

그때 화랑의 우두머리인 효종랑은 남산의 포석정에서 심신을 갈고 닦는 중이었다. 그는 효녀의 안타깝고도 가슴 아픈 사연을 듣자마자 도움의 손길을 내밀었다. 그의 자선은 화랑 무리 전체로 번져나갔으며, 급기야 왕까지 나서서 평생 먹고살게 해주었다. 효녀 지은의 효심이 하늘에 닿았던 것이다.

이보다 더 눈물겨운 이야기가 전해온다. 진정이라는 스님의 효행과 그 어머니의 자식 사랑이 감동적이다.

진정법사(眞定法師)는 신라 사람이다. 속인으로 있을 때에 군대에 예속되었다. 집이 가난해서 장가를 들지 못하였다. 복역하는 틈틈이 품을 팔아 곡식을 얻어서 홀어머니를 봉양하였다. 집안의 재산이라고는 오직 다리 부러진 솥 하나가 있을 뿐이었다.

어느 날 중이 문간에 와서 절 지을 쇠붙이를 보시하라고 하였다. 그러자 어머니가 중에게 솥을 내주었다. 조금 후에 진정이 밖에서 돌아왔다. 그 어머니는 사실을 말한 뒤 아들의 의사가 어떠한지를 살폈다.

진정은 기뻐하는 낯빛을 보이며 말하였다.

"불교 행사에 보시하는 게 얼마나 좋은 일입니까? 솥은 없더라도 무엇이 걱정되겠습니까?"

이에 질그릇을 솥으로 삼아 음식을 익혀 어머니께 봉양하였다. 그는 일찍이 군대에 있을 때, 의상법사가 태백산에서 설법하여 사람을 이롭게 한다는 말을 들었다.

그때 그리워하는 마음이 생겨 어머니에게 말하였다.

아! 아버지 어머니

"효도를 다 마친 후에는 의상법사에게로 가서 머리를 깎고 불도를 배우겠습니다."

어머니가 말하였다.

"불법은 만나기가 어렵고, 인생은 너무도 빠르다. 효도를 다 마친 후면 또한 늦지 않겠느냐? 어찌 내 생전에 불도를 알았다고 들려주는 것만 같겠느냐? 머뭇거리지 말고 빨리 떠나는 것이 좋겠다."

진정이 대답하였다.

"어머니 만년에 오직 제가 옆에 있을 뿐입니다. 어머니를 버리고 어찌 차마 출가할 수 있겠습니까?"

어머니가 한탄하였다.

"아! 나 때문에 출가를 못한다면, 나를 곧 지옥에 떨어지게 하는 것이다. 비록 생전에 풍성한 음식으로써 나를 봉양하더라도 어찌 효도가 되겠느냐? 나는 남의 집 문간에서 옷과 밥을 얻어 생활하더라도 또한 타고난 수명은 누릴 수 있을 것이다. 그러니 내게 효도하려거든 네 말을 고집하지 마라."

진정은 오랫동안 깊이 생각하였다. 어머니는 곧 일어나서 쌀자루를 모두 털어보았다. 쌀이 일곱 되가 있었다.

어머니는 그것으로 그날 밥을 다 짓고서 말하였다.

"네가 밥을 지어 먹으면서 가면 더딜까 염려되는구나. 내 눈앞에서 한 되를 먹고, 나머지 여섯 되는 싸가지고 빨리 떠나거라."

진정은 흐느껴 울면서 굳이 사양하였다.

"어머님을 버리고 출가하는 것도 자식 된 자로 차마 못할 짓입니다. 하물며 며칠 동안의 미음거리까지 모두 싸가지고 떠난다면, 천지가 저를 무엇이라고 하겠습니까?"

이리하여 세 번 사양했으나, 어머니도 세 번 권고하였다. 진정은 어머니의 뜻을 어기기가 어려워 길을 떠나 밤낮으로 갔다. 사흘 만에 태백산에 이르러 의상법사에게 귀의하였다. 머리를 깎고 제자가 되어 이름을 진정이라 하였다.

그곳에 있은 지 삼 년 만에 어머니의 부고가 이르렀다. 진정은 가부좌를 하고 선정(禪定)에 들어가 이레 만에 일어났다.

설명하는 이가 말하였다.

"추모와 슬픔이 지극하여 견딜 수 없었으므로 선정에 들어 슬픔을 씻은 것이다."

어떤 이는 말하였다.

"선정으로써 그 어머니의 환생하는 곳을 관찰하였다."

또 어떤 이는 풀이하였다.

"이와 같이 하여 명복을 빈 것이다."

선정에서 나오자 그 사실을 의상에게 아뢰었다. 의상은 그의 어머니를 위하여 문도를 거느리고 소백산의 추동(錐洞)으로 갔다. 초가를 짓고 제자 3천 명을 모아 90일 동안 『화엄대전』을 강론하였다. 문인 지통(智通)이 강론하는 내용의 요지를 뽑아 책 두 권을 만들었다. 그 이름을 『추동기』라 하여 세상에 널리 폈다.

강론을 다 마치자 그 어머니가 진정법사의 꿈에 나타나서 말하였다.

"나는 벌써 하늘에 환생하였다."

(『삼국유사』 권5 효선9 진정사 효선쌍미)

진정은 쇠솥 하나 달랑 남아있는 가난한 집에서 어머니를 모시고 살았다. 군대에 복역하면서 틈틈이 일해 곡식을 얻어 봉양하였다. 그러던 어느 날 어머니는 불사를 일으키려고 시주하러 온 스님에게 하나밖에 없는 솥을 내어주고 말았다. 여느 자식 같았으면, 그런 어머니에게 성을 내며 따졌을 일이었다. 그처럼 가난한 살림에 어떻게 시주할 생각을 하였느냐고 말이다. '내 코가 석 자'라는 말처럼, 곤경에 처해 자신들의 일도 해결하기 어려운 판국에 어찌 남을 도왔느냐고 울화통을 터뜨렸을 것이다. 그러나 진정은 달랐다. 어머니의 무모한 선행에 박수를 치며 칭찬하였다. 쇠로 만든 솥이 없다면, 흙으로 솥을 만들어 쓰면 그만이었다.

이번에는 어머니 차례였다. 하나밖에 없는 아들이 어머니가 세상을 떠난 다음에 출가하고 싶다는 뜻을 밝히자 당장 떠나라며 등을 떠밀었다. 어머니는 그 자리에서 쌀자루를 톡톡 털어 모두 밥을 지었다. 한 그릇은 지금 먹고, 나머지는 모두 싸가지고 떠나라는 것이었다. 참 기가 막힌 광경이었다. 자신의 한 몸은 얻어먹으면서도 건사할 수 있을 것이라는 배포였다. 그 아들에 그 어머니였다. 진정은 눈물을 흘리며 그 밥을 꾸역꾸역 삼키고는 출가하였다. 삼 년 뒤 어머니의 부고를 듣고는 칠 일간이나 가부좌를 틀고 명복을 빌었다. 그에 감탄한 의상법사가 제자 삼천 명을 이끌고 석 달간이나 『화엄대전』을 설법하였다. 참으로 대단한 일이었다. 진정의 효심이 세상을 감동시키고, 그 마음이 하늘에 닿아 마침내 그 어머니는 극락왕생하였다.

한나라 때 한영(韓嬰)이 지은 『한시외전』의 글이 절절하다. 공자가 자신의 뜻을 펼치기 위해 천하를 떠돌고 있을 때였다. 그날도 발길을 재촉하고 있는데, 어디선가 몹시 슬피 우는 소리가 들렸다. 울음소리를 따라가 보니 초나라의 고어(皐魚)라는 사람이었다. 공자가 우는 까닭을 물어보았다. 그러자 고어가 입을 열었다. "저에게는 세 가지 한이 되는 일이 있습니다. 첫째는 공부하려고 집을 떠났다가 고향에 돌아와 보니 부모님이 이미 세상을 떠난 것입니다. 둘째는 제 경륜을 받아들이려는 군주를 어디에서도 만나지 못한 것입니다. 셋째는 서로 속마음을 터놓고 지내던 친구와 사이가 멀어진 것입니다." 고어는 한숨을 쉬고는 다시 말을 이었다. "나무는 고요히 있고자 하나 바람이 그치지 않고, 자식은 봉양하고자 하나 부모님은 기다려 주지를 않네, 한 번 가면 쫓아갈 수 없는 것이 세월이요, 가면 다시 볼 수 없는 것이 부모님이로다. 저는 이제 이대로 서서 하직하려고 합니다." 말을 마치고서는 서서 곡하다가 죽었다. 이 일이 있고 나서 공자의 문인이 집에 돌아가 어버이를 봉양하는 사람이 열 명이나 되었다.

이른바 풍수지탄(風樹之嘆)이라는 고사성어의 연원이다. 부모에게 효도를 하고자 할 때에는 이미 세상을 떠나 그 뜻을 이룰 수 없음을 한탄하는 말이다. 그래서 이 글은 세종대왕이 1431년에 민간의 풍속을 바로 잡기 위해 충신, 효자, 열녀를 각각 35명씩 뽑아 편찬한 『삼강행실도』에도 실려 있다. 그 말미에는 '고어가 슬픔 품고 스스로 상심하네. 어버이가 봉양을 기다리지 않으시니 어찌하리오. 눈물 다해 눈이 말라 길가에서 죽으니, 높은 행실 공자에게 칭찬받았네.'라는 찬시가 덧붙어 있다.

효도하는 일에도 때가 있다. 지금 가진 것은 없지만, 현재 이룬 것은 없지만, 할 수 있는 능력 안에서 부모를 받드는 것이 효도 아닐까. 살림도 넉넉지 않고, 직장도 변변치 않고, 벌이도 시원치 않은데 어떻게 효도할지 걱정할 이유가 없다. 낳아 길러준 은혜에 감사하며 말 한마디라도 공손하게 하면 되는 일이다.

율곡 이이의 가르침이 정곡을 찌른다.

> 숨을 쉬어 호흡함에 기맥이 서로 통하니 이 몸은 나의 사유물이 아니다. 바로 부모께서 남겨주신 기운이다. 그러므로 『시경』에 "애처롭고 애처롭도다 부모님이시어! 나를 낳으시느라 수고로우셨도다."고 하였으니, 부모의 은혜가 어떠한가. 어찌 감히 스스로 자기 몸을 사유하여 부모에게 효도를 다하지 않을

아! 아버지 어머니

수 있겠는가? 사람이 항상 이 마음을 지닐 수 있다면, 저절로 부모를 향한 정성이 생길 것이다.

(『격몽요결』 사친장)

나의 근원과 뿌리

고구려의 두 번째 왕은 유리였다. 그가 어렸을 때, 아버지를 찾아가는 과정은 참으로 극적이었다.

유리명왕(瑠璃明王)이 왕위에 올랐다. 이름은 유리(類利), 혹은 유류(孺留)라고도 한다. 주몽의 맏아들이며, 어머니는 예씨(禮氏)다. 처음에 주몽이 부여에 있을 때, 예씨 집 처녀에게 장가들어 아이를 배게 하였다. 주몽이 떠나간 후에 낳게 되니 그가 바로 유리다.

유리가 어릴 때에 밭둑에 나가 놀았다. 활로 새를 쏘다가 잘못하여 물 긷는 부인의 물동이를 맞혀 깨뜨렸다.

그 부인이 꾸짖었다.

"이 아이는 아비가 없기 때문에 성질이 이처럼 거칠구나."

유리는 부끄러워 집으로 돌아와 어머니에게 물었다.

"제 아버지는 어떤 사람이며, 지금 어디 계십니까?"

그의 어머니가 말하였다.

"네 아버지는 보통 분이 아니시다. 이 나라에서 받아들여지지 않아 남쪽으로 떠나셨다. 그곳에서 나라를 세우고 왕이 되셨다. 떠날 때에 나를 보고 '그대가 만일 사내를 낳거든 그 아이에게 이르시오. 내 유물을 일곱 모난 돌 위, 소나무 밑에 감추어 두었소. 만일 그것을 찾아낼 수 있으면 곧 내 아들로 인정할 것이오.'라고 말씀하셨다."

유리는 그 말을 듣고 곧 산으로 가서 그것을 찾았다. 그러나 찾지 못하고 지쳐서 돌아왔다. 어느 날 아침 마루 위에 앉아 있었다. 그때 소나무 기둥과 주춧돌 사이에서 무슨 소리가 나는 것 같기에 가서 살펴보았다. 주춧돌이 일곱 모로 되어 있었다. 곧 기둥 밑을 찾아서 부러진 칼 한 토막을 얻었다.

마침내 그것을 가지고 옥지(屋智), 구추(句鄒), 도조(都祖) 등 세 사람과 함께 졸본천에 이르렀다. 부왕을 만나 부러진 칼을 바쳤다. 왕은 자기가 가지고 있던 부러진 칼을 내어 맞추어 보았다. 이어져 한 자루의 칼이 되었다. 왕은 기뻐하여 그를 세워 태자로 삼았다. 그리고 이때에 이르러 왕위를 이었다.

(『삼국사기』 권13 고구려본기1 유리명왕)

    주몽은 원래 부여의 금와왕 밑에서 자랐다. 그러나 금와의 아들들이 시기하여 마구간 지기로 지냈다. 그러던 어느 날 어머니인 유화가 금와의 아들 대소가 주몽을 해치리라는 낌새를 채고 부여를 떠나라고 하였다. 주몽은 우여곡절 끝에 졸본주에 이르러 고구려를 세우고 왕이 되었다. 하지만 주몽이 그렇게 경황없이 떠나는 바람에 부여에 두고 온 부인 예씨가 홀로 아들을 키워왔다. 그리고 그 아들 유리는 마침내 아버지의 수수께끼를 풀어 아들로 인정받게 되었다. 일곱 모난 돌 위에 선 소나무 밑에 감추어진 칼 조각을 찾아냈던 것이다. 결국 유리는 아버지를 만나 왕위를 계승하였다.

유리왕 하면 생각나는 노래가 있다. 그 유명한 〈황조가〉다. 유리왕이 사냥간 사이에 왕비인 화희와 치희가 다투었다. 마침내 치희가 부끄럽고 분하여 도망하였다. 왕이 듣고 말을 채찍질하여 쫓아갔으나, 치희는 노하여 돌아오지 아니하였다. 왕이 나무 밑에서 쉬다가 꾀꼬리가 모여드는 것을 보고 노래하였다. '펄펄 나는 꾀꼬리는(翩翩黃鳥) / 암수가 더불어 놀건마는(雌雄相依) / 외로운 이내 마음(念我之獨) / 누구와 더불어 돌아갈거나(誰其與歸)' 우리나라 최초의 서정시로 알려져 있는 시다. 그런 노래를 지은 왕답게 어린 그가 아버지를 찾기 위하여 쏟았던 노력 역시 극적이었다. 자신의 뿌리에 대한 갈망이었다.

유리가 아버지를 찾아가는 대목과 흡사한 이야기가 있다. 〈제석본풀이〉라는 무가가 그러하다. 무가는 무당이 모시는 신의 내력담이다. 그 안에 아버지를 찾아가는 세 아들의 모습이 흥미롭다.

당금애기는 해동국의 제일 부자가 아들을 아홉이나 낳은 다음에 얻은 귀한 딸이었다. 딸은 높은 담장과 열두 대문으로 겹겹이 쌓인 집안에서 고이 자랐다. 그러던 어느 날이었다. 부모와 오빠들이 집을 비운 사이에 도승이 찾아와 시주를 청하였다. 그 도승은 세상에 씨를 뿌리기 위해 하늘에서 내려온 신이었다. 그러자 당금애기는 굳게 닫힌 대문을 차례차례 열고 쌀을 퍼주었다. 그러나 도승이 일부러 바랑을 터놓는 바람에 쌀이 땅으로 쏟아졌다. 당금애기는 도승이 시키는 대로 쌀을 젓가락으로 한 알씩 주워 담았다. 그렇게 하여 날이 저물었다. 당금애기는 어쩔 수 없이 도승을 자기 집에 재워주었다. 이 일로 인해 당금애기는 비몽사몽간에 임신하게 되었다.

얼마 후 부모와 오빠들은 당금애기가 임신한 사실을 알고 집에서 내쫓았다. 당금애기는 홀로 아들 세쌍둥이를 낳아서 잘 키웠다. 급기야 아비 없는 자식이라 놀림을 받은 세 아들이 아버지에 대하여 물었다. 당금애기로부터 자초지종을 들은 세 아들은 아버지가 주고 간 콩을 심어 그 줄기를 따라나섰다.

마침내 세 아들은 아버지와 상봉하여 여러 가지 시험을 거쳤다. 첫째, 종이로 버선을 만들어 신고 냇물을 건너갔다가 오는데 젖지 않아야 한다. 둘째, 냇물의 물고기들을 전부 잡아서 먹고 다시 토해 살려 돌려보내야 한다. 셋째, 뒷산에 묻힌 지 삼 년 된 소뼈를 전부 맞추어 살려서 거꾸로 타고 내려와야 한다. 세 아들은 세 가지 시험에 모두 통과하였다. 마지막으로 각자 손에서 피한 방울씩을 떨어뜨려 엉기는 것을 보고 친자로 인정받았다. 그 이후 세 아들은 삼불 제석신이 되고, 당금애기는 아기를 점지하는 삼신이 되었다.

이러한 부친탐색 모티프는 전 세계적으로 전해오고 있다. 자신의 근원을 모르던 아이가 일정한 나이가 되면 아버지를 찾는다는 모티프가 개입되고 있다는 뜻이다. 오늘날 해외입양아들이 우리나라에 들어와서 TV나 신문을 통해 부모를 찾는 경우를 종종 본다. 청소년기를 거치면서 자신의 뿌리를 알고자 하는 마음 때문이다. 누구에게서 어떻게 태어나서 어떤 이유로 입양되었는지를 구체적으로 알고 싶은 것이다. 바로 자아형성기 때 벌어지는 정체성 확립을 위한 시도다.

조상을 생각해서 제사에 정성을 다하고, 태어난 근본을 잊지 않고 은혜 갚는 것을 추원보본(追遠報本)이라 한다. 부모를 찾아 자신의 근본을 확인하고자 하는 시도도 그런 차원에서 이해가 가능하다. 자신의 뿌리에 대한 관심은 곧 자신에게 생명을 준 존재를 향한 애틋한 정 내지 감사의 마음과 상통한다. 나는 어디에서 왔는가, 나는 누구인가에 대한 답이기도 하다. 바로 여기에 효도의 당위성이 있다. 그리고 바로 이 지점이 효도의 시발점이 아닐까.

반가사유비상 半跏石像   한국(韓國)-통일신라(統一新羅) <7세기>

충남 연기(燕岐)지방(현 세종시) 비암사(碑巖寺)에서 발견되었다. 반가사유상은 석가모니가 깊은 생각에 잠겼던 모습을 나타낸 것이다. 한쪽 다리를 포개고(半跏) 턱을 손으로 받쳐 생각하는 모습이지만, 얼굴을 들고 있는 점이 독특하다. 부처 위의 지붕은 나뭇잎으로 덮여 있으며, 좌우에 구슬장식(瓔珞)이 달려 있다. 부처의 아래에는 향로를 가운데 두고 공양상이 있으며, 측면에 구슬을 든 보살상이, 뒷면에 보궁(寶宮)이 있다.

12

곡간의 제비처럼
▶ 비우고 내려놓기

12

곡간의 제비처럼
▶ 비우고 내려놓기

영재, 혜숙, 혜공의 은거

동구 밖 과수원길 아카시아 꽃이 활짝 폈네
하얀 꽃 이파리 눈송이처럼 날리네
향긋한 꽃냄새가 실바람 타고 솔솔
둘이서 말이 없네 얼굴 마주보며 생긋
아카시아꽃 하얗게 핀 먼 옛날에 과수원길
(박화목 작사, 김공선 작곡 〈과수원길〉)

아련하게 고향을 떠올리게 하는 노래다. 화려하지 않은 은은한 향이 배어나오는 길, 그런 길에서 말없이 웃을 수 있는 모습이 그립다. 하지만 그러한 경지에 이르기가 쉽지만은 않다. 무념무상은 아무 생각 없이 바보처럼 산다는 뜻이 아니라, 욕심 없이 산다는 의미이기 때문이다.
물질주의가 팽배해 있는 오늘을 살아가는 우리가 그런 삶을 영위할 수 있을까. 모든 욕심을 비우고, 다시 말해 끊임없이 위를 향하여 올라가려고 하는 마음을 내려놓고 오늘을 기뻐하며 즐길 수는 없을까. 과거도 아니고 미래도 아닌, 오늘의 삶에 만족하며 말이다. 현재를 뜻하는 영어 present가 선물이라는 의미도 지니고 있다는 사실이 오묘하다. 오늘의 삶에 충실하고 만족할 수 있는 것은 바로 욕심을 내려놓는 데에서 시작된다.

신라의 영재라는 승려의 삶이 우리에게 시사하는 바가 크다.

중 영재(永才)는 천성이 익살스럽고 재물에 얽매이지 않았다. 향가를 잘하였다. 만년에 남악에 은거하려 하여 대현령(大峴嶺)에 이르렀는데, 도적 60여 명을 만났다. 도적이 그를 죽이려 하였다. 영재는 칼날을 대하고서도 겁내는 기색이 없었으며, 화평한 태도로 대하였다. 도적들이 이상히 여겨 그 이름을 물으니 영재라고 대답하였다. 도적들은 평소부터 그의 이름을 들었다. 이에 그에게 노래를 짓게 하였다.

가사는 이렇다.

'제 마음의 형상을 모르고 지내오던 날

멀리 지나쳤고 이제는 숨으러 가고 있노라

오직 그릇된 파계승이여 두려워할 모습으로 다시 돌아가니

이 칼을 지나고 나면 좋은 날이 곧 올 것이니

아아, 이만한 선업은 새 집이 안 된다네'

도적들이 그 노래에 감동하여 비단 두 필을 그에게 주었다.

영재는 웃으며 사양하였다.

"재물이 지옥에 가는 근본임을 알고, 바야흐로 깊은 산중으로 피해 가서 일생을 보내려 하는 길이오. 그런데 어떻게 감히 이것을 받겠소?"

이에 그것을 땅에 던져버렸다. 도적들은 또 그 말에 감동되어 모두 가지고

있던 칼과 창을 버렸다. 모두 머리를 깎고 영재의 제자가 되어, 함께 지리산에 숨어 다시는 세상에 나오지 않았다. 영재의 나이 거의 아흔 살이었으니 원성 대왕(元聖大王)의 시대다.

기린다.

'지팡이를 짚고 산으로 가니 그 뜻이 매우 깊은데
비단과 주옥이 어찌 마음을 다스리랴
숲속의 도적들아 주고받지 마라
몇 푼의 재물이 지옥이라네'

(『삼국유사』 권5 피은8 영재우적)

신라 38대 원성왕 때의 일이었다. 영재라는 스님은 익살스럽고 재물에 얽매이지 않았다. 마치 원효가 세상의 법도에 얽매이지 않았던 것과 흡사하였다. 영재는 손에 박과 같은 악기를 들고 〈무애가〉를 부르며 촌락을 돌아다녔던 원효와 마찬가지로 노래, 특히 향가를 잘하였던 모양이다. 산속의 도적들이 그의 이름을 듣고 놀랐으니 말이다. 진짜 영재인지 알아보려고 향가를 지어보라고 하였을 정도니 그의 인기가 어느 정도였는지 짐작하고 남음이 있다. 영재는 요즘 말로 하면 자신이 작사·작곡한 곡을 직접 노래하는 유명한 싱어송 라이터였던 모양이다.

도적들은 그의 노래를 듣고 모두 감복하여 손에 들고 있던 무기를 버렸다. 그러고는 세상의 영예와 재물을 버리고 산에 은거하려던 영재와 함께 무욕의 길에 들어섰다. 재물에 대한 욕심을 내려놓고 사람답게 사는 삶을 택하였던 것이다. 모든 것을 비우고자 하였던 영재의 진심이 무법천지의 흉악한 도적 떼를 감화시켰던 것이다.

신라의 혜숙과 혜공이라는 고승대덕도 그러하였다.

중 혜숙(惠宿)은 화랑 호세랑(好世郎)의 무리에서 자취를 감추었다. 호세랑은 이미 화랑의 명부인 황권(黃卷)에서 이름을 지워버렸다. 혜숙이 적선촌에 숨어 산 지 20여 년이나 되었다.

그때 국선 구참공(瞿旵公)이 적선촌 들에 가서 사냥을 하였다. 혜숙이 길가에 나가 말고삐를 잡고 청하였다.

"소승도 모시고 따라가렵니다. 괜찮겠습니까?"

공은 이를 허락하였다. 이에 이리저리 뛰고 달리며, 옷을 벗어 제치고 서로 앞을 다투었다. 공이 기뻐하였다. 앉아 쉬고 나서 고기를 굽고 삶아 서로 먹기를 권하였다. 혜숙도 또한 같이 먹었다. 조금도 꺼리는 기색이 없었다.

이윽고 혜숙이 공의 앞에 나아가 말하였다.

"맛있는 고기가 여기 있는데, 좀 더 드리려고 합니다. 어떻습니까?"

공은 말하였다.

"좋다."

혜숙은 사람을 물리치고, 제 다리의 살을 베어 소반에 담아 올렸다. 옷에 붉은 피가 줄줄 흘렀다.

공은 깜짝 놀라며 말하였다.

"어째서 이러느냐?"

혜숙이 대답하였다.

"처음에 생각하기로는 공은 어진 분이라 능히 자기를 미루어 동물에까지 미치리라 생각하여 따라왔습니다. 그러나 지금 공이 좋아하는 것을 미루어보면, 오직 죽이는 것만을 몹시 즐기는 듯합니다. 짐승을 죽임으로써 자기만 기를 뿐입니다. 이것이 어찌 어진 군자가 할 일입니까? 저희들의 무리는 아닙니다."

마침내 옷을 떨치고 가버렸다. 공은 크게 부끄러워하며 그가 먹은 것을 보았다. 쟁반 안에 고기 살점이 그대로 있었다. 공은 매우 이상히 여겨 돌아와서

곡간의 제비처럼

조정에 아뢰었다. 진평왕이 그 말을 듣고 사자를 보내어 맞아오게 하였다. 사자가 갔더니 혜숙이 여자의 침상에서 자고 있는 것이 보였다. 사자는 추하게 여겨 되돌아왔다. 그런데 7, 8리쯤 가다가 혜숙을 도중에서 만났다. 사자는 그가 어디서 오는지를 물었다.

혜숙이 대답하였다.

"성안에 시주하는 댁의 칠일재에 갔다가 끝마치고 오는 길이오."

사자가 그 말을 왕에게 아뢰었다. 또 사람을 보내어 그 시주하는 집을 조사해보니 그것 또한 사실이었다.

얼마 후 혜숙이 갑자기 죽었다. 마을 사람들이 이현(耳峴) 동쪽에 장사지냈다. 그때 고개 서쪽에서 오던 마을 사람이 한 명 있었다. 그가 혜숙을 도중에서 만나 어디 가는지를 물었다.

혜숙이 대답하였다.

"이곳에 오랫동안 살았으므로 다른 지방으로 유람할까 하네."

서로 인사하고 헤어졌다. 혜숙은 반 리쯤 가다가 구름을 타고 가버렸다. 그 사람은 고개 동쪽에 이르러 혜숙을 장사지낸 사람들이 아직 흩어지지 않은 것을 보고 그 사유를 자세히 말하였다. 무덤을 파보니 짚신 한 짝만 있을 뿐이었다. 지금 안강현의 북쪽에 혜숙사(惠宿寺)라는 절이 있다. 그가 살던 곳이라 하며, 또한 부도도 있다.

중 혜공(惠空)은 천진공(天眞公)의 집에 고용살이하던 노파의 아들이었다. 아이 때 이름은 우조(憂助)였다. 공이 일찍이 몹쓸 종기가 나서 거의 죽게 되자 문병 오는 사람들이 길을 메웠다. 이때 우조는 나이 일곱 살이었다.

그가 자기 어머니에게 말하였다.

"집에 무슨 일이 있어서 손님이 이렇게 많아요?"

어머니가 대답하였다.

"주인께서 악병이 나서 장차 돌아가시게 되었는데, 너는 어찌 그것도 모르고 있었느냐?"

우조가 말하였다.

"제가 병을 고쳐볼게요."

어머니는 그 말을 이상히 여겨 공에게 알렸다. 공이 그를 불러오게 하였다. 우조가 와서 평상 밑에 앉아서 말 한마디도 하지 않았다. 오래지 않아 몹쓸 종기가 터져버렸다. 공은 이것이 우연한 일이라 하고 그다지 이상히 여기지 않았다.

더 자라서는 공을 위해 매를 길렀는데, 공의 마음에 썩 들었다. 공의 아우가 벼슬을 얻어 지방으로 부임하였다. 그때 공이 골라놓은 좋은 매를 얻어서 임지로 갔다. 어느 날 저녁, 공은 문득 그 매를 생각하여 이튿날 새벽에 우조를 보내 매를 가져오게 하려고 하였다. 우조가 이것을 먼저 알아채고, 잠깐 사이에 매를 가져와서 새벽에 공에게 바쳤다. 공은 크게 놀라 깨달았다. 그제야 예전에 몹쓸 종기를 치료한 일들이 모두 상상할 수 없는 일이었음을 알게 되었다.

공이 우조에게 말하였다.

"나는 지덕이 뛰어난 성인이 우리 집에 의탁하고 있는 것을 알지 못하였습니다. 몹쓸 말과 무례로써 모욕했으니 그 죄를 어찌 씻겠습니까? 이후로는 도사(導師)가 되어 나를 인도해 주십시오."

마침내 내려가서 우조에게 절하였다. 우조는 신령스럽고 이상함이 이미 나타났으므로 마침내 출가하여 중이 되었다. 이름을 혜공으로 바꾸었다.

그는 어느 작은 절에 살면서 언제나 미친 것처럼 크게 취해서 삼태기를 지고 거리에서 노래하고 춤을 추었다. 이러한 까닭에 그를 부궤화상(負簣和尙)이라 불렀으며, 그가 있는 절을 부개사(夫蓋寺)라 하였다. 부개는 곧 삼태기의 우리말이다. 언제나 절의 우물 속에 들어가면 몇 달씩이나 나오지 않았다. 그래서 스님의 이름으로 그 우물 이름을 지었다. 우물에서 나올 때마다 푸른 옷을 입은 신동이 먼저 솟아나왔다. 절의 중이 이로써 나오는 시각을 알았다. 우물에서 나오더라도 옷은 젖어 있지 않았다.

만년에는 항사사(恒沙寺)에 가서 있었다. 이때 원효(元曉)는 여러 불경의 소(疏)를 짓고 있었다. 그는 언제나 혜공에게 가서 질의하거나 서로 말장난을 하기도 하였다. 어느 날 혜공과 원효가 시내를 따라가며 물고기와 새우를 잡아 먹고 돌 위에 대변을 보았다.

혜공이 그것을 가리키며 장난쳤다.

"당신이 눈 똥은 내가 잡은 물고기일 거요."

그로 인하여 오어사(吾魚寺)라 하였다. 어떤 이는 이를 원효대사의 말이라고도 하나 잘못이다. 민간에서는 그 시내를 잘못 불러 모의천(芼矣川)이라고 한다.

구참공이 언젠가 산에 올랐다. 혜공이 산길에 쓰러져 죽어서 살이 부어터지고 썩어 구더기가 난 것을 보고 한참 동안 슬퍼하였다. 고삐를 돌려 성안에 들어가자 혜공이 크게 취해 시중에서 노래하고 춤추고 있는 것을 보았다.

또 어느 날은 풀로 새끼를 꼬아서 영묘사에 들어가 금당과 좌우의 경루와 남문의 낭무(廊廡)에 둘러 묶었다. 그리고는 강사(剛司)에게 알렸다.

"이 새끼줄을 사흘 후에 풀어라."

강사는 이상히 여겨 그의 말대로 하였다. 과연 사흘 만에 선덕여왕이 행차하여 절에 왔는데, 지귀(志鬼)가 나와 그 탑을 태웠다. 그러나 새끼 맨 곳만은 화재를 면하였다.

또 신인종의 조사 명랑(明朗)이 금강사를 새로 세우고 낙성회를 베풀 때였다. 고승들이 다 모였으나, 오직 혜공만 오지 않았다. 명랑이 향을 피우고 정성껏 기도하였더니 조금 뒤에 혜공이 왔다. 이때 큰비가 내리고 있었다. 공의 옷은 젖지 않았고, 발에는 진흙이 묻지 않았다.

혜공이 명랑에게 말하였다.

"부르심이 간절하여 이렇게 왔소."

이처럼 신령스런 자취가 매우 많았다. 죽을 때에는 공중에 떠서 세상을 마쳤다. 그의 사리는 수를 셀 수가 없었다.

언젠가 『조론(肇論)』을 보고 말하였다.

"이것은 내가 옛적에 지은 것이다."

이로써 혜공이 승조(僧肇)의 후신임을 알겠다.

기린다.

'벌판에서 사냥하고 평상에 누웠고
 술집에서 노래하고 우물 속에서 잠잤네
 짚신만 남기고 공중에 떠 어디로 갔는가
 한 쌍의 귀중한 불속의 연꽃이로다'

(『삼국유사』 권4 의해5 이혜동진)

혜숙은 적선촌에 숨어 살며 여러 가지 이적을 행하였다. 그는 구참공과 더불어 사냥을 하고 고기를 먹었으나, 나중에 보니 쟁반에 고기가 그대로 남아 있었다. 또한 여인과 침상에서 뒹굴고 있는 듯이 보였으나, 사실은 칠일재를 드리고 오는 길이었다. 그리고 그가 죽어서 매장하였으나, 짚신 한 짝만 남겨놓고 승천하였다. 혜공도 이와 다르지 않았다. 어려서는 천진공의 종기를 낫게 하였을 뿐만 아니라, 그의 심기를 미리 알아채고 매를 갖다 바쳤다. 또한 출가하여서는 작은 절에 기거하며 술에 취해 노래하고 춤추며 다녔고, 원효와 더불어 물고기를 잡아먹으며 서로 희롱하였다. 그는 우물 속에 들어가 몇 달씩 있다가 나와도 옷이 젖지 않았고, 그가 새끼를 맨 곳은 화재로부터 안전하였다. 그리고 명랑의 간절한 기도에 응답하여 금강사 낙성회에 나타났다. 그가 『조론』을 지은 진(晉)나라 승려인 승조의 후신이라고 한 이유를 알 만하다.

『삼국유사』 동경흥륜사금당십성 에 따르면 혜숙과 혜공은 아도, 염촉, 안함, 의상, 표훈, 사파, 원효, 자장과 더불어 신라의 십성(十聖)에 꼽히는 인물들이었다. 그러한 고승대덕, 아니 성인의 반열에 든 인물들이 후미진 산골에 살며 부처의 가르침을 전하였던 것이다. 그들이 세상에 자신을 드러냈다면 귀족 대우를 받으며 고승대덕으로서, 나아가 국사로서 받들어졌을 가능성이 컸다. 모든 사람들에게 선망과 존경의 대상이 되어 안락한 환경 속에서 편히 지낼 수 있었을 것이다. 하지만 모든 욕심을 내려놓은 두 성인은 약속이나 한 듯이 남이 알아주지 않는 궁벽한 곳에서 그들만의 삶을 살았다. 이들의 이야기가 실려 있는 〈이혜동진(二惠同塵)〉이라는 조목의 제목처럼, 재물도 권세도 명예도 초개처럼 여기며 티끌처럼 살다 떠났던 것이다. 기이한 행적을 통해 불교를 널리 알리고 말이다.

인생은 빈손으로 왔다가 빈손으로 가는 것이 정해진 이치다. 오늘을 살아가는 우리는 그러한 이치를 잊고 사는 것은 아닐까. 너무 많은 욕심을 가슴에 품고, 너무 무거운 짐을 등에 지고 살아가는 듯하니 말이다. 오늘의 주어진 삶에 감사하며 행복을 느끼는지 돌아보게 된다.

신충, 관기, 도성의 은둔

신충은 높은 벼슬을 버리고, 돌연 산 속으로 들어간 인물이었다. 한때는 자신을 등용시켜 주지 않던 왕을 원망하였던 그였다. 그렇게 관직을 얻은 그가 어느 날 모든 것을 내려놓았다니 알다가도 모를 일이다.

신라 효성왕이 왕위에 오르기 전의 일이었다. 그는 어진 선비 신충(信忠)과 대궐 뜰의 잣나무 밑에서 바둑을 두었다.

언젠가 그가 신충에게 말하였다.

"뒷날 내가 만약 그대를 잊는다면, 저 잣나무가 증거가 될 것이다."

신충이 일어나서 절하였다.

몇 달 뒤에 효성왕이 즉위하여 공신들에게 상을 주었다. 그러나 신충을 잊고 등급에 넣지 않았다. 신충이 원망스러워 노래를 지어 잣나무에 붙였더니 나무가 갑자기 말라버렸다. 왕이 이상히 여겨 사람을 시켜 살펴보게 하였더니 노래를 가져다 바쳤다.

왕이 크게 놀라며 말하였다.

"정사가 번잡하다 보니 공신을 잊을 뻔했구나."

이에 신충을 불러 벼슬을 주니 잣나무가 그제야 되살아났다.

그 노래는 이렇다.

'질 좋은 잣나무가 가을에도 시들지 않으니

 너를 어찌 잊을까 하시던 우러러보던 얼굴은 계시나

 달그림자가 연못가 일렁거리는 물결을 원망하듯이

 모습은 바라보지만 세상 모든 것 여읜 처지여'

그런데 뒷 구절은 없어졌다. 이로써 신충은 두 왕조에 벼슬하여 이름을 드날렸다.

경덕왕 22년 계묘에 신충은 두 벗과 서로 약속하여 벼슬을 버리고 남악으로 들어갔다. 두 번이나 불러도 나오지 않고, 머리를 깎고 중이 되었다. 그는 왕을

곡간의 제비처럼

위해 단속사(斷俗寺)를 세우고, 거기 살면서 평생 대왕의 복을 빌길 원하였다. 왕이 이를 허락하였다. 임금의 진영을 모셔두었는데, 금당의 뒷벽에 있는 것이 그것이다. 남쪽에 속휴(俗休)라는 촌이 있는데, 지금은 와전되어 소화리(小花里)라고 한다.

기린다.

'공명은 못다 이루었는데 귀밑털이 먼저 세니
임금의 총애가 많기는 하나 한평생이 바쁘구나
언덕 저편의 푸른 산이 자주 꿈속에 나타나니
거기 가서 향화 피워 왕의 복을 빌리라'

(『삼국유사』 권5 피은8 신충괘관)

신충은 등극한 뒤에 잊지 않으리라는 효성왕의 약속을 철석같이 믿었다. 그러나 왕위에 오른 효성왕은 신충을 잊고 말았다. 등극하기까지 보필을 하였던 여러 공신들에 대한 논공행상에서 빠졌던 것이다.

진(晉)나라 문공(文公)이 충신 개자추(介子推)를 잊었다는 고사와 흡사한 일이었다. 문공이 등극하기 전에 그의 아버지 헌공(獻公)에게 추방되었다. 개자추가 그의 곁에서 19년 동안이나 보필하였다. 심지어 문공이 허기져 쓰러졌을 때, 개자추는 자기의 허벅지 살까지 베어 먹여 일으켜 세웠다. 마침내 문공은 진(秦)나라 목공(穆公)의 주선으로 귀국하여 왕위에 올라 공신들을 치하하였다. 그러나 개자추만은 잊고 벼슬을 주지 않았다. 개자추는 이에 실망한 나머지 어머니와 함께 면산에 들어가 숨어 살았다. 후에 문공이 잘못을 깨닫고 그를 불렀지만, 산에서 나오지 않았다. 문공은 그를 나오게 하기 위해 산에 불을 질렀다. 그러나 끝내 나오지 않고 어머니와 함께 타죽었다. 그래서 그날을 기리기 위하여 한식(寒食)을 제정하여 불을 피우지 않고 찬밥을 먹게 되었다.

　신충 역시 그런 부당한 경우를 당하였던 것이다. 자신을 그처럼 총애하던 이가 왕이 되고 나서는 까맣게 잊어버리고 만 것이었다. 이에 신충이 원망하는 노래인 〈원가〉를 지어 잣나무에 붙이자 나무가 말라버리는 영험한 일이 일어났다. 신충은 그처럼 애절하게 효성왕의 마음을 원하였던 것이다. 아니 권세에 대한 욕망이 그만큼 컸다고 할 수도 있었다. 논공행상에서 빠진 것에 대한 원망은 재물이나 권세나 명예에 대한 욕망에서 비롯된 것이기 때문이었다.

　그러나 두 왕조에 걸쳐서 벼슬하여 이름을 크게 날린 신충은 스스로 관직을 버리고 산으로 들어갔다. 누릴 만큼 누렸으니 그렇게 한 것이 이상할 일이 아니었다고 말할 수도 있다. 그러나 가질수록 더 갖고 싶은 것이 인간의 욕망이 아닌가. 두 왕조에 걸쳐 부러울 것 없이 호사를 누렸던 사람이 하루아침에 모든 것을 내려놓고 산으로 들어간다는 것은 결코 쉽지 않은 결정이다. 속세와 끊는다는 뜻의 단속사라는 절을 짓고 여생을 왕의 복을 빌며 산다는 것이 그리 녹록한 일은 아니었을 것이다. 재물과 권세와 명예에 대한 욕망을 모두 내려놓고, 마음을 온전히 비우기 전에는 할 수 없는 일이었다. 쉽게 따라 할 수 없는, 참으로 어려운 결단이었을 것이다.

　포산의 두 성인도 그러한 삶을 살았다.

　신라 때에 관기(觀機)와 도성(道成)이란 두 성스러운 스님이 있었다. 어떤 사람인지 알 수 없으나, 함께 포산(包山)에 숨어 살았다. 관기는 남쪽 고개에 암자를 지었고, 도성은 북쪽 굴에 살았다. 거리가 십 리쯤 떨어져 있었다. 달밤이면 구름길을 헤치고 노래하면서 늘 서로 왕래하였다.

　도성이 관기를 부르고자 하면, 산속의 나무가 모두 남쪽을 향해 굽히며 서

곡간의 제비처럼

로 영접하는 것 같았다. 관기는 이것을 보고 도성에게로 갔다. 또한 관기가 도성을 맞이하고자 하면 역시 나무가 그와 같이 모두 북쪽을 향해 구부러졌다. 그러므로 도성이 관기에게로 가게 되었다. 이와 같이 하기를 몇 해가 되었다.

도성은 그가 거주하고 있던 뒷산의 높은 바위 위에서 언제나 좌선하고 있었다. 어느 날 바위 사이에서 몸을 빼내어 온몸을 하늘에 날리며 떠났는데, 간 곳을 알 수 없었다. 어떤 이는 수창군(壽昌郡)에 가서 세상을 떠났다고 한다. 관기도 또한 그를 뒤따라 세상을 떠났다. 지금 두 성사의 이름으로써 그 터를 명명하였는데, 모두 남은 터가 있다. 도성암(道成巖)은 높이가 두어 길이나 되는데, 후인들이 그 굴 아래에 절을 지었다.

태평흥국 7년 임오에 중 성범(成梵)이 처음으로 이 절에 와서 살면서 만일미타도량(萬日彌陀道場)을 열어 50여 년을 부지런히 힘썼다. 여러 번 특이한 상서가 있었다. 이때 현풍(玄風)의 남자 신도 20여 명이 해마다 결사하여 향나무를 채취하였다. 쪼개어 씻어서 발 위에 펼쳐 두면 그 향나무가 밤에 촛불처럼 빛났다. 고을 사람들은 그 향나무를 보시하고 빛을 얻은 해를 축하하였다. 이것은 두 성사의 영감인데, 혹은 산신의 도움이라고도 한다. 산신의 이름은 정성천왕(靜聖天王)이다. 산신은 일찍이 가섭불 때에 부처님의 부탁을 받았는데, 그 본서에 말하였다.

"산속에서 천 명의 출가를 기린 후에 남은 업보를 받겠습니다."

산속에는 일찍이 아홉 성인의 행적에 대한 기록이 있다. 지금 그 내용은 자세하지 않으나 아홉 성인은 관기, 도성, 반사, 첩사, 도의, 자양, 성범, 금물녀, 백우사이다.

기린다.

'달빛을 밟고 서로 찾아 구름과 물을 희롱하던
　두 노인의 풍류가 몇 백 년 지났는가

안개와 노을 낀 골짜기엔 고목만 남아 있고
흔들리는 찬 그림자는 서로 맞이하는 듯하네'

(『삼국유사』 권5 피은8 포산이성)

신충 관기 도성의 은둔

　성인으로 일컬어지는 관기와 도성은 포산이라는 곳에 기거하며 기이한 행적을 보였다. 서로 만나고자 하면 나무들이 구부러져 그 의향을 서로에게 전하였던 것이다. 훗날 채취한 향나무에서 저절로 빛이 발하였던 영험함도 두 성인의 영감에 따른 것이었다. 그 정도의 능력과 실력을 지니고 있었다면, 그러한 불력을 지니고 있었다면 세상에 나와서 많은 사람들에게 드러내 보이고 싶기도 하였을 것이다. 자신의 빼어난 능력과 실력을 세상 사람들에게 자랑하고 으스대고 싶은 것이 인지상정 아닌가. 그러나 관기와 도성은 그러하지 않았다. 큰 능력을 지니고 있으면서도 깊은 산속에 숨어서 도를 닦다 조용히 세상을 떠났다. 마음을 비우고, 모든 욕망을 내려놓지 않으면 흉내조차 낼 수 없는 삶이었다. 그때도 그러하였겠지만, 오늘도 쉽사리 좇을 수 없는 삶이었다. 그들이 성인 칭호를 받았던 연유가 바로 거기에 있다.

　몇 년 전에 입적한 법정 스님은 생전에 무소유를 주창하여 널리 알려졌다. 현대의 큰 스님으로 꼽히는 그는 무소유를 설파하였는데, 이는 무엇이든 나의 것으로 만들지 않는다는 의미다. 즉 욕심을 내려놓고, 무엇인가에 집착하지 않는다는 뜻이다. 실제로 그가 세상을 떠난 뒤에 남긴 것은 평소에 앉던 빈 의자뿐이라 더욱 세간에 감동을 주었다. 우리는 얼마나 많은 짐을 등에 지고, 머리에 이고 살아가는지 돌아보게 된다. 그러면서도 끊임없이 무엇인가를 욕망하고 있다. 보다 많은 재물, 보다 큰 권세, 보다 빛나는 명예를 얻기 위해 동분서주하고 있다. 심지어 남을 해코지하면서

곡간의 제비처럼

까지 말이다. 우리가 얼마나 많은 욕심을 안고 살아가는지 묻게 된다.

나의 안분지족과 행복

노란 숲 속에 길이 두 갈래로 났었습니다.
나는 두 길을 다 가지 못하는 것을 안타깝게 생각하면서
오랫동안 서서 한 길이 굽어 꺾여 내려간 데까지
바라다 볼 수 있는 데까지 멀리 바라다 보았습니다.

그리고 똑같이 아름다운 다른 길을 택하였습니다.
그 길에는 풀이 더 있고 사람이 걸은 자취가 적어
아마 더 걸어야 될 길이라고 나는 생각하였던 게지요.
그 길을 걸으므로 그 길도 거의 같아질 것이지만.

그 날 아침 두 길에는
낙엽을 밟은 자취는 없었습니다.
아, 나는 다음 날을 위하여 한 길은 남겨 두었습니다.
길은 길에 연하여 끝없으므로
내가 다시 돌아올 것을 의심하면서.
훗날 먼 훗날 나는 어디선가
한숨을 쉬면 이야기할 것입니다.
숲 속에 두 갈래 길이 있었다고

> 나는 사람이 적게 간 길을 택하였다고,
> 그리고 그것 때문에 모든 것이 달라졌다고.
>
> (로버트 프로스트 <가지 않은 길>)

어느 길을 선택하며 살 것인가를 잘 그린 시다. 우리는 살아가면서 끊임없이 선택하며 앞으로 나아간다. 선택적 존재인 인간은 자유 의지에 의해 자신만의 길을 걸으며 살아간다. 이 길로 갈 것인가, 저 길로 갈 것인가. 이 길이 탄탄한가, 저 길이 순탄한가. 이 길이 권세를 누리는 길인가, 저 길이 영예로운 길인가. 선택의 순간에 망설이기도 하고, 차라리 선택을 하지 않고 그냥 그 자리에 서 있었으면 좋겠다고 생각하기도 한다.

옛 선비들은 안분지족(安分知足)이라는 말을 가슴에 품고 살았다. 편안한 마음으로 자기 분수를 지키며 만족함을 안다는 뜻이다. 지금 있는 상태에서 그냥 머무르고, 거기서 편안함을 느끼는 안주와는 다른 개념이다. 현실에 주저앉아 있는 것이 아니라, 지금 처한 현실에서 행복을 느낄 수 있다는 뜻이다.

신라의 백결이야말로 안분지족의 대표적인 인물이었다.

> 백결 선생(百結先生)은 어떤 내력의 사람인지를 모른다. 낭산(狼山) 아래에 살았다. 집이 매우 가난하여 옷이 해어져 백 군데나 잡아매었다. 마치 메추라기를 달아 맨 것과 같았다. 그래서 세상 사람들이 동리(東里)의 백결 선생이라 이름하였다. 일찍이 영계기(榮啓期)의 사람됨을 사모하여 늘 거문고를 가지고 다니며 모든 기쁨, 노함, 슬픔과 불평사를 거문고로 풀었다.
>   한 해가 저물어 이웃에서 방아를 찧고 있었다. 그의 아내가 그 소리를 듣고 말하였다.

곡간의 제비처럼

"남들은 모두 곡식이 있어 방아를 찧는데, 우리만 없으니 어떻게 이 해를 보낼까요?"

선생이 하늘을 우러러보며 탄식하였다.

"무릇 죽고 사는 것은 명이 있고, 부귀는 하늘에 달렸소. 그 오는 것을 막을 수 없고, 가는 것을 따를 수 없거늘 그대는 어째서 상심하는 것이오? 내가 그대를 위해 방앗소리를 내 위로하리다."

이에 거문고를 타며 방앗소리를 냈다. 세상에서 전하여 이름하기를 대악(碓樂)이라 하였다.

(『삼국사기』 권48 열전8 백결선생)

백결 선생은 중국 춘추시대에 거문고 타면서 유유자적하며 살았던 영계기처럼 살고자 하였다. 영계기는 사슴 모피 옷을 입고, 새끼줄로 허리띠를 매고 지냈다. 그래도 사물에 매임이 없이 거문고를 타며 인생을 즐겼다는 기인이었다. 백결 선생도 옷을 온통 꿰매 입을 정도로 가난하였으나 부귀영화를 좇지 않았다. 명절 때 떡을 할 곡식이 없어도 거리낌 없이 마음 가는 대로 자유롭고 편하게 지냈다. 그러나 살림을 하는 아내의 심정은 달랐다. 당장 끼니거리가 떨어진 현실을 고민해야 하는 것이 마땅한 일이었다. 그때 남편은 거문고로 방아를 찧는 소리, 즉 대악을 연주해 아내를 위로하였다. 백결 선생은 죽고 사는 것이 명이 있고, 부귀가 하늘에 달려 있다는 것을 잘 알고 있었기에 태연자약할 수 있었다. 마음을 온전히 비우지 않고는 불가능한 일이었다. 그가 어디에서 기쁨을 찾았고, 행복을 누렸는지 조금이나마 짐작이 간다.

공자는 『논어』의 첫머리인 〈학이〉에서 군자의 세 가지 즐거움을 설파하였다. '배우고 때때로 그것을 익히면 또한 기쁘지 아니한가.(學而時習之不亦說

乎) 벗이 있어 먼 곳에서 찾아오면 어찌 즐겁지 아니한가.(有朋自遠方來不亦樂乎) 남이 나를 알아주지 않아도 성을 내지 않으면 또한 군자가 아닌가.(人不知而不慍不亦君子乎)' 또한 맹자도 『맹자』 진심 상 에서 군자의 세 가지 즐거움에 대해 밝혔다. '부모가 다 살아계시고 형제가 무고한 것이 첫 번째 즐거움이요.(父母俱存兄弟無故一樂也) 우러러 하늘에 부끄럽지 않고 굽어보아 사람들에게 부끄럽지 않은 것이 두 번째 즐거움이요.(仰不愧於天俯不怍於人二樂也) 천하의 영재를 얻어서 교육하는 것이 세 번째 즐거움이다.(得天下英才而敎育之三樂也)' 공자와 맹자는 공히 즐거움을 사물에서 찾지 않았다. 내면에서 우러나오는 담박함, 즉 욕심이 없고 깨끗한 마음이 즐거움의 근원이었다.

공자의 제자는 3천여 명에 이르렀다고 전해온다. 그중에는 굉장한 부자도 있었고, 높은 벼슬아치도 있었다. 그에 비해 수제자였던 안연은 매우 가난하게 살았다. 그럼에도 불구하고 그는 조금도 흔들리지 않았다. 그런 그를 보고 공자는 칭찬을 마다하지 않았다. 『논어』 옹아 에서 '어질다, 안회여! 남들은 한 소쿠리의 밥과 한 표주박의 물로 누추한 곳에서 사는 근심을 견디지 못하는데, 안회는 그 즐거움을 고치지 않는구나.'라고 극찬하였다.

보통 사람들이라면 그런 궁핍한 처지에서 벗어나기 위해 끊임없이 걱정하고, 안간힘을 썼을 것이다. 어떻게 하면 호의호식하며 남보란 듯이 잘 살수 있을까 부단히 고민하였을 것이다. 그러나 안연은 안분지족의 도를 깨닫고, 몸소 실천하였다. 자신의 처지에 편안히 머물며 만족하였다. 그러므로 공자는 안연이 먼저 세상을 뜨자 대성통곡하며 말하였다.

『논어』 선진 에서 '아! 하늘이 나를 망하게 하였구나. 하늘이 나를 망하게 하였구나.'라고 외쳤다. 이러한 추모사가 어디 있을까 싶다. 이렇듯 절절한 추모사가 또 있을까. 모든 욕망을 내려놓고 살았던 제자를 향한 성인의 진심이 고스란히 배어 있다.

곡간의 제비처럼

　오늘날 모든 것이 물질적 가치로 판단되고 있다. 심지어 인격마저도 그가 지니고 있는 재물과 권세와 명예로 판단되고 있다. 이러한 세태 속에서 백결 선생과 영계기, 공자와 맹자, 그리고 안연처럼 온전히 비우고 내려놓으며 살아갈 수 있을까. 내면의 평화로써 행복을 누릴 수 있을까. 마치 곡간의 제비처럼 욕심 없이 살 수는 없는지 되묻게 된다. 벌레만 잡아먹고 곡식에는 입을 대지 않는 제비가 곡식이 잔뜩 쌓여 있는 곡간에 있을 때의 마음처럼 말이다. 우리는 재물과 권세와 명예를 얻기 위하여 목숨을 걸고 있지는 않은지, 아니 파우스트처럼 끝없는 욕망을 채우기 위하여 악마 메피스토펠레스에게 영혼마저 팔려고 하는 것은 아닌지 돌아보게 된다.

　자신이 처해 있는 현실에 감사하는 순간 행복은 시작된다. 우리는 맨손의 벌거숭이로 태어나 지금 얼마나 많은 것을 지니고 있으며, 얼마나 많은 것을 누리고 있는가. 이 모든 것에 감사할 수 있을 때, 비로소 행복의 길에 들어서게 될 것이다. 남과의 비교가 아니라, 나만의 현실과 처지를 생각하면 쉽게 그렇게 될 수 있다. 남과 비교하며 자신의 처지를 비관하는 상대적 박탈감이야말로 불행의 시작이니 말이다. 가난할 뿐만 아니라 힘도 없고, 내세울 것도 없는 이들의 환한 웃음과 경쾌한 몸짓에서 행복에 이르는 길을 쉽게 찾을 수 있는 까닭이다. 우리는 오늘의 삶에 만족하며 감사하고 있는가.

　『명심보감』 안분편 의 가르침이 새롭다.

　'만족하는 사람은 가난하고 천해도 즐겁고, 만족할 줄 모르는 사람은 부유하고 귀해도 근심한다.(知足者貧賤亦樂 不知足者富貴亦憂)'